문화산업과 문화콘텐츠

본 문화산업총서는 한국의 문화산업 인력양성에 이바지하기 위하여
인하대하교 대학원 문화경영학과의 BK21 문화사업전문인력양성사업팀에서
집필 기획한 것입니다.

문화산업총서 1
문화산업과 문화콘텐츠

2010년 8월 30일 초판1쇄 발행
2014년 8월 20일 초판4쇄 발행

지 은 이 | 김영순 · 구문모 · 조성면 · 이미정 ·
　　　　　 오장근 · 왕치현 · 신규리
펴 낸 이 | 이찬규
펴 낸 곳 | 북코리아
등록번호 | 제03-01240호
주　　소 | 462-807 경기도 성남시 중원구 사기막골로 45번길
　　　　　 14 (우림2차) A동 1007호
전　　화 | 02) 704-7840
팩　　스 | 02) 704-7848
이 메 일 | sunhaksa@korea.com
홈페이지 | www.북코리아.kr
ISBN　978-89-6324-077-0 (94300)
　　　　 978-89-6324-144-9 (세트)

값 15,000원

문화산업총서 1

문화산업과 문화콘텐츠

김영순 · 구문모 · 조성면 · 이미정 · 오장근 · 왕치현 · 신규리

북코리아

문화산업으로 행복 만들기

프랑크푸르트 학파의 호르크하이머와 아도르노는 그들의 저서 『계몽의 변증법』에서 문화산업이란 용어를 처음 사용하였다. 당시 문화산업에 대한 논의는 문화의 대량생산과 대량소비에 따른 대중문화의 부정적 측면을 지적하기 위한 도구적 개념으로 사용된 것으로 이해할 수 있다.

20세기 중엽에 들어서면서 대중문화는 경제가 부흥함에 따라 분화되기 시작하였으며, 이에 따라 문화산업도 좀 더 세분화되고 상품화의 형태도 다양해지기 시작하였다. 다양한 논의를 거쳐 문화산업은 '문화·예술을 상품화하여 대량생산과 대량소비가 가능한 산업'이라는 개념으로 정착하게 되었다. 아울러 소수 특권층에만 국한되었던 '엘리트 문화'에서 다수 대중이 참여하는 '대중참여 문화'로의 이행이라는 '행복한 문화민주주의'의 긍정적인 측면이 논의되었다.

요즘 들어 문화산업에 대한 연구경향도 문화산업의 집중화와 독점화 등을 연구하는 그룹들이 나타났으며, 최근에는 후기자본주의 사회의 산업구조 재편과 함께 고부가가치 산업으로서의 경제적 가치에 대한 관심이 증가하였다.

이런 맥락에서 본 집필진들은 문화산업을 최대한 잘 이해할 수 있기 위하여 문화산업 성공사례를 예시를 들어 교재를 집필하고자 하였다. 이에 문화산업 정책과 현황, 문화콘텐츠 기획 프로세스, 문화산업과 관광을 비롯하여 여가문화산업에 이르기까지 문화산업 전반에 걸쳐 집필 영역을 확장하였다.

이 책은 모두 7장으로 구성되어 있다.

1장 '문화와 문화산업의 이해'에서는 문화와 문화콘텐츠와의 상관관계를 살펴보고, 현재 한국 문화콘텐츠 산업의 현황과 과제 및 미래에 대하여 조망하였다.

2장 '문화산업 정책과 현황'에서는 정부의 전반적인 문화산업 정책에 대하여 논의하고, 저작권과 문화콘텐츠 관련 법령에 대하여 고찰하였다.

3장 '문화콘텐츠 산업의 현황과 의미'에서는 문화에 대한 욕망과 요구가 사회문화적이며 인간에게 내재한 근원적 욕망이라는 관점하에 문화콘텐츠들의 현황과 특성 및 전망에 대하여 개괄적으로 접근하였다.

4장 '문화콘텐츠 기획'에서는 문화콘텐츠 기획 방법과 함께 실질적으로 문화콘텐츠를 제작하는 과정, 그리고 완성된 문화콘텐츠를 마케팅할 수 있는 전략에 대하여 고찰하였다.

5장 '문화산업 현장'에서는 문화산업 현장의 논의를 문화산업 상품과 문화산업 기업 및 문화산업 클러스터 등의 범주에서 전개하기 위해 문화산업과 관련된 다양한 용어와 함께 한국의 문화산업 현황과 그 사례를 광범위하게 다루었다.

6장 '문화산업과 관광'에서는 문화관광의 중요성에 대해서 인식하기 위해 축제의 기능과 효과 및 역할을 분석함과 동시에 문화관광 상품의 하나인 테마파크의 개념과 기능에 대해서 설명하였다.

7장 '여가문화산업'에서는 여가문화의 특징과 한국 여가문화의 형성요인, 더 나아가 여가문화콘텐츠를 토대로 이루어지는 '여가문화산업'의 전반적인 영역과 그에 대한 사례를 살펴보고, 한국 여가문화의 문제점과 미래 여가문화산업의 전망 등을 진단하였다.

원래 이 책은 저자들이 문화콘텐츠 특성화 고등학교의 특성화 교육

교재로 집필한 『문화산업 일반』을 대학 전문교재 방향에 맞추어 사례를 추가하고 내용을 보완한 것이다. 그러므로 이 책은 대학의 교양과정 혹은 문화산업 관련 학과의 학부생이 주된 독자층일 것이다. 저자들은 학생들이 이 책을 통해 문화산업에 대해 꼼꼼히 이해하고 더 나아가 문화산업을 통해 행복한 향유자가 될 수 있음을 희망하는 바이다. 아무쪼록 독자들이 이 한 권의 책으로 문화산업에 대한 흥미와 관심이 생겨 한국의 미래 문화산업을 이끌 수 있는 주역이 되기를 간절히 희망하는 바이다.

2010년 8월
문화산업으로 행복이 만들어지기를 바라며
대표저자 김영순 삼가 씀

차 례

1장

문화와 문화산업의 이해

김영순

Understanding of Culture and Culture Industry

⋯⋯⋯⋯⋯⋯⋯⋯⋯⋯⋯⋯⋯⋯⋯⋯⋯⋯⋯⋯⋯⋯⋯

　현재 한국은 중국 등 다른 아시아 국가들이 문화, 관광, 레저스
포츠 산업을 국가전략산업으로 집중 육성함에 따라 우수한 관광유
산의 개발이나 전통문화를 알릴 수 있는 정책적 지원이 절실해졌
다. 따라서 이제 한국도 문화산업에 대한 동아시아 지역에서의 경
쟁에 내부적으로 대비해야 할 시점이 온 것이다.

　우리나라 국민은 주 40시간 근무가 도입되자 여가시간이 증가하
면서 정신적 · 육체적 웰빙에 관심을 쏟게 되었다. 그래서 다양한
여가거리를 요구하고 있는 실정이다. 더욱이 디지털 융합에 따른
다양한 문화콘텐츠의 수요가 확대되면서 문화, 관광, 레저스포츠
산업을 지역전략산업화하려는 지방자치단체들이 증가하고 있으며,
아시아 시장에 확산된 한류 열풍으로 한국 문화산업의 잠재력은 거
듭 증명되고 있다.

　이 장에서는 문화와 문화콘텐츠와의 관계를 살펴보고, 현재 한
국의 문화콘텐츠 산업의 현황과 과제 및 미래에 관하여 조명하고자
한다.

문화에 대한 정의는 그 범위의 규정이 없다면 놀라울 정도로 다양하다. 우리는 일상생활 속에서 문화라는 말을 자주 접하게 되는데, 예를 들어 문화행사, 문화시설, 예술, 공연, 문학, 대중문화, 청소년 문화, 한국 문화 등이 해당된다. 이렇게 광범위한 문화의 개념이 시대적 흐름에 따라 어떻게 변화해왔는지 살펴보자.

먼저, 문화는 라틴어 'cultura'에서 파생한 'culture'를 번역한 말로, 본래 경작이나 재배의 의미를 지니고 있다. 농업(agriculture)과 원예업(horticulture)이라는 단어 안에 'culture'가 들어 있다는 사실로도 짐작해볼 수 있다. 즉, 문화는 땅을 가꾸고 식물을 경작하고 동물을 키우는 행위를 말한다. 이러한 물질적인 영역에서의 문화가 16세기가 되면서 점차 추상적인 형태를 띤 인간의 정신적인 측면으로 그 의미가 변화한다. 즉, 인간의 정신 가운데서도 세련되고 일정한 유형을 지닌 정제된 형태의 의식 등을 지칭하게 되었다.

레이먼드 윌리엄스(Raymond Williams)*는 이러한 정신적인 추상화 과정은 고급스러운 습관이나 의식을 의미하게 됨으로써 귀족과 같은 특정 계급이나 계층만이 지니고 있는 것으로 보았다. 이때부터 우리에게 널리 알려진 문화란 음악, 문학, 회화, 조각, 연극 등을 의미했다. 바로 이 당시에 문화는 엘리트 문화, 고급문화였던 것이다.

20세기에 들어 문화의 개념이 좀 더 확장되었다. TV, 영화 등 대중매체의 등장으로 고급문화 양식뿐만 아니라 대중문화 양식

*레이먼드 윌리엄스
(Raymond Wiliams, 1921~1988)
제2차 세계대전 이후 영국의 가장 위대한 좌파 지식인으로 문화 유물론과 문화연구에 이론적 토대를 구축하였다. 윌리엄스는 문화를 세 가지 범주로 정의(이상, 기록, 사회적)하였고, 세 영역이 모두 포괄된 것이 문화에 대한 가장 적절한 이론이라고 단언하였다. 윌리엄스의 이론적 선도로 1960년대에 영국 버밍엄대학에서 시작된 영국의 문화연구는 현재 세계 각처로 수출되어 새로운 학문 담론으로 자리매김하였다.

까지 포함하게 되었다. 예를 들면, 요즘 시대의 대중문화는 영화, 애니메이션, 캐릭터, 방송, 음악 등에 의해 주도된다. 이를 대중문화 텍스트라고 하는데, 이 대중문화 텍스트들을 구성하는 내용들을 우리는 문화콘텐츠라고 부르기도 한다.

21세기에는 문화의 시대를 넘어 문화콘텐츠의 시대이다. 우리는 다양한 문화콘텐츠를 향유하고 소비하는 시대에 살고 있다. 그렇다면 문화콘텐츠란 무엇인가?

이를 위해 먼저 콘텐츠의 뜻을 살펴보자. 콘텐츠(contents)는 '내용이나 내용물'을 뜻하는 콘텐트(content)의 복수형이다. 원래는 서적이나 논문 등의 내용이나 목차를 일컫는 말이었지만, 현 시대에서는 디지털화된 정보를 통칭하게 되었다. 한국문화정책개발원(1998)*에 따르면 콘텐츠란 "문자, 소리, 화상, 영상 등 다양한 형태로 이루어진 정보의 내용물을 뜻하는 것"으로 정의하고 있으며, 파스칼 세계대백과 사전에 따르면 "콘텐츠는 각종 유무선 통신망을 통해 매매 또는 교환되는 디지털화된 정보의 통칭"이라고 했다. 예를 들면, 인터넷이나 PC 통신을 통해 제공되는 각종 프로그램이나 정보내용물, 비디오테이프, CD 등에 담긴 영화나 음악, 만화, 애니메이션, 게임 소프트웨어 등을 모두 포함한다.

요약하자면, 넓은 의미의 콘텐츠는 "부호, 문자, 음성, 음향 및 영상 등의 자료 또는 정보", "인간의 사고와 감정을 표현한 내용물로서 문자, 소리, 화상 등의 형태로 표현한 것"을 말한다. 혹은 "그 장르가 영화든 문학이든 학습이든 뉴스든 저작권을 주장할 수 있는 모든 종류의 원작"을 말한다. 좁은 의미에서의 콘텐츠는 "IT라는 정보기술을 이용하여 소비자에게 생산, 전달, 유통되는 상품"으로 분류하고 있다.

*한국문화정책개발원
(韓國文化政策開發院)
문화 발전과 관련된 정책 등을 연구·개발하기 위해 설립한 연구기관이다. 1987년 2월 한국문화예술진흥원 내에 설립된 문화발전연구소가 모태가 되어 1994년 7월 문화 발전에 관한 정책연구를 목적으로 한 문화체육관광부 산하 국책연구기관인 한국문화정책개발원으로 발전하였다(http://www.kcti.re.kr).

그렇다면 문화콘텐츠란 무엇인가? 기존의 문화에서 콘텐츠의 개념으로 확장된 문화콘텐츠는 다양한 분야에서 개념을 규정하려고 한다. 한국콘텐츠진흥원(2003)에서는 문화콘텐츠를 "문화, 예술, 학술적 내용의 창작 또는 제작물뿐만 아니라, 창작물을 이용하여 재생산된 모든 가공물 그리고 창작물의 수집, 가공을 통해서 상품화된 결과물들을 모두 포함하는 포괄적 개념"으로 정의한다. 그리고 문화산업진흥기본법(1999)*에 따르면 "인간의 감성, 창의력, 상상력을 원천으로 하여 문화적 요소가 체화되어 경제적 가치를 창출하는 문화상품, 즉 영화, 게임, 애니메이션, 비디오, 방송, 음반, 캐릭터, 만화, 공연" 등을 말한다. 뿐만 아니라, 문화콘텐츠의 정의를 온라인 매체에 한정하는 것이 아니라 오프라인 영역에서 사람들이 지적·정서적으로 향유하는 모든 종류의 무형 자산을 포괄적으로 지목하는 것으로 문화콘텐츠의 개념을 확장할 필요가 있다.

위에서 살펴본 문화콘텐츠의 다양한 정의를 통해 문화콘텐츠의 특성을 파악할 수 있다.

첫째, 문화를 상품으로 보는 시각이다. 이러한 상품들은 '상업화', '산업'과 연결되어 경제적 가치를 낸다는 의미를 포함하고 있다. 상품화의 가치를 갖지 않는 것은 문화콘텐츠가 아니라 날것으로의 문화텍스트에 불과하다. 둘째, 문화상품을 산업화해서 경제적 가치를 창출하기 위해서는 매체가 필요함을 알 수 있다. 이러한 매체를 '그릇' 혹은 '채널'로 표현하고 있다. 매체에는 축제, 이벤트 등 오프라인 매체와 인터넷을 통한 온라인 매체가 있다. 셋째, 문화가 상품이 되기 위해서는 창작-개발-제작-유통의 단계를 거치는데, 이를 문화산업의 '가치사슬 구조'라고 한다. 이러한 가치사슬 구조를 통해 문화가 문화상품이 되는 것이다.

*문화산업진흥기본법
（文化産業振興基本法）
문화산업을 지원하고 육성하기 위해 제정된 법률이다. 21세기의 고부가가치 산업으로 떠오른 문화산업을 지원하고 육성하는 데 필요한 사항을 정하여 문화산업 발전 기반을 조성하고 경쟁력을 강화함으로써 국민의 문화적 삶의 질을 향상시키고 국민경제의 발전에 이바지하기 위한 목적으로 제정되었다. 이 법에 따라 문화상품의 생산, 유통, 소비와 관련된 산업은 지원받을 수 있다.

문화산업의 개념적 특성과 중요성

잘 만들어진 영화나 드라마 한 편이 몇만 대나 되는 자동차 판매수익에 맞먹는 문화산업의 전성시대가 도래했다. '굴뚝 없는 공장', 이는 바로 문화산업의 현주소를 여실히 드러낸 표현이다. 우리의 대중문화가 일으킨 한류의 영향을 대하면 문화산업의 중요성을 인식하게 되고, 문화산업에 주력해야 할 영감을 얻게 된다.

문화산업이란 어떤 산업인가? 이에 대해 자세히 살펴보자. 1990년대 후반부터 우리나라에서도 이미 문화산업에 대한 인식을 새롭게 하여 이를 활성화하기 위한 방안을 마련하고 있지만, 이미 미국과 유럽에서 먼저 시작하였다.

문화산업의 발달은 다른 산업과 마찬가지로 유럽과 미국의 산업 발달사와 맥을 같이 한다. 문화산업의 발달사를 시대에 따라 세 단계로 나누어 살펴볼 수 있다. 1단계는 제2차 세계대전이 종료된 1945년부터 1975년까지, 2단계는 1975년부터 1995년까지, 3단계는 1995년 이후로 구분될 수 있다.

1단계 문화산업 발달은 전쟁 중에 개발된 복제기술 또는 재생산기술로 인해 촉발되었는데, 문화나 커뮤니케이션보다는 기술을 중심으로 성장하였기 때문에 과학기술 영역에 속해 있었다고 볼 수 있다. 2단계부터는 미디어·영상 분야에 민간기업이 대거 등장하였고, 시장화가 급속히 진행되었던 시기였다. 이 시기는 미국과 영국 행정부의 정치적 이념이 신자유주의였기 때문에 거의 모든 영역에서 상업화와 영리화가 강조되었다. 시장화의 주요 내용을 보면 민영화, 규제완화, 다양화, 융합화, 시장의 세분화 등으로 정리될 수 있다. 1995년 이후의 3단계는 2단계의 심화라고 할 수 있다. 민간과 공공영역의 새로운 정립, 글로벌 시장에서의 국가 간 또는 기업 간 격차 발생, 문화소비의 개인화와 동시에 집단화를 특징이라고 할 수 있다.

여러 다양한 나라의 문화적 위상이 상이하고 문화라는 개념 자체가 모호하기 때문에 각 나라마다 문화산업의 범위가 다르고 용어도 다른 형편이다.

미국은 문화산업을 엔터테인먼트* 산업(entertainment industry)이라고 칭하며, 군수산업과 함께 미국 경제를 이끄는 2대 산업으로 육성하고 있다. '북미(미국, 캐나다, 멕시코) 산업분류체계'(North American Industry Classification System: NAICS)에 따르면 문화산업에는 신문 출판, 신문 이외의 정기간행물 출판, 서적 출판, 기타 출판업, 소프트웨어 제조, 영화 및 비디오 프로덕션, 영화 및 비디오 배포, 영화관, 프리프로덕션 및 포스트프로덕션 서비스, 기타 영화 및 비디오 산업, 레코드, 레코드 프로덕션/배포, 사운드 레코딩 스튜디오, 라디오 네트워크, 라디오 방송국, TV 방송, 케이블 TV 네트워크, 기타 케이블 및 프로그램 배포, 도서관 및 기록보관업(archive)**, 온라인 서비스, 기타 정보 서비스, 데이터 프로세싱 등이 포함된다.

영국에서의 문화산업의 정의는 미국의 정의와는 약간의 차별성을 지닌다. 우리가 문화산업이라고 지칭하는 산업에 대해 영국에서는 '창조산업'(creative industry)이라고 한다. 영국식의 크리에이티브 산업에는 광고, 건축, 예술 및 골동품, 공예, 디자인, 디자이너 패션, 영화, 인터액티브 소프트웨어, 음악, 공연, 예술, 출판, 방송 등의 13개 산업이 포함된다. 그리고 일본에서는 콘텐츠 산업(content industry), 캐나다에서는 예술산업(art industry)이

*엔터테인먼트(entertainment)
많은 사람들을 즐겁게 하는 것을 바탕으로 하는 문화활동의 하나이다. 오락(娛樂), 여흥(餘興), 모임도 이를 가리킨다. 엔터테인먼트는 인간이 살아가는 데에 필수적인 인간의 기본 욕구로서 즐기고 싶다는 기본적인 감정을 일으키는 장치 산업이다.

**기록보관업(archive)
특정 장르에 속하는 정보를 모아 둔 정보창고를 뜻하는 말로, 역사적인 중요한 공문서(公文書)와 그 밖의 기록문서(記錄文書)를 체계적으로 보존하기 위한 시설이다. 영어로 정부나 관공서, 기타 조직체의 공문서와 사문서를 소장·보관하는 문서국 또는 기록보관소를 의미한다.

라고 불린다.

그렇다면 우리나라에서는 어떻게 불리고 있나? 문화콘텐츠
산업 또는 문화산업이라고 한다. 우리나라에서 사용되고 있는
문화산업의 개념은 지난 1999년 2월 제정되고 2002년 1월 전문
개정된 〈문화산업진흥기본법〉에 구체적으로 정의되어 있다. 이
법에는 '문화산업'을 "문화상품의 개발, 제작, 생산, 유통, 소비
등과 이에 관련된 서비스를 행하는 산업"이라고 정의하고 있으
며 '문화상품'은 "문화적 요소가 체화되어 경제적 부가가치를 창
출하는 유·무형의 재화(문화 관련 콘텐츠 및 디지털 문화콘텐츠 포함)와
서비스 및 이들의 복합체"라고 규정하고 있다. 구체적인 산업은
다음과 같다.

① 영화와 관련된 산업
② 음반, 비디오물, 게임물과 관련된 산업
③ 출판, 인쇄물, 정기간행물과 관련된 산업
④ 방송영상물과 관련된 산업
⑤ 문화재와 관련된 산업
⑥ 만화, 캐릭터, 애니메이션, 에듀테인먼트, 모바일 문화콘
　텐츠, 디자인(산업디자인은 제외한다), 광고, 공연, 미술
　품, 공예품과 관련된 산업
⑦ 디지털 문화콘텐츠 및 멀티미디어 문화콘텐츠의 수집, 가
　공, 개발, 제작, 생산, 저장, 검색, 유통 등과 이에 관련된
　서비스를 행하는 산업
⑧ 그밖에 전통의상, 식품 등 전통문화 자원을 활용하는 산
　업으로서 대통령령으로 정하는 산업

'21세기는 문화의 세기'라는 말이 의미하듯 지금 세계 각국은

삶의 질을 향상시키는 근본 수단으로 문화에 대한 인식을 새롭게 하고 있으며 문화를 국가 발전의 핵심 요소로 간주하여 문화의 진흥을 위한 계획 수립에 부심하고 있다. 이러한 변화의 핵심에는 디지털 기술과 정보통신 기술의 발전이 자리 잡고 있다. 디지털 기술과 컴퓨터의 발전은 정보의 수집, 조합, 창출, 저장 능력을 극대화하였다. 특히, 디지털 혁명은 사회 전반에 걸친 변화를 초래함과 동시에 각 사회를 구성하고 있는 요소들에게까지 엄청난 파장의 영향력을 미치고 있다.

새로운 국가 성장동력 사업으로 육성 중인 문화산업은 전통과 현대를 아우르는 문화와 예술 분야에서 창작되거나 상품화되어 유통되는 모든 단계의 산업을 의미한다. 이것은 이윤추구를 목적으로 문화와 예술을 상품화하고 생산하여 시장에서 거래하는 것을 포함한다. 이러한 문화산업의 중요성은 국가 정체성 측면과 경제적 측면으로 나누어 살펴볼 수 있다.

문화산업은 상품을 생산한다는 점에서 일반 산업과 유사하지만 일반 상품과는 달리 문화상품을 생산한다. 문화상품은 한 나라의 생활방식을 말하는 것으로, 그 나라의 정신, 가치, 태도, 규범, 일상 등이 종합적으로 함축되어 있기 때문에 한 나라의 정체성을 표현한다고 할 수 있다. 결국, 이러한 문화산업은 한 나라의 문화적 정체성을 확보하는 데 중요한 역할을 하게 된다.

이러한 문화적 정체성은 국가 이미지, 국가 브랜드* 파워를 증대시킬 수 있다. 예를 들면 디즈니랜드, 유니버설 스튜디오 등으로 미국은 문화산업의 최강국으로 인정받고 있고, 영국은 셰익스피어, 해리포터 등으로 문화국가의 이미지를 강화하고 있다. 이러한 문화국가 이미지는 국가경쟁력의 제고라는 가치를 창출하고 있다. 예를 들어, 한류를 통해 동남아시아 등에 우리

*국가 브랜드(nation branding)
국가에 대한 호감도, 신뢰도 등을 총칭하는 개념으로 한 국가의 명성지수를 구체적으로 수량화 객관화시킨 지표이다. 우리나라에서는 국가적 차원에서 체계적이고 종합적인 전략을 통해 대내외적 국가 위상과 품격을 높이고 국가 브랜드 가치를 제고하기 위해 2009년 11월 국가브랜드위원회가 대통령 직속으로 설치되었다.

〈그림 1.1〉 영화 〈해리포터
와 불의 잔〉

문화에 대한 호감과 관심이 증가하여 국가 이미지를 상승시키고, 이러한 이미지 상승효과는 팬시, 가전제품, 의류 등 우리나라 제품에 대한 선호도가 증가된다. 따라서 문화산업의 중요성을 인식한 나라들일수록 이를 육성하기 위해 전략적으로 적절한 정책과 수단을 마련하여 다른 나라들보다 경쟁적 우위에 서게 된다. 반면 문화산업의 중요성을 인식하지 못한 나라들은 외국으로부터 문화상품의 수입을 통하여 문화적 침략을 면할 수 없으며 문화적 소외국가가 된다.

문화산업의 중요성을 경제적 측면에서 살펴보면 고성장 산업이며 고부가가치 산업이다. 이를 통해 고용창출 효과도 크다. 국민의 소득이 높아질수록 문화에 대한 요구가 절실해지고, 수요도 다양하다. 따라서 다양한 문화콘텐츠와 창작에 바탕을 둔 문화산업이 차세대 성장엔진으로 부상하고 있다. 우리나라의 경우 2001년부터 2005년까지 경제성장률은 4.5%인데 비해 문화콘텐츠 산업의 성장률은 9.8%로 거의 두 배를 차지한다. 문화체육관광부의 『2009 문화산업통계』에 따르면 2008년 우리나라 문화산업에 종사하는 기업의 총 매출액은 58조 9,511억 원으로, 전년 대비 0.6% 증가하였다.

그리고 문화산업은 하나의 성공된 원작이 다양한 장르로 재창조되는 원 소스 멀티유즈(One Source Multi-Use: OSMU)*를 통한 고부가가치 창출이 가능한 산업이다. 예를 들어 MBC TV 〈주몽〉이라는 문화콘텐츠를 통해 전주 나주에 위치해 있는 주몽 촬영 세트장을 보기 위해 관광객 65만 명이 찾았고, 관광객을 통해 올린 수익이 210억 원, 광고료가 345억 원을 넘었다. 그리고 대

*원 소스 멀티유즈
(One Source Multi-Use)
하나의 소재를 서로 다른 장르에 적용하여 파급효과를 노리는 마케팅 전략이다.

만, 일본, 홍콩, 필리핀 등 여덟 개 나라에 드라마
를 수출하여 800만 달러의 수입을 올렸다. 그뿐만
이 아니라 복분자주나 남성화장품, 쌀 등 여러 상
품에 '주몽'이라는 브랜드를 사용하여 3억 원 이상
의 매출을 올렸다. 또한 〈주몽〉이라는 서적과 사
진, 만화도 출간 부가수입의 창구를 확대하였다.
이처럼 성공한 문화콘텐츠는 소설, 애니메이션,
만화, 게임, 영화, 캐릭터 등 다양한 장르로 재창
조되면서 높은 부가가치를 생산하고 있다.

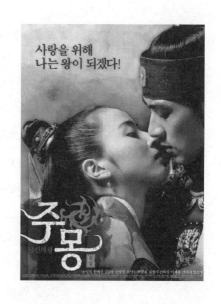

이와 같은 문화산업은 창의적이고 지식집약적
이며 부가가치가 높은 서비스산업이다. 따라서 일
반 산업과 다른 몇 가지 특성을 갖고 있다.

〈그림 1.2〉 TV 드라마 〈주몽〉

첫째, 문화산업은 지식기반 산업이다. 문화산업에서는 창의적
인 지식과 기술에 의해 부가가치의 창출 여부가 결정된다. 한편,
지식에 기반하여 생산되는 문화상품들은 대부분 수명주기가 짧
고 생산과정에서의 복제성이 강하기 때문에 생산 후 오랜 기간
동안 저작권에 의해 권리가 보호되면서 다양한 매체의 형태로
보존될 수 있는 제도적 장치가 필요하다.

둘째, 문화산업은 공공성이 강하다. 문화산업은 문화를 소재
로 한 상품을 생산하기 때문에 어떤 식으로든 소비자인 국민들
의 문화욕구를 충족시키게 된다. 따라서 단순한 산업활동을 넘
어서 생산 및 유통과정에서 문화의 향유가 평등하게 이루어지고
사회집단 간의 문화적 분열이 없도록 하는 공공적 성격을 동시
에 지닐 필요가 있다.

셋째, 문화산업은 고위험-고수익 산업이다. 문화산업은 제작
비가 많이 소모되는 영화, 뮤지컬, 애니메이션 등 흥행에 성공하

면 높은 투자수익을 얻을 수 있지만 흥행에 실패하면 원금마저 회수하기 어려운 산업이다. 왜냐하면 문화콘텐츠 상품은 일반적인 재화에 비해 상대적으로 표준화하기 어려워 수요가 불확실하고, 그에 따라 공급하는 생산자도 매우 높은 불확실성에 직면하게 된다. 하지만 흥행에 성공할 경우, 제작비와 같은 초기 비용을 제외하면 대규모의 수익을 올릴 수 있다.

넷째, 문화산업은 집적성이 강하다. 문화산업 관련 기업들은 집적하여 입지하고 있을 때, 대규모 문화자본의 유치가 유리해지고 단위비용을 절감하는 효과를 기대할 수 있다. 예를 들어, 영화 제작, TV 프로그램 제작, 공연 산업들이 서로 근거리에 있으므로 인해 생산자들은 자본유치와 비용절감의 효과를 가질 수 있다.

다섯째, 문화산업은 트렌드 산업이다. 문화상품은 사용자가 많으면 많을수록 가치가 확대되는 특성을 지니고 있다. 이러한 특성은 해당 문화상품의 소비가 다른 사람과의 쌍방향적 소통에 의해 이루어지는 경우가 많기 때문이다. 예를 들어, 미니홈피나 블로그를 통해 문화상품이 홍보된다면 이를 이용하는 많은 젊은 층의 소비 행위에 영향을 줄 것이다. 문화상품은 어떤 이유에서든 인기를 끌게 되면, 그 상품을 소비할 강한 유인을 만들고 이로 인한 가치를 증가시키는 독특한 특성을 가지고 있다.

문화체육관광부의 『2009 문화산업통계』*에 따르면 문화산업은 문화예술 분야를 상품화한 모든 산업인 광의의 개념과 일반 대중의 정서적인 수요를 충족시키기 위해 상품과 서비스를 대량 생산 또는 판매하는 모든 산업 영역을 말하는 협의의 개념이 있다. 이것은 정보통신 기술의 혁신과 발달에 의해 세계적으로 확장됨으로써 지식 및 정보의 획득비용을 획기적으로 낮추게 되고 새로운 제품의 출현 속도가 촉진되어 동일한 시간대의 동일한 정보공간 또는 소비 시장이 통합되어 새로운 경제적 기회를 제공하지만 종사자들이 독자적인 경쟁력을 확보하지 못할 경우 경제적·문화적 종속을 강요하게 된다.

국내 문화산업의 매출 현황은 2008년을 기준으로 하여 10개 분야 매출액은 58조 951억 원으로 3년간 연평균 10.5%씩 증가되며, 창작 및 제작이 전체 매출액의 61.7%로 영화와 게임 분야가 가장 두드러진다. 13만 7,829개의 기업 중에서 특히 게임 분야 산업이 4만 1,062개이지만 종사자의 수는 전년과 대비하였을 때 0.69%가 감소하였다. 이것은 여러 문화산업이 발전되면서 고용창출과 지역개발에 기여를 할 수 있는 역할이 아니라 보유하고 있는 콘텐츠를 산업적 가치로 바꿀 수 있는 역량 발휘능력에 따라 승패가 결정되는 것으로, 즉 종사자들이 독자적인 경쟁력을 확보하지 못할 경우 문화적 지배를 받는다는 것이 가장 큰 문제점이라고 본다.

또한 콘텐츠를 구입하는 시장 분야는 발전되지만 투자와 제작 부문은 적자 상태인 기업이 많다. 한류**문화와 디지털 음악

*『문화산업통계』
우리나라 문화산업의 실상을 파악하고 세워 나가야 할 좌표를 모색하고자 2002년부터 매해 발간되고 있다. 『문화산업백서』의 발간 목적은 지난 한 해의 현황과 전망을 돌아보며, 면밀하게 점검하고 분석함으로써 더욱 합리적인 미래를 설계하는 것이다. 『문화산업통계』는 문화산업 정책의 내용 및 이에 대한 평가, 문화산업의 현황 및 전망, 향후 산업 계획 등을 담아 문화산업 전반에 대한 이해를 높이고 있다.

**한류(韓流)
1990년대 말부터 동남아시아에서 일기 시작한 한국 대중문화의 열풍을 말한다. 1996년 한국의 TV 드라마가 중국에 수출되고, 2년 뒤에는 가요 쪽으로 확대되면서 중국에서 한국 대중문화의 열풍이 일기 시작했다. 한류는 중국에서 일고 있는 이러한 한국 대중문화의 열기를 표현하기 위해 2000년 2월 중국 언론이 붙인 용어이다.

산업과 같이 수익성 높은 문화콘텐츠를 개발하는 특수목적회사에 다양한 투자자본 확보 방안과 투자 제작 부분의 수익성을 개선할 수 있는 지원이 필요하다고 생각한다.

그리고 개인별, 연령별, 소득 수준별, 경험에 의하여 일정한 기호와 교육수준에 따라 그 소비 형태가 달라지고 트렌드의 영향 등이 문화소비 형태의 변수로 작용되기에 소비자가 원하는 것을 세밀하게 분석하여 상품개발에 반영하는 것은 문화상품의 성공률과 매우 밀접한 관계에 있다고 생각하며, 소비자의 선호에 대한 소멸성이 빠르기 때문에 시간적인 가치창출에도 생각을 해야 한다.

각 나라마다 문화산업의 범위를 규정하는 방법, 그리고 각 부문별로 시장 규모를 집계하는 방식이 다 다르고, 국제적인 표준이 없기 때문에 세계 문화산업 시장이나 국내 문화산업 시장의 규모를 정확하게 파악하기는 매우 어렵다.

매년 세계 문화산업의 시장 규모를 추정해 발표하는 프라이스워터하우스 쿠퍼(Pricewaterhouse Coopers) 컨설팅단의 'Global Entertainment and Media Outlook : 2006-2010'에 따르면 2005년 세계 문화산업 시장 규모는 1조 3,287억 달러로 추산된다. 이는 2004년 1조 2,551억 달러에 비해 5.9% 증가한 수치이다.

앞으로 세계 문화산업 시장의 성장 추세는 더욱 가속화되어 2006년부터 2010년까지는 연평균 6.6%의 성장률을 보이고, 2010년에는 시장 규모가 1조 8,320억 달러에 달할 전망이다.

또한 지역별 시장 규모를 살펴보면, 시장 규모가 가장 큰 미국과 유럽, 중동, 아프리카의 경우 2010년까지 연평균 6.1%의 성장률을 보일 것으로 전망된다. 특히 주목할 만한 지역은 우리나라가 속해 있는 아시아 · 태평양 지역으로 인도와 중국의 미디어 인프라 보급 확대와 외국인 투자 증가에 따라 가장 높은 성장률(9.2%)을 기록할 것으로 예상된다. 이는 아시아 지역에서 불고 있는 한류 현상을 고려해 볼 때 우리나라 문화산업도 긍정적인 영향을 미칠 것으로 보인다.

다음은 향후 문화산업의 전망이다. "미래에는 효도 로봇이 자식 역할을 대신 한다." 로봇이 만화나 공상 과학영화에서나 볼 수 있었던 시대는 지나가고 있다. 최근 선진국을 중심으로 인간과 유사한 로봇 개발이 추진되면서 이른바 지능형 로봇에 대한 과학기술계의 관심이 집중되고 있다. 그

〈그림 1.3〉 노래도 부르는 로봇가수 에버

동안 꿈의 기술로 불리던 '사이보그'(인조인간) 기술이 현실화되면서 인간을 대신하는 로봇이 일상생활을 좌우하는 시대가 도래한 것이다. 조만간 로봇이 작업과 사무는 물론 길 안내에서 건강 체크, 노인의 시중을 드는 등 사람의 역할을 할 것으로 기대된다. 최근에는 로봇이 오케스트라를 지휘하기도 했다.

일부 전문가들은 4~5년 이내에 영화에서 보던 로봇을 사람들이 이용할 수 있을 것으로 전망하고 있다. 사람과 똑같이 생각하고 행동하는 지능형 로봇은 전기, 전자, 기계, 자동화, 인공지능, 생체공학 등 현재까지 개발된 인류의 모든 기술을 총집결시킨 첨단기술체로 불린다. 그런 만큼 경제적 파급효과는 엄청나다. 이에 따라 현재 세계 1위 로봇 강국인 일본은 물론 미국, 유럽 등 선진 각국은 지능형 로봇 개발에 사활을 걸고 있다.

우리 정부도 소득 2만 달러 시대를 여는 핵심기술의 하나로 로봇 기술 개발에 전력을 쏟을 방침이다. 특히 우리나라는 세계 최고의 유무선 인프라를 보유한 정보통신 기술과 자동차 기술

등에 관련 로봇 기술을 접목하면 다가오는 21세기에는 세계 최고의 로봇 강국으로 부상할 수 있다.

최근 우리나라를 추격하는 중국을 제칠 수 있는 유력한 산업 대안이 지능형 로봇이란 분석이다. 정부 각 부처가 학계, 산업계와 공동 연구체제를 구축한 가운데 문화체육관광부는 내년에 우체국과 디지털 홈에 지능형 로봇 시범 사업을 추진할 방침이다.

미래 문화산업의 또 다른 방향은 소위 '유비쿼터스'(ubiquitous)*로 대변되는 첨단지식 정보화 사회의 도래이다. '유비쿼터스 시대'가 왔다. MP3플레이어를 들고 다니면서 음악을 감상하고, TV를 보면서 국회의원 투표를 자유자재로 하는 꿈의 미래가 현실로 도래했다. 인터넷 물결은 이제 '1990년대 구세대 흐름의 맨 끝줄기, 과거 한때의 유행어'로 전락하고 있다. '신(神)이 어디에도 존재한다'는 뜻의 유비쿼터스가 2000년대 초반부터 새로운 물결의 중심에 자리 잡고 세계 곳곳에서 거대한 변화를 일으키고 있기 때문이다.

'유비쿼터스'는 통신·반도체·소프트웨어 등 각 분야에서 축적돼 온 첨단기술이 표준화되고 저렴해지면서 우리도 모르는 사이 첨단기술의 혜택을 값싸고 쉽게 누리게 되는 흐름을 뜻한다. 10여 년 전만 해도 인터넷이라는 단어가 일반인들이 들어 보기 힘들 정도로 새로운 개념의 기술이었지만 지금은 인터넷을 빼고 개인 또는 사회생활을 이야기하기가 어려울 정도로 인터넷이 차지하는 비중이 상당하다. 인터넷을 통하여 쇼핑도 하고, 예약도 하고, 음악은 물론 각종 동영상을 실시간으로 볼 수 있으며, 메신저를 통해서 친구들과 이야기를 할 수도 있다.

현대 사회생활에서 중요한 요소가 되는 것은 이러한 인터넷 말고도 휴대폰을 들 수 있다. 휴대폰은 이제 거의 모든 국민이

*유비쿼터스(ubiquitous)
물이나 공기처럼 시공을 초월해 '언제 어디서나 존재한다'는 뜻의 라틴어로, 사용자가 컴퓨터나 네트워크를 의식하지 않고 장소에 상관없이 자유롭게 네트워크에 접속할 수 있는 환경을 말한다. 유비쿼터스는 휴대성과 편의성뿐 아니라 시간과 장소에 구애받지 않고도 네트워크에 접속할 수 있는 장점들 때문에 세계적인 개발 경쟁이 일고 있다.

하나씩은 가지고 다닐 정도로 필수품이 되었다. 각각 다른 기술적 바탕을 두고 발전되어 온 이러한 기술 요소들이 유비쿼터스 시대에는 서로 유기적으로 연결되는 중요한 관계가 되고 있다. 인터넷과 휴대폰의 결합이야말로 유비쿼터스 세상을 만들어가는 데 있어서 기초적이고 핵심적인 요소가 된다.

요즘 유비쿼터스가 많은 관심과 이슈가 되고 있는 것도 인터넷과 휴대폰의 보급에 따른 사회적 인프라 구축이 잘 되어 있어 현실적으로 유비쿼터스 사회 구현이 가능하기 때문일 것이다.

마이크로 소프트(MS) 사 빌 게이츠 회장 등 세계 산업계 거물들은 '유비쿼터스 물결이 향후 20~30년의 변화를 이끌 것'이라고 예언한 바 있다. 예언은 적중했다. 미국, 일본, 중국, EU 등은 새 흐름의 주도권 확보에 국가 사활을 걸고 있다. 우리 정부도 "유비쿼터스 산업은 10년 후 한국 산업을 선도할 동력"이라며 '지능기반 사회'(u-코리아)* 구축 전략을 발표했다.

유비쿼터스 충격은 반도체, 휴대전화, 가전통신 등 주요 정보통신 산업계에 새로운 경쟁을 불러일으키고 있다. '더 작고, 더 똑똑하고, 더 싼' 첨단제품 기술 없이는 세계 시장에서 사라져야 하기 때문이다. 세계적인 컴퓨터, 정보통신 업체들은 벌써 상품화를 시도하고 있다. 미국 인텔은 주머니에 넣고 다닐 수 있는 명함 크기 컴퓨터인 '퍼스널 서버'(personal server)를, 자이버넷 사는 '입는 PC'(wearable PC)를 개발 중이다. 삼성전자는 휴대전화의 메모리 용량을 PC 하드디스크 용량만큼 높이는 대용량 메모리 개발을 주도하고 있다.

*지능기반 사회
특정 사물에 지능을 내재시켜 원하는 사람이라면 언제 어디서나 첨단 디지털의 혜택을 누릴 수 있는 사회를 의미한다. 오늘날은 정보기술의 발전으로 인해 지식기반 사회에 이어 지능기반 사회(ubiquitous society)로 나아가고 있다. 21세기 사회에서는 지식이 가장 중요한 생산요소이기 때문에 많은 나라에서는 창의적 지식을 산출하고, 이를 효율적으로 관리하기 위한 지식 관리체계를 구축하기 위해 노력하고 있다
출처 : 김문성(2004). 『행정학.net』. 박영사.

문화산업의 대상으로서 문화콘텐츠 상품

우리는 '문화가 중요하다' 그리고 '21세기는 문화의 시대'라고 이야기 한다. 문화에 대한 이야기는 끊임없이 계속되고 있고, 그것을 새삼 강조하는 것은 어색할 정도로 문화의 중요성에 대해서는 누구나 공감하고 있다. 그렇다면 이제 중요한 것은 '어떻게 문화를 상품으로 만들고, 키워나갈 것이냐'이다. 즉, 문화를 상품으로 만든 문화콘텐츠에 주목해야 한다.

앞에서 밝힌 바와 같이 문화콘텐츠(culture content)란 창의력, 상상력을 원천으로 '문화적 요소'가 체화되어 경제적 가치를 창출하는 문화상품(cultural commodity)을 의미한다. 문화콘텐츠의 창작 원천인 '문화적 요소'에는 생활양식, 전통문화, 예술, 이야기, 대중문화, 신화, 개인의 경험, 역사기록 등 다양한 요소들이 포함되어 있다.

이러한 '문화적 요소'는 창의성과 기술을 바탕으로 고부가가치를 창출하는 문화콘텐츠로 전환될 수 있다. 문화콘텐츠는 문화적인 요소를 활용한 '고도로 상품화시킨 것'이라고 할 수 있다. 특히 인터넷과 디지털 시대에 다양한 플랫폼(TV, 가전, 게임기, 휴대폰, 컴퓨터 등)으로 인해 소비자에게 넓게 유통됨으로써 고부가가치를 생산할 수 있는 콘텐츠를 문화콘텐츠라고 부른다.

1990년대 중반 이후 인터넷과 휴대폰 등 디지털 기술의 놀라운 발전으로 우리 사회에 문화산업, 곧 문화콘텐츠 산업이 급속히 부각되었다. 예를 들면 인터넷이 활성화되면서 온라인 게임이나 웹사이트 등 각종 디지털 콘텐츠*가 주목받기 시작했고, 고기능의 휴대폰 보급으로 음악이나 게임, 방송 등의 다양한 모

*디지털 콘텐츠(digital content) 유무선 전기 통신망에서 사용하기 위해 부호, 문자, 음성, 음향, 이미지, 영상 등을 디지털 방식으로 제작·처리·유통하는 자료, 정보 등을 말한다. 구입에서 결제, 이용까지 모두 네트워크와 PC로 처리하기 때문에 종래의 통신 판매 범위를 초월한 전자상거래(EC)의 독자적인 분야로서 시장 확대가 급속히 이루어지고 있다.

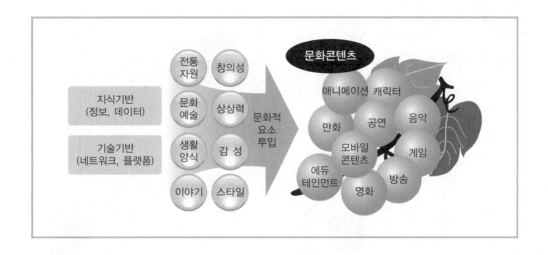

〈그림 1.4〉 **문화콘텐츠의
전환**
출처 : 『문화콘텐츠 산업의 현
황과 전망』, 한국콘텐츠진흥원,
2008.

바일 콘텐츠 산업이 형성된 것이다.

또한 2000년대 이후 경제성장으로 여가시간이 늘어나고 문화
생활에 대한 욕구가 증가하면서, 영화나 드라마, 뮤지컬, 전시,
축제, 여행 등 다양한 문화콘텐츠의 중요성이 부각되었다. 그 결
과 특히 영상 부문에서의 잇따른 천만 관객의 돌파와 해외영화
제에서의 수상 같은 놀라운 성과들을 보여주었다. 더 나아가 아
시아권에 불어 닥친 한류 열풍은 문화콘텐츠의 중요성을 더욱
강조하고 있다.

문화콘텐츠는 〈그림 1.5〉와 같이 내용, 과정, 유통매체별로
분류할 수 있다. 그 내용에 따라 애니메이션, 영화, 게임, 음악,
만화, 캐릭터, 예술, 출판, e-book, 방송영상, 패션, 공예, 에듀테
인먼트, 광고 등 다양하게 나눌 수 있다. 유통방식에 따라서는
무선인터넷 콘텐츠, 유선인터넷 콘텐츠, 방송콘텐츠, 극장용 콘
텐츠, DVD, 비디오, PC 게임, 아케이드 게임 등 다양한 형태로
구분할 수도 있다. 하지만 문화콘텐츠의 구분은 콘텐츠 간 융합,
통신과 방송의 융합, 유선과 무선의 융합 등 디지털 융합으로

〈그림 1.5〉 문화콘텐츠의 분류

출처 : 한국콘텐츠진흥원 *

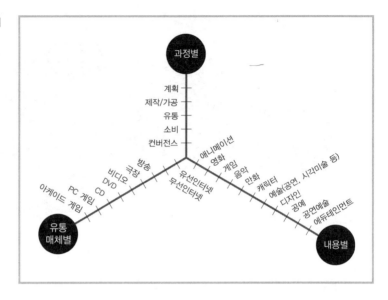

*한국콘텐츠진흥원

문화콘텐츠 사업 진흥을 위한 정책 개발과 관련 지원 사업을 수행하는 기관이다. 2001년 8월 재단법인으로 발족, 2002년 10월 문화산업진흥기본법에 의거하여 특수법인으로 개편되었다. 문화콘텐츠 사업 종합 지원체제를 구축하여 세계 5대 문화콘텐츠 생산국으로 진입하고 문화콘텐츠 수출의 산업화를 통해 창의적 문화콘텐츠 강국을 실현하는 데 목표를 두고 있다.

그 경계가 희미해지고 있으며, 장르 간 구분의 의미가 약해지고 있다. 또한 모바일 콘텐츠 등 무선 콘텐츠, 디지털방송 콘텐츠, 문화원형 디지털 콘텐츠 등의 새로운 디지털 콘텐츠 산업이 부각되고 있다.

문화콘텐츠 상품이 생산·유통되는 산업을 기준으로 분류해 보면 〈표 1.1〉과 같이 첨단문화산업, 문화관광산업, 지역축제 및 이벤트 산업, 조형예술산업 등을 기준으로 살펴볼 수 있다.

문화산업진흥법에서 문화산업(문화상품의 기획, 개발, 제작, 생산, 유통, 소비 등과 이와 관련된 서비스를 하는 산업)은 문화상품과 관련된 산업으로 여덟 가지의 산업을 예로 들었다. 문화산업의 정의를 기준으로 문화콘텐츠 상품의 종류를 〈표 1.2〉와 같이 구분할 수 있다.

보통 문화상품이라고 하면 눈에 보이는 유형상품만을 이야기한다. 하지만 문화상품의 개념이 문화까지 확장되기 때문에 문

사업별	유 형	종 류
첨단문화산업	지식기반 제품 및 산업기술	영화, 음반, 컴퓨터 게임, 소프트웨어, 애니메이션, 방송영상, 인쇄, 광고 등
문화관광산업	문화시설, 문화유적지, 사적지, 국립공원, 하천, 호수, 해수욕장	자연경관, 관광문화상품, 관광안내도, 토산품, 향토음식점 등
지역축제 및 이벤트 산업	전 시	박람회, 비엔날레, 전시회 등
	공 연	연극, 무용, 음악, 영화, 패션쇼 등
	컨벤션	각종 회의, 세미나, 워크숍 등
	축 제	체육대회, 경연대회, 페스티벌 등
	판촉수단	샘플, 경품, 쿠폰 등
조형예술산업	공예문화상품	민예품, 전통공예품 등
	문화유물	국보, 보물, 사적, 민속자료 등
	가로시설물	환경조형물, 버스 정류장, 휴지통, 표지판, 공중전화 부스 등
	문화재	유·무형 문화재
	건축물	행정시설, 숙박시설 등
	CI	캐릭터 상품, 기념품 등

〈표 1.2〉 문화콘텐츠 상품의 문화산업에 따른 분류

문화산업	문화콘텐츠 상품
영화 관련 산업	영화, 영화촬영지
음반, 비디오물, 게임 관련 산업	음반, 비디오, DVD, 게임팩
출판, 인쇄물, 정기간행물 관련 산업	책, 신문, 잡지
방송 영상물 관련 산업	드라마, 오락 프로그램, 교육 프로그램
문화재 관련 산업	사찰, 성벽, 무형문화재
만화, 캐릭터, 애니메이션, 에듀테인먼트, 모바일 문화콘텐츠, 디자인, 광고, 공연, 미술품, 공예품 관련 산업	만화, 캐릭터 문구, 캐릭터 의류, 에듀테인먼트 DVD, 에듀테인먼트 책, 방송 광고, 지면 광고, 미술품
디지털 문화콘텐츠 관련 산업	디지털 음원
전통문화산업	전통 인형, 민속촌

<표 1.3> 문화콘텐츠 상품의
형태별 분류

구 분	내 용
유형적 문화상품	관광문화상품, 지역 특산물, 인쇄·영상매체, 문화시설, 문화유적지
무형적 문화상품	산업기술, 문화적 이미지, 행사 및 축제, 공연예술, 예절

<표 1.4> 일반 상품과 문화
상품의 비교

구 분	일반 상품	문화상품
생산 방식	표준화된 대량생산	다품종 소량생산
우위 가치	정신적 가치 〈 물질적 가치	정신적 가치 〉 물질적 가치
자원의 성격	물질적 자원	문화적 자원
경제 환경	산업화	정보화
상품의 특성	실용성 〉 심미성	실용성 〈 심미성
	보편성	특수성, 차별성, 지역성
	동시성	현장성

화상품의 개념은 문화적인 무형상품을 포함한다. 〈표 1.3〉과 같이 상품의 형태를 기준으로 문화콘텐츠 상품의 종류를 구분해볼 수 있다.

문화콘텐츠 상품은 물질적·경제적인 가치를 중시하는 일반 상품과는 달리 특정 국가나 지역이 보유하고 있는 특수한 문화나 역사적인 특성에서 유래한다. 또 일반 상품은 몇 사람의 아이디어에서 출발하여 개발되며 문화와 상관없이 실용성, 편의성 등으로 가치를 갖지만 문화상품은 그렇지 않다. 〈표 1.4〉는 일반 상품과 문화상품의 특성을 비교한 것이다.

문화상품은 일반 상품과는 달리 그 상품을 소비하는 사회 구성원의 정체성과 생활양식에 큰 영향을 미친다. 일반 상품들이 인간의 기본적인 욕구충족이나 편리성, 실용성을 추구하는 데 반해, 문화상품은 가치관이나 사고방식 등 문화적·심리적 만족

〈그림 1.6〉 역사적 기록에
근거한 콘텐츠의 사례. 왼쪽
부터 드라마 〈허준〉, 〈다모〉,
〈대장금〉, 〈태왕사신기〉

감을 지향한다.

문화상품은 우리가 가지고 있는 정서나 문화를 상품으로 재
창조하여 만들어진 결과이다. 문화상품은 일반 상품의 실용성을
뛰어넘어 소비자의 감성을 자극시켜야 한다. 또한, 디지털 기술
을 바탕으로 한 첨단기술과의 제휴에서 만들어지는 경우도 많아
문화상품에서는 창조성이 중시된다. 창의적 기획력은 '문화적
요소'에 새로운 '혼'을 불어넣는 원동력이다. 박물관 자료실 한
구석에 쌓여 있던 역사적 기록, 이야기, 디자인이 소설로, 영화
로, 게임으로, 만화로, 애니메이션으로, 에듀테인먼트 콘텐츠로,
캐릭터로 새롭게 태어날 수 있는 것이다.

똑같은 기능을 가진 일반 상품에 예술적 감각과 의미를 부여
하여 새로운 만족을 주는 문화상품은 기능적인 일반 상품을 심
미적 차원으로 한 단계 더 끌어올려 상품의 가치를 증폭시켜 준
다. 고객의 소비 패턴이 '품질' 중심에서 '품격' 중심으로 이행했
다. IT기술과 생산성의 향상에 따라 공급과잉이 나타나 더 이상
싸고 편리한 제품만으로는 고객을 만족시킬 수 없게 된 것이다.
따라서 많은 기업들은 문화를 매개로 한 소비의 소구, '문화(콘텐
츠) 마케팅'을 강화해 제품을 차별화·고급화하는 전략을 택하고
있다.

문화콘텐츠 산업의 미래

21세기는 지식과 정보의 창출 및 활용이 모든 경제활동의 핵심이 되는 지식기반 경제로 접어들고 있다. 이러한 상황에서 개인의 창의성에 바탕을 두고 다양한 소비자들의 욕구충족을 기반으로 하는 문화산업은 21세기의 새로운 유망산업으로 부상하고 있다. 따라서 세계의 경제성장은 지난 세기 성장의 동력원이었던 섬유, 철강, 화학, 전자 산업을 거쳐 문화콘텐츠 산업이 새로운 동력원으로 부상하고 있는 추세를 나타내고 있는 것이다.

문화콘텐츠 산업은 문화상품의 기획, 제작, 가공, 유통, 마케팅, 소비과정에 관한 산업과 이러한 과정을 지원하는 연관 산업을 모두 의미한다. 일반적으로 영화, 게임, 애니메이션, 만화, 캐릭터, 음악, 방송, 인터넷·모바일 콘텐츠, 디자인, 패션 등을 일컫고 있다. 문화콘텐츠 산업은 기존의 문화유산, 생활양식, 창의적인 아이디어, 가치관, 예술적 감성 등 문화적 요소들을 창의적 기획과 기술을 통해 콘텐츠로 재구성하여, 고부가가치를 갖는 문화상품으로 유통시킨다.

문화콘텐츠 산업은 일반적으로 산업 연관효과(전방효과와 후방효과)가 다른 산업에 비해서 매우 높은 창구효과(Window effect)*를 가지고 있는 산업이다. 이는 대부분의 문화상품이 초기에는 많은 제작비용이 들지만 일단 생산이 되고 나면 이를 재생산하는 경우에는 한계비용이 아주 낮아지게 되는 현상을 포함한다. 문화콘텐츠의 원 소스 멀티유즈는 문화산업의 다양한 영역들을 연계시킬 수 있다. 성공적인 원 소스 멀티유즈의 사례로 꼽히는 드라마 〈대장금〉은 애니메이션 〈장금이의 꿈〉, 뮤지컬 〈대장

*창구효과(窓口效果)
문화산업에서 산업 연관효과가 매우 큰 것을 일컫는 문화. 경제학적 용어로 문화산업은 산업 연관효과가 다른 산업에 비해서 매우 큰 것으로 알려져 있다. 이는 문화상품의 생산에는 많은 기초 투자비용이 들지만 일단 생산된 이후 이를 재생산하는 경우에는 한계비용이 극히 낮기 때문에 나타나는 현상이다.

이해하기 어려운 클래식 공연 티켓 팔리는 비결은?

음악을 잘 모르는 일반 관객이 클래식 공연을 선택하는 기준은 무엇일까. 정답은 신문과 방송에 많이 보도되는 유명 아티스트가 나오기 때문이다.

음악이나 연극 등 공연은 소비자인 관객이 직접 관람해 봐야 그 품질을 알 수 있는 상품이다. 경제학에서 '경험재'로 불리는 이런 상품은 소비자가 실제 경험하기 전까지 그 품질을 알 수 없는 것이 특징. 따라서 공연을 공급하는 기획·제작사는 그 품질을 모르는 소비자들이 실제 공연을 보기 전에 품질을 높이 평가해서 티켓을 구입할 수 있도록 적극적인 홍보와 마케팅을 벌인다.

그러나 클래식은 일반적인 경험재보다 훨씬 더 심각한 '품질 불확실성'에 시달린다. 즉 일반 관객들은 실제로 관람하기 이전뿐만 아니라 이후에도 잘 모른다는 것이다. 이런 특수한 유형의 경험재를 '신용재'라고 부르는데, 자기 자신보다 우월한 지식이나 전문성을 가진 제3자가 품질이 좋다고 하면 자신의 판단과 상관없이 신용할 수밖에 없는 상품이기 때문이다. 이때 전문성을 가진 제3자의 역할을 수행하는 것이 바로 비평가와 언론이다. 따라서 얼마나 신문과 방송에 자주 보도되었느냐가 실제 관객 수에 결정적 영향을 미치게 된다.

– 국민일보 쿠키뉴스, 2008. 4. 23

금〉으로 거듭났고, 캐릭터 상품도 제작되는 등 여러 장르에 활용되고 있다. 문화콘텐츠 산업은 산업 연관분석 결과, 고용, 경제성장, 지역균형 등 경제효과 면에서 제조업 및 기타 서비스산업보다 우월할 것으로 전망된다. 한류 열풍은 문화산업의 경쟁력뿐만 아니라 국가 브랜드가치도 향상시켜 제조업, 관광유치, 상품수출, 기타 서비스업에도 긍정적인 파급효과를 미치고 있다.

문화콘텐츠 산업은 구체적인 재화를 생산하는 산업이기보다는 창조력과 상상력에 기반한 무형의 재화를 생산하는 산업이다. 그리고 지식이 상품이 되는 지식기반 경제에 가장 적합한 산업이며, 지식을 창출할 수 있는 산업인력의 질적 고도화가 필요하다.

경제적 패러다임은 추출경제에서 제조경제, 제공경제 그리고 체험경제로 변화해 왔다. '체험의 경제적 패러다임'이란 특별한 것을 경험할 수 있는 상품이 소비되는 것이다. 체험할 수 있는 특성에 따라서 대체가능성이 낮아지는 현상으로 경제적인 부가가치가 가장 높아질 수 있는 시스템을 의미한다. 문화콘텐츠 산업은 인간의 욕구를 실현하는 최종 단계의 산업이며, 체험의 경제에 가장 부합되는 산업이라고 할 수 있다.

한편으로는 자생적인 문화콘텐츠를 생산하지 못하는 국가는 문화선진국에 의해 개발되고 상품화된 콘텐츠를 일방적으로 소비하는 소비 시장으로 전락할 우려가 있다. 선진국의 소비 시장으로 전락할 경우 자생적 문화콘텐츠 제작역량은 더욱 약화될 것이며, 구조적인 악순환을 거쳐 영속적인 소비 시장이 될 것에 주의해야 한다. 문화콘텐츠의 사회문화적 가치는 한 국가나 사회의 고유한 문화를 재창조한다는 측면에서 고유의 문화를 재조명하고 계승할 수 있는 계기를 제공한다는 것이다. 더 나아가 상품에 체화된 문화적 요소로 국가의 긍정적 이미지를 소비자에게 심어주고, 역으로 국민의 자긍심을 고양하는 효과를 창출함으로써 국가의 문화적 정체성 확립에도 기여할 수 있다.

문화콘텐츠는 기업의 높은 수익과 무한한 성장을 가능하게 하고, 원천기술 없이도 상상력과 창의력으로 성공할 수 있는 새로운 가치혁신을 위한 가능성을 가지고 있다. 전통적인 미디어 기업은 글로벌화·거대화·복합화하고 있으며 비문화기업들도 문화콘텐츠 산업에 적극적으로 진출하고 있다. 비문화 기업인 제조기업, 정보통신기업 등은 영화, 게임, 음악 등 다양한 문화콘텐츠 분야로의 진출을 확대하여 사업역량을 확장해 가고 있다. 통신기업의 경우 모바일 엔터테인먼트(게임, 음악, 영화 등) 데이터 서비스 분야의 매출을 늘림으로써 통신 시장의 성장세 둔화를 극복하며 영화사, 음반사를 인수하고, 전략적 제휴를 맺는 등의 변화를 보여주고 있다.

언제, 어디서나 원하는 영화, 드라마를 볼 수 있는 생활의 변화는 기술 발전으로 인한 네트워크, 기기, 콘텐츠 간 융합의 결과로 나타나고 있는 현상들이다. 융합에 대해 니그로폰테(negroponte) 교수는 "과거에는 다른 것으로 여겨졌던 것의 경계가 무너지거나 하나로 합쳐지는 현상"이라고 정의했다. 융합 서비스의 대표적인 예는 TPS(Triple Play Service, 전화+인터넷+방송)*이다. 유비쿼터스는 언제, 어디서나 자유롭게 네트워크에 접속할 수 있는 5any(언제-anytime, 어디서나-anywhere, 어느 네트워크-anynetwork, 어느 기기-anydevice, 무슨 서비스든-anyservice)가 가능한 차세대 기술 환경이다. 유비쿼터스 컴퓨팅과 네트워크에 의해 물리공간과 전자공간이 결합하여 지능사회 실현이 가능해진다. 향후 유비쿼터스 환경에 기반을 둔 홈 네트워킹(home networking)은 미디어들을 통합시켜 가정 내에서도 언제, 어디서나 콘텐츠 소비환경을 가능케 할 전망이다. 이와 같은 디지털 융합과 유비쿼터스 기술의 발전으로 인해 새로운 형태의 문화콘텐츠가 개발될 것이며, 문화콘텐츠의 생산·유통·소비의 전 과정에서 변화를 일으키고 있다. 이러한 산업, 기술, 서비스의 변화는 일상을 변화시키고 생활 속에 자리 잡으면서 우리 사회 문화의 일부가 되고 있다.

제작 부문에서는 온라인과 모바일 기반의 콘텐츠 제작이 크게 확대되어 차세대 디지털 디스크가 온라인 음악 시장에 큰 영향을 미칠 것으로 예상되고, 에듀테인먼트(edutainment)** 시장은 학습만화를 중심으로 성장할 것으로 예상된다. 아울러 모바일

*트리플 플레이 서비스
 (Triple Play Service: TPS)
단일 또는 다른 종류의 네트워크를 통해 인터넷 전화(VoIP), 초고속 인터넷, 그리고 인터넷 TV (IPTV) 등 음성, 데이터, 방송 기반의 세 가지 서비스를 동시에 제공하는 융합형 서비스를 말한다.

**에듀테인먼트(edutainment)
에듀케이션(Education, 교육)과 엔터테인먼트(entertainment, 오락)의 합성어로 게임을 하듯 즐기면서 학습할 수 있도록 하는 교육 형태이다.

캐주얼 게임과 e-스포츠가 인기를 얻으며 게임산업은 여전히 성장할 것이고, e-Book의 수요가 늘어나면서 온라인 출판도 성장 단계에 진입할 전망이다.

감성형 문화콘텐츠 기술이 새로운 원천기술로 주목받으면서 관련 기술 개발이 활기를 띨 것으로 전망된다. 또한 영화제작에서부터 배급, 상영에 이르기까지 디지털로 처리되는 디지털 시네마는 전국적으로 확대될 것이다. 보다 많은 지방자치단체들이 지역문화산업 클러스터 조성에 나설 것으로 예상되며 문화콘텐츠 산업이 지역경제 활성화를 위한 주력 산업으로 부상할 것으로 전망된다. 현대인의 라이프스타일이 일과 직장에서, 가족과 여가 중심으로 바뀌면서 삶의 질에 대한 관심이 많아지고 있다. 소득 증대, 주5일제, 고령화, 가족형태의 변화, 정보통신 기술의 발달 등으로 여가시간과 기회가 확대됨에 따라 점차 여가 지향적 사회구조로 변동하고 있다(표 1.5).

최근의 웰빙 열풍은 '건강하게 잘 먹고 잘사는 것'을 의미하며, '환경', '건강', '안전'을 추구하는 웰빙(well-being), 로하스(lohas), 슬로비족(slobbie) 등의 출현은 '행복', '복지', '만족'을 위한 행동으로서 삶의 질을 추구하는 것이라고 할 수 있다. 이러한 높은 삶의 질 추구는 문화콘텐츠 소비의 확대로 이어진다. 세계는 인간의 지식, 감성, 창의력, 상상력이 부가가치 창출의 원천이 되는 지식기반 사회로 패러다임 전환이 이루어지고 있다. 감성 및 창

〈표 1.5〉 주5일 근무제 도입에 따른 생활 패턴 변화

가 족	여 가	체 험	교 육	직 업	활 동	취 미
가족과의 유대강화	휴식과 오락 선호	체험형 소비 일반화	학습의 기회 증가	복수직업 보유	야외활동 강화	마니아 활동 활발

조의 시대는 문화산업이 경제성장의 핵심 동인으로 작용하며, 경제적 가치가 '농업경제 → 산업경제 → 서비스 경제 → 경험경제*'로 진화함에 따라 산업생산에서 문화생산의 고부가가치 경험경제(experience economy)가 대두될 것이다.

맺음말

이제는 문화가 자본이 되는 시대가 도래하였다. 문화, 정확하게 말하자면 문화콘텐츠는 앞으로 국가의 경쟁력을 향상시켜 줄 수 있는 최대의 요소라는 것이다. 이미 선진국에서는 이를 경제적 부분과 결합하여 이른바 '문화산업'을 창출하고 수익으로 극대화하기 위해 여러 가지 노력을 전개하고 있다. 문화산업은 부가가치가 크기 때문에 관련 산업에도 많은 영향을 끼치게 된다. 그 경제적 가치 또한 잘 활용하면 국가경쟁력이나 국가 브랜드 평가에서도 기대 이상의 효과를 가져다준다. 또한 그 영역도 광범위하기 때문에 국가적 차원에서 문화산업의 적극적인 육성이 어느 때보다 중요하다고 할 수 있다.

문화는 인간의 창조적 행위를 생산하는 원천이며, 여가놀이 등 일상적 삶을 구성하는 자체로서 가치창출의 토대이다. 따라서 문화는 더 이상 경제와 분리된 영역으로 존재하는 것이 아니라 창의적 아이디어로 적은 비용을 투입하고 높은 이익창출이 가능함에 따라 고부가가치의 '창조적 상품'(creative product)을 매개하는 핵심산업이라고 할 수 있다. 문화콘텐츠 산업은 향후 시

*경험경제
(experience economy)
물자, 상품, 서비스를 판매하는 전통적인 방식을 거쳐 경험을 파는 새로운 단계를 말한다. 경험의 가장 기본적인 특성은 느끼는 데 있다. 유비쿼터스 컴퓨팅 시대에 주위의 모든 사물이 지능을 갖게 되고 사람과 상호작용하게 되면 사람들은 제각기 특별한 경험을 하게 될 것이다. 따라서 유비쿼터스 컴퓨팅 시대에는 물자, 상품, 서비스보다는 경험을 판매하는 경제활동이 크게 부상할 것이라고 전망하는 경제학자들이 늘어나고 있다.
출처: 이인식(2006), 『미래 교양 사전-보급판』, 갤리온.

세계가 콘텐츠 산업 고부가가치에 주목

콘텐츠 산업이 주목받는 이유는 고성장·고부가가치라는 매력 때문이다. 다른 산업들이 경기 침체로 하락세를 면치 못하고 있는 반면 콘텐츠 산업은 고성장을 유지할 것이라는 전망이 나오고 있어 유독 눈에 띈다.

국제통화기금(IMF)은 전 세계 경제가 올해 2% 초반의 낮은 성장세를 보일 것으로 전망했다. 그러나 세계 문화콘텐츠 산업은 2008년 1조 7,025억 달러에서 2012년 2조 1,977억 달러까지 연평균 6.6%의 고성장을 기록할 것으로 예상된다(PwC 분석). 욘 크리츠 '엔드몰 그룹' CEO는 "어떤 불경기가 와도 콘텐츠 산업의 앞날은 긍정적"이라면서 "창의성이 있는 곳마다 새로운 수요가 탄생할 수 있다"고 말했다. 높은 부가가치는 콘텐츠 산업만의 매력이다. 문화체육관광부와 정보통신연구진흥원 등에 따르면 2006년 한국 콘텐츠 산업의 부가가치율은 37.1%로 IT 산업(33.5%)을 뛰어넘었다. 지난해 한국 콘텐츠 산업의 전년 대비 매출액 증가율은 18.7%로 IT 산업(8.4%)의 2배를 뛰어넘었다.

블록버스터 영화 〈반지의 제왕〉 촬영지였던 뉴질랜드는 '프로도 경제'를 누렸다. '프로도'는 영화 속 주인공의 이름이다. 뉴질랜드는 영화 촬영과 이에 따른 관광객 증가로 신규 고용만 2만여 명이 늘어난 것으로 조사됐다. 이처럼 콘텐츠는 고용유발 효과도 높다. 산업연구원에 따르면 2007년 문화콘텐츠 산업은 10억 원을 투입하면 13.9명의 고용유발 효과를 보이는 것으로 조사됐다. IT의 고용유발계수(11.4명)를 뛰어넘는 것은 물론이다.

마블의 유명 캐릭터 '스파이더맨'은 관련 영화와 캐릭터 상품 매출로만 한 해 10억 달러(2007년 기준)가 넘는다. 2000년대 들어 만화 시장이 주춤하자 마블은 '스파이더맨' 캐릭터를 블록버스터 영화에 활용한다. 이 결정은 영화의 흥행과 함께 만화책 매출 증가와 관련 캐릭터 상품 대박, TV애니메이션 제작이라는 '거미줄 경제 효과'로 이어졌다.

                                        - 매일경제, 2009. 4. 19

장 잠재성이 매우 높은 분야로 DMB, Wibro, PMP, IPTV 등 정보통신 기술의 발전에 따라 다양한 New Media Service가 본격화됨에 따라 관련 콘텐츠 수요가 확대될 것으로 전망되고 있다. 또한 OSMU(One Source Multi-Use) 산업으로서 문화콘텐츠는 창의력에 의해서 창조된 상징(symbol)적 성격을 지니고 있다.

문화콘텐츠 산업은 차세대 성장동력 산업으로 새로운 블루오션을 창출하고, 급속도로 발전한 첨단 하드웨어와 네트워크

에 고부가가치를 창출할 수 있는 실제적인 성장동력으로 자리
매김할 것이다.

참고문헌 및 자료 ─────────────────

김영순(2008). 『문화산업과 에듀테인먼트 콘텐츠』. 한국문화사.

문화체육관광부(2009). 『2009 문화산업통계』. 문화체육관광부.

미래산업전략포럼(2008). 『한국문화산업총람 2008』. 미래산업전략포럼.

최종일(2008). 『네트워크 개방과 문화콘텐츠 산업발전』. 한국문화관광연구원.

한국콘텐츠진흥원(2008). 『캐릭터산업 백서 2007』. 한국콘텐츠진흥원.

MBC 〈http://www.imbc.com〉

국민일보 쿠키뉴스 〈http://news.kukinews.com〉

매일경제 mk뉴스 〈http://news.mk.co.kr〉

한국콘텐츠진흥원 〈http://www.kocca.kr〉

더 읽어 볼 거리 ─────────────────

김호연 외(2009). 『한국 문화와 콘텐츠』. 채륜.

문병호(2007). 『문화산업시대의 문화예술교육』. 자연사랑.

박정수(2007). 『문화콘텐츠 산업의 2020 비전과 전략』. 산업연구원.

양종회(2006). 『한국의 문화산업체계』. 지식마당.

이기상(2009). 『지구촌시대와 문화콘텐츠: 한국 문화의 지구화 가능성 탐색』.
　　한국외국어대학교 출판부.

2장

문화산업 정책과 현황

구문모

The Policies of current Status of Culture Industry

우리나라는 문화산업을 자동차나 조선 등 주요 제조업과 마찬가지로 성장산업으로 육성한다는 것을 목표로 다양한 정부 지원을 해오고 있다. 과거에도 지원이 없었던 것은 아니었지만, 정부가 문화산업 육성을 위해 적극적으로 지원에 나선 것은 1999년 즈음이라고 할 수 있다.

1998년 무렵 외환위기를 겪었던 우리나라는 새로운 성장 분야를 찾고 있는 가운데, 예술이나 공공 분야로 여겨졌던 문화산업의 잠재력을 인식하기 시작하였다. 이후 우리나라는 문화의 보호에 치중하였던 자세를 바꾸어 우리나라 문화상품이 세계 시장에서 경쟁력을 갖고 시장을 확보할 수 있도록 각종 지원을 해오고 있다. 특히 상업성이 높은 업종들을 지원하기 위해 세제, 법률, 금융, 심의 등에서 각종 제도를 새로 만들거나 수정하고 있다.

이 장에서는 정부의 전반적인 문화산업 정책에 대하여 논의하고, 저작권과 문화콘텐츠 관련 법령에 대하여 고찰해 보고자 한다.

문화산업 정책

1) 문화산업 진흥정책

우리나라 정부의 문화산업 지원에 대한 기본 방침은 경제와 문화라는 두 측면에서 중요성을 지니고 있다.

첫째, 우리나라 경제는 IMF 외환위기를 기점으로 전환기를 맞이하였다. 그동안 우리나라의 경제 성장을 뒷받침했던 중공업들이 개발도상국의 추격으로 인해 경쟁력을 상실해 가고 있고, 순수 에너지 수입국인 우리나라에 큰 부담으로 작용하게 되었다. 이에 비해 문화산업은 기존의 제조업에 비해 적은 자본으로도 더 높은 소득을 창출하며 더 나아가 환경 친화적이라는 장점을 갖고 있다. 더욱이 문화산업은 창의적인 지식이 경쟁력을 좌우하기 때문에 교육열이 높고 자연자원이 부족한 우리나라에 적합한 산업일 뿐만 아니라, 새로운 일자리를 제공하고 국민소득을 높일 수 있는 분야이다.

둘째, 문화적으로도 문화산업은 중요한 의미를 갖고 있다. 문화상품에는 다른 제조업 상품과는 달리 각국의 정서와 국민적 가치와 전통이 종합적으로 담겨 있어, 그에 대한 소비는 경제적 효과와 함께 그 상품을 소비하는 사회 구성원의 정체성과 생활 양식에도 커다란 영향을 줄 수 있다. 따라서 만일 우리나라 국민이 외국의 문화상품만을 선호하게 된다면, 그와 관련된 다른 모든 상품 소비와 우리 국민의 정서와 더 나아가 우리나라 문화 체계 자체가 변질될 가능성이 있다. 예를 들면, 위성방송이나 인터넷 등 국가 간 경계를 넘어서 정보를 매우 쉽게 전달할 수 있는 미디어가 광범위하게 확산되면서 외국으로부터 문화 유입이 무분별하게 이루어질 수 있다는 점을 유념할 필요가 있다.

이렇게 볼 때 우리나라의 문화산업 지원정책은 우리나라 문화상품의 경쟁력을 강화하여 일자리와 국민소득 증대를 꾀하는 일이기도 하지만, 그 내면에는 그동안 끊임없이 지켜온 우리의 문화 정체성을 유지하는 문제와도 직접적인 관계가 있다고 볼 수 있다.

정부의 문화산업 진흥정책은 2011년 문화체육관광부의 예산이 약 3조 원 이상으로 확정되면서 문화산업과 관련된 정부 예산 편성과 추진 실적을 통해서도 알 수 있다.

우리나라는 문화산업을 성장동력 산업으로 육성하기 위해 전체 문화예산에서 문화산업이 차지하는 비중을 넓혀 나가고 있다. 2000년 이후, 문화산업에 대한 집중적인 육성과 진흥의 필요성이 제기되면서, 문화산업을 담당하는 문화체육관광부 예산은 정부 전체 예산의 1%를 지속적으로 넘고 있다.

문화산업과 직접적으로 연관된 예산의 현황을 보면, 1994년에는 54억 원이었으나, 김대중 정부의 첫 해인 1998년에는 168억 원으로 대폭 증가하였으며, 이어 1999년에는 문화산업 진흥정책이 자리를 잡아 가면서 그 예산은 전년에 비해 크게 증가한 1,000억 원으로 증가하였다. 이에 따라 2000년부터 2010년간 문화산업에 대한 평균 예산액은 문화체육관광부 전체 예산의 약 15%에 해당하는 2,016억 원에 달하게 되었다.

2011년도 문화체육관광부의 문화산업 진흥사업은 서민문화복지 강화, 문화예술 향유기반 확대, 콘텐츠 산업 육성 및 시장 선진화 지원 등이다. 참고로, 2007년도 문화체육관광부 예산에는 문화산업 동향과 쟁점들이 반영되어 있는데, 가령 한 · 미

FTA(자유무역협정) 및 스크린 쿼터* 축소에 따른 영화산업발전기금 조성을 위한 예산, 사회문제가 되고 있는 불법 사행성 게임 근절과 관련된 예산, 한류의 지속 확산을 위한 사업 지원 예산 등이 들어 있다.

2) 문화강국 2010 비전

정부의 문화산업에 대한 육성 의지는 2005년에 발표된 "문화강국 2010 비전"에 잘 반영되어 있다. 이는 차세대 성장동력으로 떠오르고 있는 문화 · 관광 · 레저스포츠 산업을 육성하기 위한 청사진이라고 할 수 있다. 정부는 이 비전이 계획대로 추진될 경우 2010년까지 이들 3대 산업은 우리나라 연평균 GDP 성장률의 1.5배인 11.5% 성장을 매년 달성할 것으로 예상하고 있

*스크린 쿼터(screen quota)
극장에서 자국의 영화를 일정 일 수 이상 상영하게끔 장려하는 제도적 장치

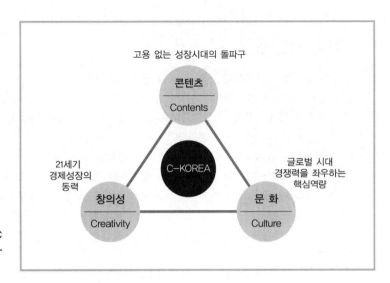

고용 없는 성장시대의 돌파구

콘텐츠
Contents

C-KOREA

21세기
경제성장의
동력

글로벌 시대
경쟁력을 좌우하는
핵심역량

창의성
Creativity

문 화
Culture

〈그림 2.1〉 국가발전과 3C
(Creativity, Culture, Contents)

다. 정부는 "문화강국 2010 비전" 추진에 따라 국민 누구나 다양하고 저렴한 문화·관광·레저 활동을 할 수 있는 서비스 기반이 마련되고, 지역이 문화를 생산, 유통, 향유할 수 있게 되며, 건전하고 생산적인 소비문화가 정착되고, 세계에 우리나라가 문화국가로서 이미지가 개선될 수 있을 것으로 기대하고 있다.

"문화강국 2010 비전"에는 콘텐츠(contents), 창의성(creativity), 문화(culture)의 3C를 바탕으로 문화·관광·레저스포츠 산업 등의 3대 정책 목표와 10대 과제가 포함되어 있다. 특히 문화산업 분야에서는 국제 수준의 문화산업 시장을 육성하고, 문화산업의 유통 체계를 현대화하며, 저작권을 보호하는 다양한 제도적 기반을 구축하며, 한류의 세계화를 통해 국가 브랜드, 즉 한 브랜드*의 가치를 높이는 등의 전체 10대 과제 중 가장 많은 네 개 과제가 제시되어 국가가 얼마나 문화산업에 관심을 두고 있는가를 잘 반영하고 있다. 〈그림 2.1〉은 3C를 바탕으로 한 C-KOREA 정책에 대해 말해주고 있다.

*한 브랜드(han brand)
우리 문화의 원류로서 대표성과 상징성을 띄며, 생활화, 산업화, 세계화가 가능한 한글, 한식, 한복, 한지, 한옥, 한국 음악(국악) 등의 전통문화를 브랜드화하는 것

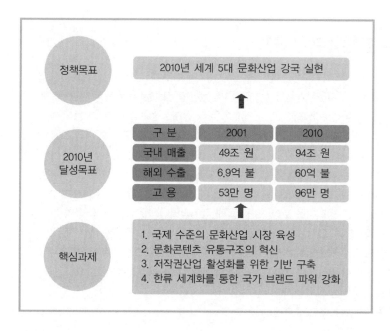

〈그림 2.2〉 세계 5대 문화
산업 강국 실현

〈그림 2.2〉는 2010년까지의 달성목표에서 궁극적인 세계 5대
문화산업 강국 실현까지의 프로세스를 나타내 주고 있다.

〈그림 2.3〉은 "문화강국 2010 비전"에서 문화 · 관광 · 레저스

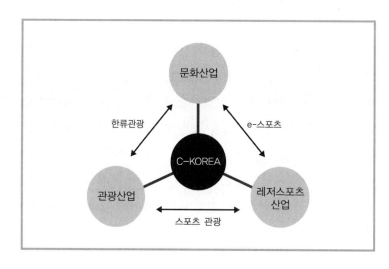

〈그림 2.3〉 문화 · 관광 · 레
저스포츠 산업의 상호연계

서울·경기 '디지털 콘텐츠' 2,000억 투자

'디지털 콘텐츠 강국'을 향한 지방자치단체들의 발걸음이 빨라지고 있다. 서울시와 경기도가 각각 1,000억 원 규모의 전문 펀드를 만들어 콘텐츠 업체들에 대한 집중 투자에 나선다. 이는 각 지자체들이 디지털 콘텐츠 분야 육성을, 각 지역의 정보기술(IT) 관련 산업 진흥을 위한 전제가 될 것으로 보고 있기 때문이다. (중략) 지자체들이 이 같은 움직임을 보이자, 문화체육관광부도 중앙정부 차원에서 디지털 콘텐츠에 대한 집중 투자를 준비하고 있다. 유인촌 문화체육관광부 장관은 최근 열린 '21세기 대한민국 콘텐츠 산업 정책 이슈 대토론회'에서 "2012년 세계 콘텐츠 5대 강국 진입을 캐치프레이즈로 내걸고 열심히 준비하고 있다"며 "콘텐츠 진흥을 위해 정부 기금 및 모태펀드 등의 형태로 약 1조 5,000억 원의 예산을 마련하기 위한 방안을 구상 중"이라고 말했다. 민간기업들의 디지털 콘텐츠에 대한 투자 열기도 뜨겁다. 국내 최대 통신기업인 KT그룹도 올해 디지털 콘텐츠 강화를 위해 1,300억 원을 배정한 상태다. 케이블 TV 업계 역시 올해 콘텐츠 제작에 1,620억 원을 투자하는 등 오는 2012년까지 프로그램 제작 지원에 1조 1,387억 원을 쏟아 부을 방침이다.

– 문화일보, 2008. 5. 2

포츠 산업의 상호연계성을 나타내 주고 있다. 관광산업으로서의 문화산업으로는 한류관광을, 레저스포츠 산업으로서의 문화산업은 e-스포츠, 레저스포츠 산업으로서의 스포츠 관광을 예로 들 수 있다.

국제 수준의 문화산업 시장 육성을 위한 사업에는 핵심 문화콘텐츠 산업을 집중적으로 육성하고, 문화산업의 핵심 인력을 양성하기 위한 기반 구축, 문화산업의 핵심기술을 개발하며, 문화산업에 필요한 투자 환경을 조성하는 것과 지방의 문화산업 집적지를 조성하는 일 등이 포함되어 있다. 여기서 핵심 문화콘텐츠 산업이란 게임, 영화, 음악, 방송영상 등을 의미하는데, 2010년까지 이들 산업을 선진국 수준으로 끌어올리기 위해 구체적인 사업들이 제시되어 있다.

각 업종별로 추진방안을 살펴보면, 우선 게임 분야에서는 게임등급분류제도를 개선하며, 게임 산업에 대한 투자 환경을 조성함으로써 국제경쟁력을 높이기로 하였다. 국산 게임의 수출을 위해 중국과 동남아시아, 미주 및 유럽 지역 시장을 상대로 시장 개척 활동을 전개하기로 하였다. 아울러 최근 인터넷을 이용한 사이버 커뮤니티*가 주목을 받고 있기 때문에 게임을 일종의 사이버 스포츠로 인식하고 대회를 유치하여 국제적으로 보급해 나가기로 하였다. 영화 분야는 방송과 통신이 융합된 환경에 대비하여 디지털 영화 제작 환경과 디지털 상영관을 확충하고, 방송용 영화와 온라인 영화에 대한 지원을 강화하며, 한국 영화의 제작과 창작 역량을 높이기 위해 예술영화 전용관 설치와 운영, 저예산 예술영화 제작 지원, 영화 교육을 실행하기로 하였다. 음악 분야는 최근 급속도로 음반에서 음원 중심으로 소비가 전환됨에 따라 음악 시장의 유통체제를 디지털 환경에 맞도록 개선하고, 국내 가요의 경쟁력을 강화하기 위해 영세업체들을 지원하며, 해외 시장 개척을 위해 해외홍보 및 시장 정보 제공, 마케팅 등에 힘을 쏟기로 하였다. 방송영상 분야는 시장을 활성화하기 위해 새로운 콘텐츠 개발과 해외 시장 개척을 위한 국제전시회 개최 및 참가에 지원할 계획이다.

　〈표 2.1〉은 문화산업의 핵심기술 개발 내용에 관한 예시이다.

＊사이버 커뮤니티
（cyber community）
인터넷이라는 가상공간이 생겨남에 따라 새롭게 등장한 공동체

<표 2.1> 문화산업의 핵심 기술 개발 내용

구 분		내 용
공통기반 기술	창 작	인터넷 지식 공유기술, 스토리보드 생성기술, 서사 자동생성기술
	표 현	3D 모델링 기술, 행동분석기술, 실감동작 생성기술
	유통/ 서비스	정보구조화 기술, 멀티 플랫폼 통합형 서버 기술, 유통 관련 표준화 기술
산업장르별 콘텐츠 제작기술	애니메이션	3D 입체 애니메이션, 인터랙티브 애니메이션, 차세대 디지털 애니메이션 제작 S/W
	음 악	디지털 음악, 인터랙티브 컴퓨터 음악, 뮤지컬 파크, 미래형 음악유통 플랫폼
	방 송	양방향 데이터 방송, 지능형 방송, 실감방송, 통합 스튜디오 네트워크 시스템
	게 임	체감형 게임, 차세대 휴대용 게임 단말기
	영 화	인터랙티브 시네마, 오감영화, 디지털 시네마
공공기술	문화유산	문화원형 복원 시스템, 문화유산 체험관
	문화복지	장애인을 위한 커뮤니케이션 서비스, 건전문화 환경 조성 서비스

3) 지역별 문화산업 정책

문화산업을 국가 단위에서 시작하여 지방의 광역대도시와 소도시에 이르기까지 그 잠재력을 활용하려는 나라로는 단연 영국을 꼽을 수 있다. 1997년 세계에서는 처음으로 문화산업을 정책 대상으로 삼은 영국은 문화산업의 지역 확산을 위해 전문기구를 설립하여 협력을 아끼지 않고 있다. 각 지방자치단체의 정책으로는 작업공간과 창업시설을 마련해 주거나, 기술 개발을 지원하고, 전문인력과 이들의 사업활동에 지원을 하고 있다. 또한 각종 문화 관련 소매점과 전시관, 카페 등의 시설을 유치하는 일과 문화산업에 관광을 활용할 수 있는 사업을 발굴한다든지, 이와 관련된 마케팅과 자금유치 활동 등을 하고 있다.

<그림 2.4> 영국의 에딘버러 축제

　우리나라도 문화의 중요성이 강조되면서, 지역의 문화자원을 통한 산업화에 자치단체들이 커다란 관심을 기울여 왔다. 이것은 지방시대의 특징 중의 하나로 나타나는 현상으로 보이는데, 우리나라 산업의 탈공업화*, 서비스업화 추세가 반영된 정책 의

<그림 2.5> 부산국제영화제 야외무대 인사

*탈공업화
1950년대 이후 중화학 공업 중심의 공업화가 쇠퇴하면서 지식, 정보, 산업 따위가 중요시되고 급속히 발전하는 현상

〈그림 2.6〉 청주시 문화산
업단지

도에 따른 것이라 할 수 있다. 지역의 문화산업 활동은 지역문
화자원의 산업화라는 큰 방향으로 진행되고 있는데, 물론 지역
내에 고유의 문화자원이 있는 경우는 이를 바탕으로 추진하지
만, 지역 특성의 문화자원이 없는 경우에도 지역진흥의 전략으
로 새로운 문화자원을 발굴하거나 문화자원을 산업화하는 방식
으로 추진되고 있다.

우리나라가 지역별 문화산업 정책으로 추진하는 수단 중 하
나는 지역에 문화산업으로 특화된 집적지를 조성하는 것이다.
이 일은 2000년부터 추진되고 있는데, 이에 대한 지방자치단체
들의 요청은 날로 증가하고 있다. 이 정책의 일환으로 문화산업
발전 유망지역에 문화산업 관련 기업과 대학, 연구소, 금융기관
등을 한 곳에 모이게 하여 지역경제로 이어질 수 있도록 2000년
부터 2010년까지 집적지 조성과 이와 관련된 지원센터를 설립
해 오고 있다.

집적지 조성사업은 '문화산업진흥기본법'*을 근거로 하여

*문화산업진흥기본법
문화산업을 지원하고 육성하
는 데 필요한 사항을 정하여
문화산업 발전의 기반을 조성
하고 경쟁력을 강화함으로써
국민의 문화적 삶의 질을 향상
시키고 국민경제의 발전에 이
바지하기 위한 목적으로 제정
되었다.

2001년 5월에 부천, 춘천, 대전, 청주, 2001년 10월에 광주, 전주, 2004년 6월에 대구, 2004년 10월에 부산 등 여덟 개 지역을 중심으로 추진되었다. 이 사업은 문화산업 기반이 미약한 곳에 발전의 기틀을 마련해 주었다는 점에서 긍정적인 평가를 받고 있는데, 기업유치 및 일자리 창출이라는 직접효과뿐 아니라, 연관 산업을 통한 간접효과를 발생시키고 동시에 지역 이미지를 높이는 데에도 좋은 역할을 할 것으로 기대되고 있다.

문화산업 교육기관

1) 정규 교육기관

우리나라 정규 교육기관 중 705개 기관을 대상으로 조사한 결과에 따르면(2004 교육기관 현황 조사, 한국콘텐츠진흥원) 문화산업 교육기관의 최근 3년간 모집정원과 졸업인원은 〈표 2.2〉와 같다. 고등학교, 3년제 이하의 대학, 4년제 대학, 대학원 등 다섯 개 교육

〈표 2.2〉 문화산업 교육기관의 모집정원 및 졸업인원 (2003~2005)

(단위: 명)

구 분	2005		2004		2003		전 체	
	모집정원	졸업인원	모집정원	졸업인원	모집정원	졸업인원	모집정원	졸업인원
고등학교	2,490	1,805	2,478	1,386	2,524	1,361	7,492	4,552
2, 3년제 대학	8,124	5,627	8,508	4,584	6,594	3,384	23,226	13,595
대학교	12,089	4,805	12,428	4,575	12,118	3,664	36,635	13,044
대학원	1,328	150	1,292	337	1,300	335	3,920	822

〈그림 2.7〉 한국애니메이션고등학교

기관 중 대학교의 모집정원이 가장 많은 것으로 나타나고 있으나, 졸업인원은 3년 이하의 대학에서 가장 많은 것으로 조사되었다.

고등학교의 경우 애니메이션과 게임 분야가 사회적으로 관심을 끌면서 이 두 분야를 특성화하는 학교들이 신설되었다. 2000년 3월에 국내에서 최초로 만화, 애니메이션 전문 고등학교인 한국애니메이션고등학교가 개교하여 현장 전문인을 교수인력으로 확보하여 미래의 기획가, 연출자, 작가 등을 양성하기 위한 창의력 교육을 실시하고 있다. 이후에도 과거 실업계 고등학교들이 문화산업 특성화를 위해 개명하여 웹, 인터넷과 문화산업을 결합한 학과를 설치하고 동아리 및 그룹 스터디 등을 통한 팀별 학습활동, 개인별 적성과 소질에 따른 개인 특성화 교육, 산학협력을 통한 현장기술 교육 등의 다양한 교육방식을 적용하고 있다. 최근에는 문성미디어정보고등학교가 교육부지정 문화콘텐츠 특성화 학교로 운영되고 있다.

3년제 이하의 대학도 문화산업 관련 학과들을 신설하여 관심을 보이고 있다. 그동안 정보, 전기, 전자, 기계, 건축 등 전통적인 산업 분야에서 인력을 키워 왔던 기능대학이 최근에는 문화산업 분야의 인력을 양성하는 교육기관으로 역할을 일부 담당하고 있다. 특히 기능대학은 특성상 산업현장에서 사용되는 생산용 최신장비를 구비하여 현장 위주의 실습을 실시해서 취업 시 적응 기간이 짧고, 유리한 장점을 갖추고 있는데, 2002년부터 컴퓨터 게임, 영상매체, 컴퓨터 정보, 컴퓨터 애니메이션 등에서 이론 및 현장 실무교육을 제공한다. 2, 3년제 대학들은 문화산업의 중요성이 부상하면서, 가장 많은 열의를 보이고 있는데, 이들은 4년제 대학에서 다루기 어려운 분야에 대한 교육 과정을 신설하고, 특성화하는 전략을 세우고 있다. 이들 대학에 개설된 주요 분야를 보면, 방송이 가장 많고 그 다음으로 영화, 게임, 애니메이션, 출판, 실용음악 등이다.

대학교의 졸업생들도 지속적으로 그 수가 증가하고는 있지만, 정원 대비 졸업인원 비율은 저조한 것으로 나타난다. 졸업한 학생들의 직업 선택을 보면 그 수의 절반 정도가 관련 업종으로 진출하고 있다.

우리나라 문화산업 정규 교육기관의 모집정원과 졸업인원을 업종별로 살펴보면, 만화와 애니메이션, 캐릭터 전공의 학생들이 가장 많이 분포되어 있는데, 전체적으로 졸업인원이 해마다 늘어나고 있는 것으로 보인다.

한편, 문화체육관광부가 조사한 자료에 따르면, 교육기관 수에서는 4년제 대학이 가장 많으나, 학과 보유수에서는 3년제 이하 대학이 더 다양하여 4년제 대학보다 현장 수요에 부응하고 있는 것으로 분석되었다. 문화산업 분야별로 학과 분포를 보면, 방송이 가장 많고, 그 다음으로 영화, 애니메이션, 음악, 캐릭터,

구 분	2005		2004		2003		전 체	
	모집정원	졸업인원	모집정원	졸업인원	모집정원	졸업인원	모집정원	졸업인원
영 화	2,098	1,053	2,054	842	2,122	489	6,274	2,384
애니메이션/ 만화/캐릭터	11,828	6,501	12,291	5,666	11,213	4,612	35,332	16,779
음 악	1,364	656	1,334	477	1,065	289	3,763	1,422
게 임	1,851	771	2,051	526	1,658	386	5,530	1,683
방 송	7,225	3,475	7,421	3,371	6,893	2,967	21,539	9,813

〈표 2.3〉 문화산업 교육기관의 주요 업종별 모집정원 및 졸업인원(2003~ 2005)
(단위: 명)

게임 등의 순으로 나타났다. 이는 방송과 영화 분야가 역사적으로 오래 전부터 발달된 업종이고, 애니메이션과 캐릭터, 게임 분야는 최근 들어 급격히 성장한 결과인 것으로 분석된다. 이밖에 소수의 교육기관에서 다루고 있는 학과는 일반 출판, 만화, 모바일 등인 것으로 나타났다.

2) 비정규 교육기관

우리나라의 문화산업 전문인력 양성과 직접적으로 관련된 공공아카데미는 1984년 영화아카데미 이후 총 일곱 개의 장르별 아카데미가 설립되어 운영되고 있다. 그중 가장 최근에 신설된 잡지와 출판아카데미를 제외하고 비교적 큰 규모의 다섯 개 아카데미들이 정규 및 재교육, 사이버 교육, 해외연수 과정 등을 제공하고 있다. 공공아카데미 운영 사업은 현장 수요 중심의 인력을 양성하기 위해 공공이 직접 교육훈련 프로그램을 개발하여 운영하는 사업을 말한다. 대표적인 기관으로는 한국문화콘텐츠아카데미, 영화아카데미, 게임아카데미 등이 있다. 이 중 영화아카데미와 게임아카데미는 2년 과정으로, 그리고 한국문화콘텐

<그림 2.8> 영화아카데미가 위치해 있는 경기도 남양주시 영화종합촬영소 전경

츠아카데미는 단기과정 위주로 운영되고 있으며, 이밖에 사이버 교육 사업으로는 각 기관이 문화콘텐츠, 방송영상, 게임 등에서 실시되고 있다.

1984년 설립된 영화아카데미는 영화 분야의 소수정예 인력을 양성하기 위한 실습과 특화 교육기관으로 감독, 교수, 평론가 등을 배출하고 있다. 교육은 학위 없이 2년 기간으로 운영되며, 학생 선발은 전공, 학력 및 연령의 제한이 없으며, 실제로 영화 비전공자가 50% 이상을 차지한다. 정규과정 외에 영화인 재교육 과정도 개설하는 등 영화 분야의 현장 전문인력 양성 기관으로 운영되고 있다.

방송영상아카데미 사업은 방송영상디렉터스쿨, 디지털방송영상 랩, 사이버 방송아카데미 등으로 구분된다. 한국콘텐츠진흥원이 운영하는 디지털방송 랩은 방송현업인 전문 직무교육과정과 방송예비인력 양성에 활용되고 있다. 방송영상디렉터스쿨은 독립제작사협회가 운영하는데, 소수정예의 제작디렉터와 마

〈그림 2.9〉 서울 상암동 디지털미디어시티에 입주한 한국콘텐츠진흥원

케팅디렉터를 양성한다. 사이버 방송아카데미는 멀티미디어형 방송교육을 가능하게 하는 이러닝 과정을 개발해 운영하고 있는데, 디지털방송 제작, 산학연 협력과정 등 다양한 과정이 실시되고 있다.

2002년부터 실시된 게임아카데미 교육 사업은 한국콘텐츠진흥원이 운영하고 있는데, 게임원격교육 사이트 개설, 특수교육과정 개설 등이 실시되고 있다. 특히 특수교육과정은 게임전문가 과정, 청소년 게임 교육과정, 비디오 게임 개발과정 등이 개설되어 있다.

한국콘텐츠진흥원이 운영하는 한국콘텐츠아카데미는 2002년부터 실시되고 있으며, CEO 과정과 중간관리자 과정으로 구분되어 실시되고 있다. 또한 사이버 교육에서는 업계 실무인력의 재교육과 예비인력을 위한 기본 교육이 제공되고 있다. 이밖에 2003년 이후 실시되고 있는 출판아카데미와 잡지교육원이 있는데, (사)한국출판인회의와 한국잡지협회가 각 분야의 전문인력 양성을 위한 단기과정을 개설해 운영하고 있다.

〈표 2.4〉는 국내의 공공아카데미와 한국영화아카데미, 한국콘텐츠진흥원 등을 비교한 표이다.

유 형	주관기관 (설립연도)	교육과정
게 임	한국콘텐츠진흥원 (2002)	– 게임디자인/그래픽/프로그래밍 정규과정 – 중간관리자 대상 재교육과정 – 사이버 교육과정
영 화	영화진흥위원회 (1984)	– 연출/촬영/애니메이션 등 정규과정 – 영화인 대상 재교육과정
방 송	한국콘텐츠진흥원 (2002)	– 방송영상 현업인 대상 재교육과정 – 지역방송사, 독립제작사 대상 재교육과정 – 사이버 교육과정
	독립제작사협회 (2001)	– 제작/마케팅 등 정규과정
문화 콘텐츠	한국콘텐츠진흥원 (2009. 5)	– CEO · 중간관리자 대상 재교육과정 – 사이버 교육과정 – CEO · 중간관리자 대상 해외연수과정
잡 지	한국잡지협회 (2003)	– 잡지 관련 전문가 재교육과정 등
출 판	한국출판인회의 (2004)	– 출판전문가, 편집자, 출판 기획/광고/유통/마 케팅 등 재교육과정

3) 인력 양성 방향

국가에서 추진되는 문화산업인력 양성 정책은 1980년대부터
적극적인 모습으로 나타나기 시작하였다. 1984년에 시작된 영
화아카데미 운영 사업이 대표적인 인력 양성 정책으로 꼽히는
데, 이후 한국콘텐츠진흥원의 방송인력 양성, 게임 개발 등 주로
제작, 기술을 중심으로 하는 현장에 필요한 전문인력을 양성하
는 데 초점이 맞추어졌다. 2010년 들어서부터 정부가 추진하고
있는 문화산업인력 양성의 방향을 살펴보면 다음과 같다.

우선 가장 효과적으로 양성할 수 있는 분야를 선택해서 집중
적으로 지원한다는 방침이다. 영화, 게임, 애니메이션, 방송영상

등을 국가가 전략적인 차원에서 지속적으로 관리할 계획이다. 게임아카데미의 경우 게임업계에 종사하는 개발자와 관련 종사자들을 위한 과정을 개설해 오고 있지만, 고등학교 졸업자 이상 청소년 실업자를 위한 특수과정도 운영한다. 국내 대학원과 일본, 미국 등 해외 교육기관과도 협력하여 교수인력 양성과 교재 개발에도 힘쓰고 있다.

방송영상과 관련하여서는 기술 환경이 급속히 변함에 따라 방송제작 현장 인력들의 재교육 수요가 크게 늘고 있는데, 최첨단 영상이론과 현장 중심의 집중 실습교육을 통해 민간 부분에서 자체적으로 수행하기 어려운 부분에 대한 지원을 확대해 나가고 있다. 이를 위해 첨단 디지털방송 제작시설을 실습장으로 활용하도록 하기 위해 영상과 음향 편집, 네트워크 구축, HD · 디지털장비 등을 보급하도록 하였다.

현재 문화산업 관련 일반적인 인력 양성의 중심은 대학교육이다. 문화산업이 급속하게 성장하면서 더불어 관련 학과가 속속 신설되고는 있으나, 많은 대학들이 실습장비가 미약하며, 산업현장의 수요에 부응할 수 있는 교과 과정, 표준 교재, 전문교수 인력 등이 부족한 실정이다. 이러한 현실적으로 어려운 여건을 해소하기 위해 2002년부터 산학 협력을 통한 실무능력 향상의 기회를 제공하는 '문화산업특성화 교육기관 장비 및 프로그램 지원 사업'을 추진하고 있다.

문화산업은 일반적으로 다른 업종에 비해 프리랜서가 많은 특징을 갖고 있다. 이에 따라 정부는 이들에게 정보 제공과 신기술 습득을 위한 재교육을 강화하고 있다. 최대한 많은 프리랜서들이 교육을 받을 수 있도록 온라인 강좌를 개설하여 이들이 시간과 장소에 구애받지 않고 전문교육을 받을 수 있도록 하고

中, '3년 내 게임 인재 1만 명 양성' 계획

중국 소프트웨어협회 게임소프트웨어 분회가 주최하고, 베이징훠이중이즈커지유한공사(北京匯衆益科技有限公司) 게임학원이 개최한 제1회 중국 게임인재 양성 포럼이 지난 1일 베이징 시위엔(西苑) 호텔에서 열렸다고 신랑유희(新浪游戏)가 2일자로 보도했다.

이 포럼은 중국의 게임산업 발전을 위해 현 중국의 게임인재 양성 현황과 문제점을 분석하고, 인재 양성방법과 경험에 대해 토론, 교류하는 기회를 만들자는 취지로 마련됐으며, 게임업 인재 양성에 관련해 중국 내에서는 처음으로 개최된 대형 포럼이라는 의미를 갖는다.

이번 포럼에는 중국 신식산업부, 문화부, 교육부 등 주관 부문의 대표들과 중국 소프트웨어협회 게임소프트웨어 분회의 관련 인사, 인재 양성 교육계 인사, 주요 게임업체 대표, 미국의 IGDEA, 캐나다의 Autodest와 한국소프트웨어진흥원 등 국제 게임조직과 업체 대표들이 참석했으며, 중국 게임 인재 양성을 주제로 한 서로의 의견을 교환했다.

중국 소프트웨어협회 게임소프트웨어 분회는 이번 포럼에서 베이징훠이중이즈커지유한공사와 중국 내 기타 게임인재 양성기관들과 공동으로 '중국 토종 게임 인재 양성 프로젝트 만인 계획'을 제출했다.

이 계획은 사회 각계의 도움을 받아 3년 내에 게임 인재 1만 명을 양성해 내는 것으로, 세부적으로는 모바일게임 2,000명, 온라인 게임 2,000명, 게임 1,000명, 게임디자인 5,000명 등의 인재를 양성한다는 계획이다.
- 한국콘텐츠진흥원(KOCCA) 중국사무소, 2005. 9. 13

있다. 예를 들면, 방송 분야의 경우 2002년부터 방송교육 포털 사이트를 구축하여 방송학계와 현 업계에 효과적인 네트워크를 구축하고 2003년부터 본격적인 교육 서비스가 제공되고 있다. 한국콘텐츠진흥원은 사이버 아카데미를 구축하여 온라인으로 문화콘텐츠별 기본 및 전문 과목을 개설하여 산업 현장의 수요에 부응하도록 지속적인 개발을 하고 있다. 한국게임산업개발원(현 한국콘텐츠진흥원)에서 개설한 온라인 게임 교육은 게임 기획, 시나리오, 프로그래밍, 그래픽, 음향 등 다양한 분야를 다루고 있다.

1) 문화산업진흥 기본법

문화산업진흥 기본법은 문화산업의 지원과 육성에 필요한 사항을 정하여 문화산업 발전의 기반을 조성하고 경쟁력을 강화함으로써 국민의 문화적 삶의 질 향상과 국민경제의 발전에 이바지하는 것을 목적으로 한다. 문화산업의 진흥을 통해 경제발전에 기여하고 이로써 국민의 삶의 질 개선을 가져오는 것이 이법의 궁극적인 목적이다.

문화산업진흥 기본법은 크게 총칙, 창업 · 제작 · 유통, 문화산업 기반조성, 문화산업전문회사**, 그리고 보칙의 장으로 구성되어 있다.

먼저 '창업 · 제작 · 유통'의 장에서는 창업의 촉진, 창업자의 성장, 발전을 위한 지원 가능 규정이 있고, 투자회사에 대한 지원 대상 범위를 규정해 놓았다. 제작사에 대해서도 문화산업의 경쟁력 확보를 위해 제작자금 융자의 지원을 규정하였다. 독립제작사에게 기획, 제작, 개발의 지원과 인력 양성의 지원, 시설과 기자재 임대 알선, 저작권 보호를 위해 필요한 시책 수립 등의 내용도 규정해 놓고 있다. 유통 활성화를 위한 품질인증과 디지털 식별표시를 부착하도록 권장하는 문구도 담겨 있는데, 이는 문화상품이 점차 디지털로 전환됨에 따라 온라인 환경에서 유통될 때 저작권 보호라는 차원에서 창작자의 권리가 보장될 수 있도록 하는 환경을 마련하고자 하는 취지에서 도입된 것이라 할 수 있다.

*문화산업전문회사
회사의 자산을 문화산업의 특정산업에 운용하고 그 수익을 투자자, 사원 또는 주주에게 배분하는 회사

'문화산업 기반조성'의 장에서는 정부가 인력과 시설에 대한 지원을 할 수 있도록 명시되어 있다. 문화콘텐츠와 관련한 기술 개발 지원, 한류와 관련한 국제교류 및 해외 시장 진출에 관한 지원 등이 담겨 있다. 또한 문화산업진흥시설에 대한 지정을 통해 진흥시설에 대한 운영자금 지원, 설치 지원 등을 할 수 있게 하였으며, 문화산업단지* 조성에 대한 계획 수립부터 구체적인 조성 및 관리 방안이 마련되어 있다. 문화산업단지에는 시설 집적화를 통해 시너지 창출을 목적으로 관련 시설들의 입주를 권장할 수 있게 하였으며, 산업단지 조성에 필수적인 각종 부담금에 대한 면제 조항도 들어 있다. 문화산업의 중장기 기본계획 수립 및 시행, 문화산업에의 활용 촉진 등을 위해 문화산업통계조사 시행에 관한 조항도 구비되어 있다.

다음은 2009년 5월 21일부터 시행되고 있는 문화산업진흥 기본법의 개정내용을 좀 더 자세히 살펴보기로 한다. 최근에 문화산업 환경의 새로운 변화에 따라 정책의 범위를 확대할 필요성이 제기됨에 따라 지적재산권의 보호와 문화산업 통계, 문화산업 소비자 보호 등에 관한 조항이 신설되었다. 지방문화산업의 효율적 육성을 위해 종래의 문화산업단지 외에 '문화산업진흥지구'를 지정 및 지원하는 제도를 마련하였다. 이 외에도 문화산업 분야의 투자 활성화를 위해 '문화산업전문회사' 제도를 도입하고, 문화산업진흥기금이 중소기업 모태조합 내 문화산업의 별도 계정에 이관되도록 하였다.

첫째, 정의에 관한 규정이 수정되었다. 소비자가 새로운 콘텐츠를 요구하고 있고, 기술이 발전하면서 교육용 콘텐츠, 모바일 콘텐츠*, 멀티미디어 콘텐츠 등이 등장했기 때문에 이들을 문화산업과 문화상품의 정의에 추가시켰다.

*문화산업단지
'문화산업 클러스터'라고도 부른다. 기업, 대학, 연구소, 개인 등이 공동으로 문화산업과 관련한 연구개발, 기술훈련, 정보교류, 공동제작 등을 할 수 있도록 문화체육관광부에서 조성한 산업단지

**모바일 콘텐츠
휴대폰, 휴대용 개인정보 단말기(PDA) 등과 같이 이동성을 가진 기기에서 볼 수 있는 정보나 내용물

<표 2.5> 문화산업진흥 기본법의 개정 경과

구 분	일 시	주요 내용
1차 개정	2000. 1	투자조합과 문화산업진흥시설 관련 조문 일부 개정
2차 개정	2002. 1	디지털 콘텐츠, 문화산업진흥시설, 문화산업단지 관련 조항 전면 개정
3차 개정	2002. 12	산지관리법 일부개정
4차 개정	2003. 5	문화사업 정의에 관한 법조항 일부개정
5차 개정	2005. 3	문화산업 정의에 관한 법제명 변경 및 일부 개정 - 유통전문회사 설립과 지원에 관한 항목(14조) 신설 - 우수공예문화상품 지정과 표시에 관한 항목(15조) 신설 - 과태료 관련 조항 강화
6차 개정	2005. 6	농지법 일부 개정
7차 개정	2006. 4	- 문화산업전문회사의 도입 - 문화산업진흥기금 폐지 및 중소기업 모태조합 내 문화산업 별도 계정으로 이관 - 문화산업진흥지구 신설
8차 개정	2007. 7	자본시장과 금융투자업에 관한 법률
9차 개정	2009. 2	한국콘텐츠진흥원 설립에 따른 경과조치
10차 개정	2009. 5	문화산업진흥지구에 관한 경과조치
11차 개정	2010. 6	온라인 디지털콘텐츠 산업 발전법 개정으로 문화산업진흥 기본법 일부 개정

둘째, 문화콘텐츠의 유통 관련 규정이 새로 정비되었다. 지적재산권 보호의무 조항이 추가되었으며, 문화산업통계조사 규정을 신설하여 새로운 정책 수요에 대처할 수 있도록 하고, 소비자 보호규정을 신설하여 소비자의 권리를 보호할 수 있도록 하였다.

셋째, 문화산업 지원 관련 규정이 정비되었다. 시·도지사는 문화산업진흥지구심의위원회의 심의·의결을 거쳐 문화산업 관련 기업 및 대학, 연구소 등이 밀집된 구역을 '문화산업진흥지구'로 지정할 수 있도록 함으로써 문화산업 관련 활동과 지원이 더욱 효율적으로 이루어질 수 있도록 하였다.

넷째, 투자활성화를 위한 규정이 새로 정비되었다. 문화산업 분야의 특정사업 수행을 위해 '문화산업전문회사'를 설립할 수 있도록 하고, 그 형태와 업무, 회계, 설립 및 해산 등 여러 사항에 관하여 규정함으로써 투자의 투명성을 높이고, 투자활성화의 기반을 마련할 수 있도록 하였다.

다섯째, 투자모태조합 관련 규정이 정비되었다. 그동안 운영되어 왔던 문화산업진흥기금을 폐지하고, 이를 중소기업 투자모태조합 내 문화산업 별도 계정에 출자하도록 하였다.

| 2) 문화콘텐츠 산업과 저작권

국가의 지적재산권 또는 저작권과 그와 관련된 제도적인 틀은 그 나라의 문화산업의 발전에 커다란 영향을 미친다. 왜냐하면, 문화산업에서 발생하는 다양한 사업들은 사회적으로 문화콘텐츠의 저작권 제도가 얼마나 잘 만들어지고 운영되느냐에 많이 의존하기 때문이다. 또한 저작권은 문화산업의 창작 활동에 많은 영향을 주는 요인이라는 견해가 보편적으로 인정되고 있어, 저작권 보호와 집행을 강화하려는 움직임이 오랫동안 있어 왔다. 최근까지 연구된 결과에 따르면, 잘 만들어진 저작권 보호제도는 사회 전체적으로 긍정적인 도움을 주지만, 그렇지 않을 경우에는 창작자의 창작 의욕을 낮추는 경향이 많으며, 그렇다고 너무 엄격하게 저작권 보호를 강조하면 그 저작권을 활용하는 데 많은 비용이 들어가기 때문에 문화산업의 발전에 오히려 걸림돌로 작용한다.

저작권은 저작물을 창작한 사람에게 부여하는 권리이다. 저

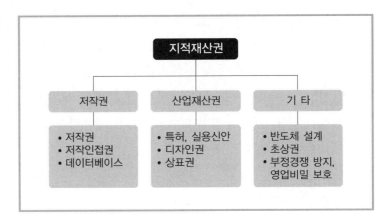

<그림 2.10> 지적재산권의 구성도

작물은 전통적으로 인정되어 온 문학 작품이 있는가 하면, 컴퓨터 프로그램처럼 새로 등장한 것도 있다. 사람이 표현해낼 수 있는 어떤 것이든 모두 저작물이 될 수 있다.

저작물이 될 수 있는 한 가지 조건이 독창성(originality)이긴 하지만, 높은 수준의 것을 요구하는 것은 아니다. 순수한 창작물이면 저작물이 되기에 충분하다. 저작물로서 보호를 받기 위해 예술적인 가치가 요구되는 것도 아니다. 가령, 반사회적인 내용이나 질적으로 낮은 것이라도 모두 저작물이 될 수 있다. 저작자는 법에서 정한 대로 복제, 공연, 방송, 전송, 전시, 배포, 2차적 저작물 작성 등에 대해 독점적 권리를 갖는다. 따라서 어느 누구도 저작자의 허락 없이는 앞에서 언급한 행위를 할 수 없으며, 만일 침해받았다고 판단될 경우에는 손해 배상을 청구할 수 있다.

저작자는 인격권도 가진다. 인격권은 저작물에 대해 공표를 결정할 수 있는 권리, 저작자의 성명이 저작물에 표시되어야 할 권리, 그리고 저작물의 동일성을 유지할 권리를 말한다. 그중 동일성 유지권은 저작물의 내용과 형식 등이 저작자의 의사와 달

저작물	저작자	저작권	보호의 제한과 예외	저작인접권자	권리구제
– 어문저작물 – 음악저작물 – 연극저작물 – 미술저작물 – 건축저작물 – 사진저작물 – 영상저작물 – 도형저작물 – 컴퓨터 프로 그램 저작물 – 2차적 저작물 – 편집저작물	자연인 – 작가 – 작사 · 작곡가 – 디자이너 – 화가 – 사진사 – 설계사 – 안무가 – 프로그래머 등 법인 – 단체 – 기업 등	저작인격권 – 공표권 – 성명표시권 – 동일성유지권 저작재산권 – 복제권 – 배포권 – 대여권 – 공연권 – 공중송신권 – 전시권 – 2차적 저작물 작성권	보고기간 아이디어/표현 이 분법 보호받지 못하는 저 작물 법정 허락 지적재산권의 제한 – 교육목적 복제 – 사적 복제 – 도서관에서의 복 제 등	실연자 음반제작자 방송사업자 기타 권리자 – 데이터베이스 제작자 – 출판권자 – 영상물 제작자 저작권위탁관리업 – 신탁업 – 대리중개업	민사구제 – 손해배상 – 금지명령 형사구제

〈표 2.6〉 **문화콘텐츠의 저작권**

리 변경되지 않도록 금지할 수 있는 권리를 말한다.

저작자는 저작물에 대해 독점적 권리를 갖지만, 무한정으로 그 권리가 인정되지는 않는다. 그 예로 사회적으로 문화 발전에 기여하지 않는 저작물은 그 권리가 인정되지 않는다. 또한 저작권은 일정 기간 동안에만 인정되는데, 원칙적으로 저작자가 사망한 후 50년까지 그 권리가 보호된다.

저작권법은 저작권뿐만 아니라, 저작인접권이라 하여 저작물을 일반 대중에게 접근할 수 있도록 전달하는 사람들에 대해서도 저작권에 상당하는 보호를 해준다. 저작인접권자들의 대표적인 예로 시연자, 음반제작자, 방송 사업자 등을 들 수 있다. 이들은 많은 시간과 돈, 사람들을 동원하여 저작물을 일반인에게 전달하는 역할을 하기 때문에 이들에 대해 일정한 권리를 부여함으로써 저작물의 유통이 원활하게 이루어질 수 있도록 하고 있다.

저작권에 대한 올바른 지식은 단순히 저작자의 경제적인 이익의 발생을 떠나서 문화콘텐츠 자체에 대한 권리와 수익의 흐

한·중 양국의 저작권 보호를 위한 노력 한층 강화

문화체육관광부와 중국 국가판권국이 주최하고 한국저작권위원회와 중국 판권보호중심이 주관한 '제3회 한중 저작권 포럼'이 '한중 저작권 환경변화 및 저작권 교역 발전 방안'을 주제로 18일 북경에서 개최됐다.

이번 포럼에는 한중 양국의 저작권 교역과 보호 증진에 관심을 갖고 있는 도서출판, 음악, 영화, 드라마, 애니메이션, 온라인 게임 등 분야별로 전문가, 단체 기업대표 70여 명이 참석하였다.

이날 한국 측과 중국 측은 2006년 5월 18일 문화체육관광부와 중국 국가판권국 MOU, 2006년 4월 27일 저작권위원회와 중국 판권보호중심 MOU 체결에 기초한 업무협력의 성과이다. 양측은 "한중 판권 교역 및 보호 협력체계 건립 추진 공동선언"을 발표했으며, 저작권산업 핵심영역(도서, 음악, 영화, 드라마, 애니메이션, 온라인 게임 등)에서 양국 합작을 확대해 나가기로 했다. 또한 상호 저작권 정보를 정확하게 확인할 수 있는 온·오프라인 환경을 지속적으로 조성해 나갈 것을 확인했다.

문화체육관광부 김정배 저작권정책팀장은 "한국은 최근 저작권법 전부 개정을 통해 온라인 디지털 기술환경 발전을 반영한 저작권보호제도를 강화하고 있다"면서, "중국도 문화산업의 경제적 중요성을 충분히 인식하고 적극적인 저작권 보호정책을 펼치고 있으므로 내년에 개최되는 북경 올림픽을 계기로 향후 한국과 함께 문화산업 선진국으로 발돋움하기를 희망한다"고 말했다.

또한, 한국저작권위원회 노태섭 위원장은 "한국 문화생산품의 저작권이 중국에서 효과적인 보호를 받으면, 한국의 우수 업체들의 중국 시장진출에 대한 적극성을 높일 수 있다"면서 "장기적으로 이는 성장하는 중국의 문화와 저작권 산업이 한국에서도 효과적으로 보호를 받을 수 있는 길"이라고 강조했다.

– 머니투데이, 2007. 9. 18

름을 파악할 수 있으므로, 문화산업 전반을 체계적으로 이해하는 데 중요한 수단으로 사용될 수 있다. 문화산업에서 대부분의 거래 계약은 저작권의 양도 혹은 이용 허락을 주된 내용으로 삼고 있다. 영화로 예를 들자면 영상화 계약서, 시나리오 계약서, 배급계약서, 극장 상영계약서, 수출계약서 등이 모두 저작권 거래에 관한 내용이다. 이런 이유로 문화콘텐츠 분야에 종사하는 사람은 항상 저작권에 대해 관심을 갖고 있어야 하며, 특히 구체적인 사례를 통해 저작권에 관한 이해를 도모할 필요가 있다.

3) 문화콘텐츠 관련 법령

(1) 영화진흥에 관한 법률

이 법은 영화와 비디오물의 질적 향상을 꾀하고, 영상산업의 발전을 촉진함으로써 우리 국민의 문화생활 향상과 민족문화 발전에 이바지하는 것을 목적으로 제정된 법률이다. 개정연도인 2006년 이전에는 영화와 비디오물이 영화진흥법과 음반·비디오물 및 게임물에 관한 법률로 각각 다른 법률에서 규정되어 있었기 때문에 법 집행의 효율성이 낮았다. 따라서 최근에 영화와 비디오물에 관한 사항들을 통합하고 규정하여 법률 운영의 효율성을 높이게 되었다. 또한 새 법에는 인터넷과 디지털 기술의 발전에 따라 영상물이 디지털과 온라인 형태로 변화하고 있기 때문에 이를 포함할 수 있도록 비디오물의 개념을 확대시켰다.

이 법의 주된 내용은 다음과 같다.

첫째, 비디오물의 개념에 연속적인 영상이 유형적인 물체에 고정되어 다시 활용할 수 있는 것뿐만 아니라, 디지털 매체에 담긴 저작물이라고 하는, 다시 말해서 전기와 전자, 통신장치 등에 의해 다시 활용할 수 있는 온라인 영상물도 포함하기로 한다. 이는 과거의 법에 온라인 영상물이 포함되어 있지 않아, 유해한 영상물이 인터넷에 유통되면서 미풍양속을 해칠 우려가 높아졌기 때문에 이를 규제하고자 하는 것이다.

둘째, 종전에 문화체육관광부 장관이 하던 영화업자(영화제작업자, 영화수입업자, 영화배급업자, 영화상영업자)의 신고업무를 영화진흥위원회로 옮기게 되었다.

셋째, 공동제작 영화가 제작될 때 그 영화가 한국 영화로 인정받기를 원하는 경우에는 영화 제작 전에도 영화진흥위원회에

〈그림 2.11〉 영상물등급위
원회 전경

한국 영화 인정 신청을 할 수 있도록 하되, 그 영화가 제작된
후에라도 한국 영화 인정 기준에 적합하지 않는 경우에는 영화
진흥위원회가 한국 영화 인정 결정을 취소할 수 있게 하였다.

넷째, 영상물등급위원회 위원이 신청인과 가족관계에 있을 경
우에는 그 직무 집행에서 제외되도록 하고, 신청인 역시 위원회
위원이 불공정한 의결을 할 우려가 있다고 인정할 만한 이유가
있을 때에는 기피신청을 할 수 있도록 하였다. 이에 따라 영상
물등급위원회의 공정성과 신뢰도를 높일 수 있도록 하였다.

(2) 게임산업진흥에 관한 법률

이 법은 게임산업 기반을 조성하고, 게임물 이용에 관한 사항
을 정하여 게임산업의 진흥과 국민의 건전한 게임문화를 확립함
으로써 국민경제의 발전과 국민의 문화적 삶의 질 향상에 이바
지하는 것을 목적으로 2006년에 제정되었다.

이 법은 게임산업이 차세대 핵심 문화산업으로서 부가가치가
높은 산업이므로 변화하고 있는 게임산업 환경에 적극적으로 대

처하고, 게임산업 진흥을 위한 다양하고, 체계적인 정책을 추진할 수 있도록 그 기반을 조성하고자 하였다.

종래에는 게임물이 음반·비디오물과 함께 음반·비디오물 및 게임물에 관한 법률에 규정되어 있어 게임물만의 고유한 특성이 반영되지 못하고, 게임 이용문화가 제대로 정착되지 못했다. 그러나 이 법의 제정으로 게임 이용자의 권익 향상과 건전한 게임문화를 확립할 수 있게 되었다.

이 법의 주된 내용은 다음과 같다.

첫째, 게임산업 진흥을 위해 정부가 창업의 활성화, 전문인력의 양성, 기술 개발의 추진, 국제협력 등에 지원을 할 수 있도록 하였다. 둘째, 게임의 역기능 예방, 게임의 창작활동 보호를 위한 지적재산권 보호, 게임 이용자에 대한 권익 보호 등을 정부가 추진할 수 있도록 하였다. 셋째, 게임물 등급분류를 위해 게임물 등급위원회를 두어, 등급분류와 등급분류 사후관리에 관한 사항을 심의·의결하도록 하였다.

(3) 음악산업진흥에 관한 법률

이 법은 음악산업의 진흥에 필요한 사항을 정하여 관련 산업의 발전을 촉진함으로써 국민의 문화적 삶의 질을 높이고 국민경제 발전에 기여하도록 하기 위해 2006년에 제정되었다.

문화산업은 업종별로 각기 특성을 지니고 있지만, 이 법이 제정되기 전에는 음악산업이 음반·비디오물·게임물에 관한 법률에서 단속과 규제를 중심으로 정책이 운영되어 왔다. 그러나 음악 분야가 하나의 산업으로 성장할 수 있는 잠재력을 고려할 때 독자적인 입법의 필요성이 사회적으로 요구되어 왔다. 또한 신규매체의 발달로 음악산업은 기존의 음반 중심에서 인터넷과

숭례문과 지적재산권

모두가 알다시피 지난 2월 10일 69세인 한 남자가 토지보상 문제를 놓고 정부와 벌인 분쟁의 결과로 한국의 국보 1호인 숭례문을 불태워 버렸다. 단 한 사람의 사소한 이기심 때문에 너무나 아름답고 국가적으로 특별한 보물이 파괴된 충격적이고 끔찍한 사건이었다.

그러나 실은, 이러한 일은 한국에서 매일 일어난다. 수백만 국민이 이기심 탓에 한국 문화를 파괴하고 있다. 나는 저작권 침해에 관해 얘기하고자 한다. 지난 6년간 한국의 음악 CD 판매액은 3,430억 원에서 920억 원 미만으로 곤두박질쳤다. 작년에 한국 사람들은 영화관에 약 1조원을 지출했지만, DVD 구입액은 겨우 600억 원에 불과했다.

저작권 침해는 제작자들이 돈을 잃는다는 것을 의미한다. 이것은 더 적은 수익, 덜 재미있는 영화를 제작하게 된다는 것을 의미한다. 그래서 한국 영화산업을 위축시키고 국제경쟁에 더 취약하게끔 만들게 된다. 음악산업은 더 이상 음악에 관심이 없다. 훨씬 더 많은 돈을 TV광고나 연기를 비롯한 음악 외적 분야에서 벌기 때문이다. (중략) 아시아를 비롯한 많은 나라들에서 갑자기 한국 TV프로그램과 영화를 보고, 한국 음악을 듣고, 한국 만화책을 읽는 현상을 지칭하는 '한류'에 관해 많은 논란이 있어 왔다. 한국이 세계화됨에 따라 한국의 창조적인 산업 또한 세계화된다. 이는 다른 나라들의 콘텐츠를 한국에 들여오는 것 이상을 의미한다. 이것은 동시에 한국의 이야기, 노래, 아이디어 등을 세계에 수출하는 것을 의미한다. (중략)

최근 한국 정부는 100일간의 저작권 침해 관련 집중단속을 시작하였다. 나는 이것이 한국 엔터테인먼트 산업에 도움이 되기를 진정으로 바란다. 그러나 한국은 집중단속을 필요로 하지 않는다. 짧고 집중적인 단속으로는 아무것도 바꾸지 못한다. 정작 필요한 건 장기적이고 규칙적이며 철저한 법의 실행이다. 만약 한국 사람들이 (보통 사람과 정부기관들 모두) 이 문제를 더욱 심각하게 받아들여 문제를 해결하고자 나서지 않는다면, 머잖아 한국은 자국의 엔터테인먼트 산업을 잃어버릴지도 모른다. 그렇게 되면 숭례문의 경우와 마찬가지로, 한때 매우 특별했던 어떤 것에 대한 씁쓸한 기억과 잿더미만이 남게 될지도 모른다.

— 마크 러셀, 서울신문, 2008. 5. 5

모바일 등을 통한 음원 중심의 서비스 분야로 급속하게 변화하고 있기 때문에 새로운 법과 제도가 필요하게 되었다. 아울러 최근 사회 문제로 등장하고 있는 노래연습장의 건전한 운영을 장려하기 위해서도 법률의 정비가 시급하게 되었다.

이 법을 기초로 앞으로 음악산업과 관련한 정책이 과거 규제

위주에서 진흥 위주로 바뀔 전망이며, 디지털 형태의 음반 개념이 도입됨으로써 국내 업계가 새로운 음악 환경 변화에 대처하는 데 기여를 할 것으로 보인다.

맺음말

문화산업진흥 기본법은 1999년 2월에 대내외 환경변화에 부응하고, 새로운 문화산업 분야를 수용하기 위한 법적·제도적인 지원의 필요성이 사회적으로 형성됨에 따라 제정되었다. 이 법은 문화산업의 정의, 문화산업 육성 기본계획 수립, 연차보고서 작성 등 국가의 문화산업 진흥에 대한 역할을 명시함으로써 문화산업을 국가의 전략산업으로 육성하기 위한 내용을 실었다. 아울러 이 법에는 문화산업진흥기금의 설치, 문화산업진흥위원회의 구성, 세제 및 금융 등 각종 정부 지원의 근거와 규정 등으로써 정부의 적극적인 역할과 민간 참여의 활성화를 위한 제도적 장치가 담겨 있다.

특히 문화산업법령 중 저작권 문제는 미디어 환경의 변화로 인해 시급히 개선해야 할 문제로 대두되고 있다. 모든 문화콘텐츠의 저작권 문제는 기술의 발달과 불가분의 관계를 갖고 있다. 예를 들어 유럽에서는 15세기 인쇄술이 발명되면서 서적의 대량 복제가 가능해지자, 출판업자의 보호문제가 사회적으로 제기되었으며, 이는 오늘날 저작권 보호제도의 기초가 되었다. 이와 같이 새로운 기술이 등장할 때마다 저작권 문제가 등장하고, 끊임없는 분쟁거리가 되었다. 아날로그 시대의 전유물인 복사기와 녹음기, 녹화기 등의 등장에서부터 요즘의 디지털 매체와 인터넷 기술의 발달에 이르기까지 저작권 분쟁은 시간이 감에 따라 더욱 큰 문제가 되었다. 지금도 이동 중인 자동차 안에서 이용할 수 있는 초고속인터넷 서비스와 인터넷 망을 통해 TV를 이용할 수 있는 새로운 기술이 개발되고 있다. 이렇듯 출판, 영상 등을 포함한 모든 문화콘텐츠 저작권의 이용과 관리는 새로운 제도의 도입을 요구하고 있다.

참고문헌 및 자료 ─────────────────────────

구문모(1998). 『게임콘텐츠 산업의 현황과 발전전략』. 산업연구원.
_____(1999). 『영화 음반산업의 지식경쟁력 강화방안』. 산업연구원.
_____(2003). 『엔터테인먼트산업의 패러다임 변화와 정책과제』. 산업연구원.
_____(2004). 『콘텐츠 제작 자금조달시스템 혁신과 정책 시준점: 일본 사례를 중심으로』. 산업연구원.
_____(2006). 『영화 마케팅의 기본원리와 실제』. 해남.
이연정(2005). 『문화산업정책 10년, 평가와 전망』. 한국문화관광연구원.
최종일(2007). 『문화다양성협약 실행을 위한 정책 연구』. 한국문화관광연구원.
문화일보 〈http://www.munhwa.com〉
한국콘텐츠진흥원 〈http://www.kocca.kr〉
영화진흥위원회 〈http://www.kofic.or.kr〉
영상물등급위원회 〈http://www.kmrb.or.kr〉
게임물등급위원회 〈http://www.grb.or.kr〉
머니투데이 〈http://www.mt.co.kr/〉
서울신문 〈http://www.seoul.co.kr〉

더 읽어 볼 거리 ─────────────────────────

옥성수(2008). 『문화산업 지원정책 평가모형 연구』. 한국문화관광연구원.
정봉금(2007). 『21세기 문화산업을 위한 공공디자인 정책 연구』. 한국학술정보.

3장

문화콘텐츠 산업의
현황과 의미

조 성 면

*The Current Status and Meaning
of Cultural Contents Industry*

문화는 삶의 질을 좌우하는 핵심 요소이면서 동시에 고부가가치를 지닌 산업이기도 하다. 소득수준의 향상과 여가생활에 대한 관심이 높아지면서 문화에 대한 사회적 요구가 고조되자 이에 비례하여 문화산업과 시장의 규모도 매년 확장되고 있다. 2006년 이후 세계 문화산업의 시장 규모는 1조 4,283억 달러이며, 국내 문화산업의 규모만 해도 무려 53조 9,481억 원에 이른다. 이와 같은 문화시대를 주도하는 것은 바로 콘텐츠 산업이며 콘텐츠 산업을 지탱하는 핵심 분야는 만화, 애니메이션, 음악, 영화, 방송, 모바일, 에듀테인먼트 게임, 캐릭터 등이다. 이 콘텐츠들의 영향력은 아주 지대하며 산업적·경제적 가치 또한 높다.

이 장에서는 그러한 문화산업시대 주요 콘텐츠들의 현황, 특성, 전망에 대하여 살펴보고자 한다. 주지하다시피 문화산업 콘텐츠들은 강력한 상호작용성과 융합성을 가지고 있으며, 테크놀로지의 발전에 따라 기존의 콘텐츠에 새로운 콘텐츠가 덧붙여지고 첨가되는 누가적(累加的) 특징을 보여준다. 가령 영화, 게임, 애니메이션 등은 시나리오, 음악, CG 등이 결합된 종합형 콘텐츠로서의 성격을, 에듀테인먼트 콘텐츠들은 효율적인 교육과 학습을 위해서 게임, 영화, 만화, 드라마 등 다양한 장르들을 포괄하는 통합성을, 그리고 아이폰과 스마트폰 등의 첨단 모바일들은 게임, e-book, 모바일 뱅킹, MP3, 카메라 등의 다양한 기능들을 결합시키는 놀라운 융합성을 가지고 있다. 미디어와 테크놀로지의 발전에 따라 콘텐츠들 간의 상호침투와 융합은 더욱 강화, 가속화할 것이며 앞으로도 이들이 문화산업을 이끌어 나갈 것이다.

현대는 문화의 시대이다. 비단 이런 말이 아니라고 하더라도 문화는 이미 우리의 삶 그 자체이며, 문화를 떠난 인간의 삶은 생각할 수 없다. 문화는 물질적인 풍요를 넘어서 정신적 만족, 곧 행복을 추구하는 데 있어서 필수불가결한 삶의 핵심 요소일 뿐만 아니라 경우에 따라서 사회적 발언과 비판을 수행하는 정치로서 기능하기도 한다. 그런가 하면 문화는 경제와 밀접한 관련을 갖는 고부가가치 산업이기도 하다.

문화산업과 콘텐츠에 대한 학문적·사회적 관심이 높아지자 정부에서도 각종의 지원정책과 제도적 지원을 확장해 나가고 있다. 특히 국민소득이 높아지고 여가시간이 길어지면서 여가와 문화생활을 즐기고 향유하려는 사회적 요구가 갈수록 높아지고 있다. 이는 각종의 지표와 통계만 봐도 금방 확인할 수 있는 사항이기도 하다. 실제로 문화산업과 시장의 규모가 무시할 수 없을 정도로 성장을 거듭하고 있는 바, 최근에는 세계 문화산업의 시장 규모가 무려 1조 4,283억 달러를 훌쩍 넘어섰다. 국내 문화산업의 성장과 규모도 결코 이에 뒤처지지 않는데 출판, 음악, 영화, 방송, 애니메이션, 광고, 교육, 캐릭터 산업 등을 모두 포함하여 53조 9,481억 원에 이르고 있다. 세계적인 금융위기와 경기침체로 이 같은 성장세가 잠시 주춤하는 모습을 보이기도 했지만, 어느 누구도 21세기는 문화가 주도하는 문화산업의 시대이며 문화경제의 시대가 되리라는 점에 대해서 별다른 이의를 제기하지 않는다. 요컨대 인본주의 심리학자로 잘 알려져 있는 아브라함 매슬로(Abraham Maslow)의 '인간욕구의 5단계설'은 문화와 인간의 삶이 불가분의 관계에 놓여 있으며, 문화 세기 도래의 필연성을 잘 보여 준다. 그에 의하면 인간의 욕구는 다음과 같이 다섯 단계로 대별된다.*

- 제1단계 : 식욕, 성욕, 수면욕 등의 생리적 욕구(physiological needs)
- 제2단계 : 공포와 위험으로부터의 회피와 건강 등의 안전 욕구(safety needs)
- 제3단계 : 소속감, 우정, 애정 등의 애정욕구(love & belonging needs)
- 제4단계 : 존경, 명예, 지배 등의 존경욕구(self-esteem neds)
- 제5단계 : 삶의 보람과 자기완성 같은 자아실현의 욕구(self-acualization)

매슬로의 5단계설이 절대적인 것은 아니겠으나, 오늘날 갈수록 높아지는 문화에 대한 요구와 욕망이 일시적인 현상이 아니라 정신적인 존재인 인간에 내재된 항상적 욕망이며 본성에서 기인한 매우 근원적인 것임을 짐작할 수 있게 한다. 이와 같이 문화적 욕구는 문화사회적인 현상이면서 동시에 인간에게 내재된 근원적인 욕망이라는 것을 알 수 있다.

문화산업 콘텐츠는 바로 이와 같은 인간의 문화적·사회적 요구에 대한 산업적·학문적 실천이다. 이 글에서는 문화에 대한 욕망과 요구가 사회문화적이며 인간에게 내재한 근원적 욕망이라는 관점 하에서 주로 문화시대의 문화콘텐츠들의 현황, 특성, 전망에 대하여 개괄적인 접근과 정리를 시도해 보고자 한다. 특히 오늘날 문화산업을 주도하고 있는 대표적인 콘텐츠들인 만

*A. Maslow(1965). A Theory of Human Motivation. Prentice Hall; 정옥분(2007). 『전 생애 인간발달의 이론』. 학지사. 211–216쪽.

화, 애니메이션, 음악, 영화, 방송, 모바일, 에듀테인먼트, 게임, 캐릭터 등을 개관함으로써 문화산업 콘텐츠들에 대한 종합적인 이해를 확보하는 것이 바로 이 글의 주된 관심사이다.

만화 · 애니메이션 콘텐츠

1) 만화 · 애니메이션 콘텐츠 현황

(1) 만화콘텐츠의 현황

1982년 10월 국내 최초로 전문 만화월간지 『보물섬』이 창간되면서 드디어 우리나라에서도 전문만화잡지* 시대가 개막되었다. 이도형 화백이 1909년 6월 2일 『대한민보』에 발표한 한 칸짜리 만화 삽화가 발표된 지 만 73년 만의 일이다. 대본소를 전전하며 소년잡지의 연재물로 버텨 오던 한국 만화는 1983년 이현세의 〈공포의 외인구단〉이 공전의 히트를 쳐 성인들을 만화방으로 끌어들면서 사상 유례가 없는 중흥기를 맞게 된다. 그러나 1990년대 후반기부터 기획역량의 한계와 일본 만화에 대한 의존도가 더욱 높아지고, 특히 1997년에 불어 닥친 외환위기로 인한 시장 위축으로 한국 만화산업은 심각한 불황에 직면하게 되었다. 전체 매출이 1/3으로 격감하였고, 한때 30여 종이 넘던 만화잡지가 10여 종을 유지하는 형편이 되었다. 2000년대에 들어서면서 코믹스, 교양 · 학습만화, 인터넷 만화 등 새로운 분야가 크게 활성화되면서 국내 만화 시장은 다시 확장되고 있다.

*현재 만화잡지를 발행하는 출판사로는 대원C, 학산문화사, 서울문화사, (주)씨네21 등을 꼽을 수 있다.

국내 만화 시장을 선도하고 있는 온라인 만화는 IT 산업의 발전과도 밀접한 관련을 맺고 있는바, 온라인 사용 인구의 급증과 더불어 인터넷을 만화창작의 수단으로 삼은 '온라인 만화'가 활발한 움직임을 보이고 있다. 또 어린이 교양·학습만화도 2000년대 국내 만화 시장에 크게 도움을 주고 있는데,『만화 그리스 로마 신화』와『마법천자문』등의 교양·학습만화가 상업적인 성공을 거두면서 독자와 문화산업계의 큰 관심을 끌고 있다.

우리나라 만화콘텐츠는 최근 들어 세계 시장에도 문을 두드리고 있다. 2003년 프랑스 앙굴렘(Angoulme) 국제만화축제의 전시를 통해 세계 만화계에 우리 브랜드인 '만화'(manhwa)로 알린 후, 적지 않은 판매 실적을 거두고 있다. 현재 미국과 유럽의 만화 시장은 일본의 만화인 '망가'가 세계적으로 널리 알려지면서 아시아 만화를 주목하고 있어 우리 만화작가들의 새로운 활동무대로 떠오르고 있다.

(2) 애니메이션 콘텐츠의 현황

표면적으로 우리나라는 세계 애니메이션 제작의 약 30%를 차지하는 만화산업의 강국이나 실제로는 미국, 일본, 프랑스 등 외국의 대형 제작사로부터 주문을 받는 하청 형태가 대부분을 이루고 있는 기형적인 산업구조를 가지고 있다. 최근에는 이마저도 국내의 인건비 상승 등으로 인해 수주량이 급격하게 감소하고 있는 추세이다. 이에 국내 애니메이션 업계에서는 기존의 하청 중심의 구조에서 벗어나 창작 및 직접 제작으로 산업구조를 개편하려는 움직임을 보이고 있다. 오랫동안 외국과의 협력으로 축적된 국내 제작사들의 노하우와 기술력은 이미 세계적인 수준에 도달해 있으며, 현재 3차원 애니메이션 제작기술은 선진국

수준에 견줄 만하다는 평가를 받고 있다. 그러나 국내의 3차원 애니메이션은 2차원 애니메이션과 같이 하청 제작으로 인한 문제점은 적지만 발전의 역사가 짧기 때문에 숙련된 인력이 부족하고, 창작을 위한 기획력과 경쟁력이 선진국에 비해 다소 떨어진다는 과제를 안고 있다.

그럼에도 불구하고 한 가지 고무적인 것은 국내 업계의 해외 진출은 갈수록 늘고 있다는 사실이다. 특히 TV 시리즈의 해외 수출과 외국과의 공동 제작이 큰 폭으로 증가하고 있다. 해외 진출도 크게 활성화하여 일본, 중국 등의 아시아권을 넘어서 미주와 유럽 등으로 점차 확대되고 있다.

2) 만화 · 애니메이션 콘텐츠의 특성

(1) 만화콘텐츠의 특성

만화콘텐츠는 일반적인 문화콘텐츠의 특성과 유사하지만, 나름대로의 독특한 특성을 지니고 있다.

첫째, 만화콘텐츠는 예술적 가치를 지니고 있다. 만화는 시각적으로 인지되어야 한다는 점에서 삽화와 같은 그래픽 예술과 유사하다. 그래픽 예술의 이미지가 고정되어 있고, 한정되어 있는 데 비해, 만화의 이미지는 상황의 흐름 속에서 시간의 흐름을 반영하는 유동적인 이미지라는 점에서 차이가 난다.

둘째, 만화콘텐츠는 사회적 · 문화적 가치를 지닌다. 초기의 만화는 벽화 그림이나 유물에 남은 기록들로 낙서의 수준에 불과하였으나, 인쇄술의 발달과 복사기술의 발명으로 출판물이 발달하면서 대중화되었다. 그 결과 낙서에 불과했던 만화가 기록이라는 메시지로 전환되었고, 사회적 · 문화적인 기능이 확대되게 되었다. 예를 들면, 신문의 시사만평과 같은 사회 비평과 독특한 홍보와 선동 기능을 통해 사회 미디어로서 그 역할을 넓혀 나가고 있다. 신문의 시사만화라든지 아트 슈피겔만(Art Spiegelman, 1948~)의 〈쥐〉*처럼 제2차 세계대전 당시 유대인 학살을 비판한 정치적 만화도 있다.

셋째, 만화콘텐츠는 교육적 가치를 지니고 있다. 만화는 그 고유한 유머와 풍자성 때문에 공공 정보를 전달하는 기능으로서 신뢰가 낮다는 견해도 많으나, 만화 형식의 공익 포스터와 캠페인성 화보는 효율적인 홍보 수단으로 많이 활용되고 있다.

넷째, 만화콘텐츠는 산업적 가치를 갖고 있다. 만화는 원작 시나리오를 시작으로 다양한 분야에 저작권을 판매함으로써 수익을 벌어들일 수 있다. 출판만화에서 시작해서 애니메이션, 완구, 캐릭터 라이선스에 이르기까지 다양한 수익을 현실화하기에 매우 적합하다.

(2) 애니메이션 콘텐츠의 특성

애니메이션 콘텐츠는 대략 네 가지 특성을 지니고 있다.

첫째, 애니메이션 콘텐츠는 종합적 지식이 요구되는 분야이다. 제작에 있어 그림, 이야기, 색채, 음악, 촬영, 효과 등을 위하여 문학, 과학, 예술 등의 지식과 전자 그리고 정보통신 등 모든 분야가 망라되어야 하기 때문이다.

둘째, 애니메이션 콘텐츠는 다양한 장르의 문화콘텐츠에 활용될 수 있는 원천콘텐츠로서 매우 뛰어나다. 애니메이션은 오늘날 만화에만 국한되지 않고, 광고, 게임, 뮤직비디오, 영화 등 다양한 영역에서 다양한 방식으로 이용되고 있다. 이러한 높은 활용성으로 인해 애니메이션 콘텐츠는 관련된 산업에서 더 많은

*아트 슈피겔만의 〈쥐〉
〈쥐〉는 르포라는 정공법과 만화의 분방한 표현력과 함께 활용한 것으로 등장인물들을 의인화된 동물로 표현한 것이 특징이다. 이 작품은 1992년에 퓰리처상 특별상을 수상하였다.

마술적 테크놀로지가 선물한 추억의 영웅: 디지털 복원판 〈로보트 태권 브이〉 신드롬

지금은 온갖 종류의 로봇들로 차고 넘쳐서 아주 심드렁해졌지만, 초창기 SF에서 로봇은 아주 충격적인 정치적 상징이었다. 로봇이란 말이 '노동하다'란 체코어 '로보타'(robota)에서 나왔으며, 이것은 가혹한 노동에서 시달리는 산업노동자와 비인간적인 산업자본주의를 비판하기 위한 카렐 차펙(Karel Čapek, 1890~1938)의 은유적 장치였다. 이러한 로봇을 대중화한 작가가 바로 아이작 아시모프(Isaac Asimov, 1920~1992)였고, 이를 더욱 속류화한 이가 〈아톰〉의 데즈카 오사무(手塚治蟲, 1928~1989)와 〈마징가〉의 나가이고(永井豪)다.

이들의 로봇만화가 유명해진 것은 두려운 서양에 대한 패전국 일본의 콤플렉스를 치유해준 영웅적 캐릭터들이었기 때문이고, 아울러 이는 전후 일본 자본주의의 산업적 자신감과 산업공학적 상상력의 표상이기도 했다. 산업화와 개발이 지상 명제였던 개발독재시대 〈태권 브이〉는 산업화의 열망이 만들어 낸 급조된 모방이었다. 일본의 망가 캐릭터들에 열광을 하면서도 무엇인가 알 수 없는 결핍을 느꼈던 대중들의 욕망을 잘 포착하여 토착화하고 상업화에 성공한 에피고넨 캐릭터가 바로 우리의 영웅 '태권 브이'였던 것이다.

최근의 '태권 브이 신드롬'과 관련하여 각별히 주목해야 할 것은 도피와 퇴행의 문화사회학이다. 한국의 어린이들이 〈태권 브이〉에 열광할 즈음, 일본의 청년들은 〈기동전사 건담〉(1979)에 열광하고 있었다.

'전공투'의 몰락과 함께 찾아온 좌파의 위기가 상실에 빠진 젊은이들을 애니메이션과 게임이라는 인공의 낙원 속으로 몰아넣은 것이다. 그것들은 모든 악을 통쾌하게 일소하면서 새로운 세계를 만들어 나갈 수 있는 짜릿한 모험의 세계, 무엇이든 가능한 신명나는 인공의 낙원이었다.

여기에서 일본의 현실에 좌절한 젊은 좌파들은 상상적 혁명과 모험의 신세계를 개척했던 것이다. 이른바 오다쿠(お宅)들이 탄생하는 순간이었다. 〈로보트 태권 브이〉와 〈건담〉이 서로 갈라지는 것은 바로 이 지점이다.

'건담 세대'가 좌절한 성인들이었던 것에 비해 한국의 변혁 주체세력이자 '태권 브이'의 주요 소비자였던 386세대는 아직 개발의 도상에 있었던 미성년의 상태에 있었기 때문이다. 이로부터 만 30년을 훌쩍 넘긴 지금 좌절한 한국의 386들이 태권 브이를 찾아, 아니 잃어버린 유년기의 추억과 신화를 찾아 자신의 아이들의 손을 잡고 인공의 낙원 극장을 찾는다. 이 지점에서 '건담 세대'와 '태권 브이 세대'가 다시 묘하게 합쳐진다.

– 조성면(2009), 『경계를 넘고 간극을 메우며: 장르문학과 문화비평』, 깊은샘, 201–202쪽

수익을 만들어 낼 가능성이 높다. 그 예로 디즈니 사의 애니메이션 영화 〈라이언 킹〉은 원래 제작비보다 40배의 수익을 올렸

다. 이 중 영화관 수입은 전체의 5%에 불과했고, 나머지는 게임, 음반, 테마파크 등에서 벌어들였다.

셋째, 애니메이션 콘텐츠는 재활용 기간이 상대적으로 매우 길다. 애니메이션 콘텐츠는 고정 소비자층이 유년 및 초등학생 층으로 동일한 작품에 대해 소비가 반복될 수 있는 특성이 있다. 즉, 기존의 고정 소비자층이 새로운 소비자층이 생기기 때문이다. 인기가 높은 TV 시리즈 애니메이션의 경우 약 7년을 주기로 반복적으로 방영되거나 비디오로 나오는 경우가 많다. 예를 들어 일본 애니메이션인 〈우주소년 아톰〉*은 1960년대부터 총 4회나 반복되어 상영되었다.

넷째, 애니메이션 콘텐츠는 다른 문화콘텐츠에 비해 해외 진출에 있어 어려움이 덜하다. 해외의 소비행태나 해외 소비자의 사고방식, 습관, 선호, 전통 등 문화 환경을 극복하지 못하면 해외 진출에 커다란 어려움을 겪게 된다. 그러나 애니메이션은 다른 문화콘텐츠보다 거부감과 심리적 저항이 적다는 점에서 해외 진출이 상대적으로 유리하다. 즉 애니메이션은 특정 국가의 문화적 요소를 배제할 수 있기 때문에 서로 다른 문화를 갖고 있는 세계 어느 나라에서도 문화적 이질감이 없이 동일한 느낌을 전달할 수 있다는 특징을 갖고 있다.

3) 만화 · 애니메이션 콘텐츠의 발전방향

(1) 만화콘텐츠의 발전방향

우리나라 만화콘텐츠는 2002년 이후부터 온라인에서 얻은 대중의 인기와 인지도를 바탕으로 오프라인에 진출하고 나아가 광고와 캐릭터 상품으로 활용하는 이른바 '원 소스 멀티유즈'가 하

*〈우주소년 아톰〉
1952년부터 『소년지』에 연재되던 〈아톰대사〉라는 데즈카 오사무의 원작 만화를 1963년 무시 프로덕션에서 총 193편의 TV 애니메이션 영화 시리즈로 제작한 것이다.

나의 패턴으로 자리를 잡아가고 있다. 디지털 시대의 도래와 함께 온라인 만화 및 웹툰(webtoon)의 대중적 영향력과 파급력도 갈수록 증대되고 있다. 이와 같이 온라인 만화의 성공 요인은 온라인 특유의 독창성과 대중성으로 독자들에게 큰 호응을 얻은 결과로 평가된다.

또한 만화는 과거와 현재, 그리고 미래를 넘나들면서 애니메이션, 게임, 캐릭터, 영화, 방송 드라마 등의 창작 소재로도 널리 활용되고 있다. 만화의 시각 이미지는 이들 분야와 연계 가능성을 높여 주고 있으며, 더구나 우리나라에서는 만화에 대한 수요가 높기 때문에 만화의 인지도를 활용하여 다른 문화콘텐츠를 개발할 수 있는 가능성이 매우 많다. TV 드라마로 제작되어 좋은 반응을 얻은 바 있는 순정만화 〈궁〉과 〈탐나는도다〉 등은 한 예이다.

(2) 애니메이션 콘텐츠의 발전방향

애니메이션은 만화, 캐릭터, 게임 등 연관 사업과 높은 경제적 가치를 만들어낼 수 있는 장르로 주목을 받아 왔다. 그간 한국 애니메이션 업계가 주력했던 외국으로부터의 하청물량에 대한 제작이 동남아시아 지역 등으로 급격하게 옮겨지면서 상대적으로 창작 작품에 대한 관심이 뜨거워지고 있다. 그러나 다른 한 편으로는 업계와 정부의 노력에도 불구하고 아직까지 기대했던 만큼의 성과가 아직까지 나오지 않고 있어 이에 대한 우려가 높아지고 있다.

그러나 최근 들어 창작 애니메이션의 활성화 가능성이 곳곳에서 발견되고 있다. 우선 국내 창작품의 해외 공동제작이 점차 다양하게 시도되고 있다. 대표적인 예를 들면 〈접시전사〉, 〈내

콘텐츠 간 크로스오버도 확산

비단 만화가 다른 문화콘텐츠의 원작으로만 쓰이는 것은 아니다. 영화 〈괴물〉이 석정현 작가에 의해 만화로 재탄생한 예에서 보듯 만화는 다른 문화콘텐츠와 소통하며 그 영역을 넓혀가고 있다. 최근 미디어코프는 '테일즈런너', '군주', '마스터오브판타지', '그랜드체이스', '모나토에스프리', '젬파이터' 등 여섯 개 온라인 게임을 만화책 한 권으로 묶은 연재시리즈『코믹 2.0』을 출시했다. 인기 온라인 게임을 원작으로 해 새롭게 재해석한 만화가 탄생한 셈이다.『코믹 2.0』의 온라인 홈페이지는 게임과 만화를 연계했다는 점에서 단순히 온라인 만화를 연재하는 만화 포털과도 차별화된다. 이는 만화가 가진 서사적 특징이 어떤 문화콘텐츠 장르와도 접목이 가능함을 보여준다.

– et뉴스, 2007. 8. 13

친구 드래곤〉, 〈아이언키드〉, 〈오드패밀리〉, 〈믹스마스터〉, 〈라즈베리타임즈〉, 〈뿌까〉, 〈빼꼼〉, 〈자이언츠 프렌즈〉, 〈지스쿼드〉, 〈태극천자문〉 등을 들 수 있다.

앞으로 국내 애니메이션 관련 미디어 환경 변화도 국산 창작 애니메이션의 전망을 밝게 해주고 있다. 2005년부터 방송용 국산 창작품에 대한 총 방영시간과 신규로 제작된 국산 창작품 방영 편수가 제도적으로 늘어날 수 있게 함으로써 국산 창작품의 발전 기반이 마련될 수 있을 것으로 전망된다. 특히 DMB* 등 뉴미디어 서비스가 2006년부터 본격적으로 시작되면서 국내 애니메이션 업계가 이들을 대상으로 새로운 애니메이션 콘텐츠를 만들어 낼 것으로 보인다.

*DMB
(Digital Mulimedia Broadcasting)
이동통신과 방송이 결합된 새로운 방송 서비스로, 휴대폰이나 PDA에서 다채널 멀티미디어 방송을 시청할 수 있다.

1) 음악 · 영화 콘텐츠의 현황

(1) 음악콘텐츠의 현황

최근 10여년 사이 우리나라의 음악산업은 커다란 굴곡을 그리면서 발전해 오고 있다. 1990년대 중반까지 성장해 오던 국내 시장은 IMF 경제위기와 2000년대 온라인 뉴미디어의 출현으로 침체되고 있다. 특히 음악콘텐츠의 온라인 무료 서비스와 파일 공유로 인해 음반 위주의 기존 시장은 지속적으로 감소하고 있다. 그러나 온라인 음악 서비스들이 유료로 전환된 후 디지털 음악은 음악산업의 새로운 수익원으로 주목을 받고 있다. 디지털 음악 시장이 점차 확대되면서 온라인, 모바일 등 새로운 매체를 이용한 벨소리(컬러링), 통화 연결음, 스트리밍* 등의 서비스가 인기를 얻고 있다.

또한 최근 들어 국내 음악계 해외 진출이 점차 활성화되고 있다. 대표적 가수인 '비'는 몇 해 전부터 일본, 홍콩, 중국, 대만 등 아시아 각국을 돌면서 많은 관중을 동원하는 큰 성과를 거두었다. 일본에 진출하여 1,000만 장의 앨범이 팔려 나간 '보아'를 비롯하여 '소녀시대'와 '카라' 등 아이돌 스타 그룹도 일본에서 좋은 반응을 얻고 있다. '신화'를 포함하여 '세븐', '동방신기' 등도 중국, 대만, 태국, 말레이시아 등에서 높은 인기를 얻었는데 이들은 아시아 전역에 걸쳐 음반 홍보활동과 쇼케이스**, 콘서트 등을 개최하여 한국을 대표하는 한류 가수로 성장하였다. 또한 2009년 하반기에는 인기 여성 댄스그룹 '원더걸스'가 미국에 진

*스트리밍
인터넷에서 음성이나 영상, 애니메이션 등을 실시간으로 재생하는 기법

**쇼케이스
새 음반이나 신인 가수를 해당 분야의 관계자들에게 널리 알리기 위하여 여는 특별 공연

출하여 빌보드 차트에 진입하는 등 한국 음악의 해외 진출이 점차 권역을 넓혀 나가고 있어 문화계의 주목을 끌고 있기도 하다.

(2) 영화콘텐츠의 현황

'1,000만 명 관객 동원 시대 돌입'과 '세계 3대 영화제 석권', '한국 영화의 르네상스'라는 말들이 많은 사람들의 입에서 오르내리는 것에서 알 수 있듯이 최근의 한국 영화계는 시장 규모가 전반적으로 확대되어 왔으며, 해외에서도 꾸준히 인지도가 높아지고 있다. 1999년 〈쉬리〉, 2000년 〈공동경비구역 JSA〉, 2001년 〈친구〉로 이어지는 기록적 흥행은 이후 〈실미도〉(2003), 〈태극기 휘날리며〉(2004), 〈왕의 남자〉(2005), 〈괴물〉(2006), 〈해운대〉(2009), 〈전우치〉(2010) 등으로 계속 이어지고 있다. 해외에서는 김기덕 감독의 〈사마리아〉와 〈빈집〉, 박찬욱 감독의 〈올드보이〉와 〈박쥐〉, 그리고 양익준의 〈똥파리〉(2009)와 이창동의 〈새〉(2010) 등이 베를린영화제, 칸영화제, 베니스영화제 등에서 잇따라 수상하면서 한국 영화의 국제적인 인지도와 위상은 갈수록 높아지고 있다.

최근 한국 영화계가 나타낸 큰 변화라고 한다면, 제작과정의 현대화와 제작 자금의 꾸준한 증가, 그리고 새로운 영상인력이 과거에 비해 많이 유입되었다는 점을 꼽을 수 있다. 큰 업체들이 영화에 대한 관심이 높아지면서 영화계 전반으로 대형화와 현대적인 체제가 자리 잡게 되었다. 여기에 표현의 자유가 정부의 규제 완화로 상당히 이루어졌고, '영화진흥금고'를 포함한 한국 영화에 대한 정부의 각종 지원정책이 시행되고 있다. 이에 따라 과거에 비해 영화사의 수가 최근에 대폭 증가하였다. 특히 영화 제작업체는 1998년 116개에서 2004년에는 이보다 열 배가 많은 1,375개로 폭증했다.

한국 영화계의 이런 눈부신 성장에도 불구하고, 한국 영화는 극장의 수익에 전적으로 의존하고 있기 때문에 미국이나 일본처럼 다른 미디어로부터 얻을 수 있는 수익이 적은 구조적인 취약점을 지니고 있다. 앞으로는 해외 시장, 비디오와 CD 제작, 나아가 IPTV 등을 고려한 영화 제작과 보다 적극적인 마케팅 전략의 수립이 필요하다.

2) 음악·영화 콘텐츠의 특성

(1) 음악콘텐츠의 특성

첫째, 음악콘텐츠는 소비자가 여가의 필요나 감성적인 필요에 의해 구입하는 문화상품이다. 이것은 영화나 게임, 방송 프로그램 등과 같은 문화콘텐츠에 공통적으로 존재하는 특성이다. 음

음악산업의 발전사

음악산업의 목표는 단도직입적이다. 바로 '음악으로 어떻게 돈을 벌 것인가'이다. 문제는 음악을 상품으로 만들고 이를 변화하는 테크놀로지와 조화시키는 것이다. 음악처럼 덧없고 공기 같은 무엇인가를 돈으로 사고팔 수 있는 상품으로 만드는 문제의 핵심은 저장과 회수이다. 음악 저장의 최초의 혁명은 악보와 인쇄매체의 결합이었다. 음악은 악보에 저장될 수 있었고, 이제 악보는 복제와 유통이 가능했다. 여기에서 상업적(대중적) 음악과 비상업적(비대중적) 음악이 갈라지기 시작한다. 음악산업의 두 번째 혁명은 레코딩 테크놀로지이다. 유성기, 전축, CD, MP3 등이 그것이다. 이에 따라 음악은 새로운 비즈니스의 대상으로 부상하였으며, 따라서 절도와 해적 행위로부터 자산과 콘텐츠를 보호하는 일이 초미의 관심사로 부상하게 된다. 한편 현대 음악산업은 다음과 같이 세분된다. ① 권리산업 : 소유권의 법적 규제와 음악 작품의 사용을 허가하는 것이다. ② 출판산업 : 작품을 대중에게 전달하는 것이지만, 그 자체는 음악가와 작곡가의 창조성에 달려 있다. ③ 인재산업 : 계약과 스타 시스템을 통해 음악가와 작곡가, 전문가를 키워내고 관리하는 것이다. ④ 전자제품산업 : 공공영역이나 가정에서 MP3 등 다양한 종류의 장비를 사용하게 하는 것이다. ⑤ 기타 : 광고, 영화나 게임의 효과음, 휴대전화 벨소리, 음악치료 등 다양한 분야로 활용할 수 있는 방법을 모색하는 것이다.

– 사이먼 프리스 외 지음, 장호연 옮김(2005). "대중음악 산업", 『케임브리지 대중음악의 이해』, 한나래, 67–78쪽 참고

악콘텐츠를 소비한다는 것은 물질적인 소비와는 매우 다르다. 원칙적으로 음악콘텐츠는 물질에 대한 소비라기보다는 감상의 대상이다.

둘째, 음악콘텐츠는 저작권*이 있는 문화상품이다. 그러나 음악콘텐츠는 일반적인 상품의 매매와 다른 특성이 있다. 가령 자동차 제조회사가 자동차를 생산하여 시장에서 판매하면, 매매가 이루어진 시점부터 그 자동차의 소유주가 구매자로 바뀌게 된다. 그러나 음악콘텐츠는 다르다. 어느 공연장에서 독창회가 열렸을 경우, 돈을 주고 입장권을 사서 독창회를 보고 들은 사람이 음악의 소유주가 되지 않으며, CD를 구입해서 가지고 있어도

*저작권
문학, 학술, 예술 등 창작물에 대한 배타적·독점적 권리

그 속에 담긴 콘텐츠의 저작권은 다른 이에게 있다.

셋째, 음악콘텐츠는 다른 문화콘텐츠에 비해 그 흥행 여부가 비교적 짧은 기간 안에 결정된다. 예컨대 방송 프로그램이나 영화에 비해 음악콘텐츠의 감상 기간은 길어봐야 몇 분 안에 종료된다. 그렇기 때문에 소비자들로부터의 반향도 그다지 오래 지속되지 않고, 그 소비도 다른 문화콘텐츠에 비해 매우 짧은 편이다.

(2) 영화콘텐츠의 특성

영화콘텐츠는 예술에 가까우면서도 사회에 미치는 영향력이 다른 어떤 문화콘텐츠보다 크고 대중적인 문화상품이라고 볼 수 있다.* 영화는 필름의 예술이며, 광선에 의하여 영사막에 투사된 영상이 관객에 전달되어 미적인 반응을 일으키는 예술 형태라고 할 수 있다. 즉 영화는 문화상품이기도 하지만, 대중적인 종합예술이기도 하다. 다른 예술 분야에 비해 그 표현 방식이 단순하여 대중적인 성공을 거둘 가능성이 높다. 이와 같이 영화는 예술성을 지닌 대중적인 상품이다. 이는 예술성과 상업성을 적절히 조화시켜야 한다는 점을 뜻한다. 지나치게 예술성만을 강조하거나 또는 예술성이 결여된 영화는 대중에게 환영받지 못하는 이유가 여기에 있다.

영화콘텐츠가 대중적 상품이라고 하는 것은 그 소비의 목적이 고객의 즐거움에 있기 때문이다. 어떤 형태이든 오락상품은 소비자에게 즐거움의 경험을 제공하는 역할을 한다. 이런 점에서 영화콘텐츠는 영화관이나 TV 등 미디어와 결합되어서 시청자들에게 여가시간에 즐거움과 재미를 제공하는 대중을 대상으로 하는 오락상품이다. 그러면서도 영화콘텐츠는 한 번의 극장

*영화콘텐츠의 특성으로는 대중적 종합예술이며 오락상품으로서의 성격, 그리고 산업적 가치와 다양한 콘텐츠로의 활용 가능성 등을 꼽을 수 있다.

상영에 그치지 않고, 비디오, 방송, 인터넷 등 다양한 미디어를 거치면서 추가적인 이익을 거둘 수 있기 때문에 산업적 가치가 높다.

3) 음악 · 영화 콘텐츠의 발전방향

(1) 음악콘텐츠의 발전방향

우리나라 음악콘텐츠 시장은 인터넷의 급속한 성장과 그에 따른 무료 음악이 유행하면서 음반 위주의 시장은 급속히 축소되고 있는 반면, 디지털 음악은 상대적으로 빠르게 성장하고 있다. 이러한 추세는 앞으로도 지속될 전망이다. 특히 음악을 포털사이트나 모바일 매체를 이용하여 듣는 형태가 보편화될 것으로 보인다. 영화음악, 드라마, 뮤지컬 음악, 광고음악, 디지털 음원, 모바일 벨소리, 스트리밍 등으로 활용되고 있는 것이 일례이다.

나아가 앞으로 가수들의 연예활동 분야는 더 다양화할 전망이다. 과거에는 음반 판매와 방송활동을 중심으로 수익이 창출되었지만, 음악산업의 전반적인 수익 감소로 인해 다방면에서 활동하는 가수들이 늘어날 것이다. 예컨대 드라마, 영화, 오락 프로그램, 광고 등 다양한 분야에서 프로모션 활동이 이루어고 있다든지 한류 열풍을 타고 중국, 일본 등 한국 가수들의 아시아 시장 진출이 그러하다. 이런 점에 비추어 편협하고 배타적인 민족주의보다는 좀 더 열린 개방적 태도와 보편주의가 문화산업의 세계화 및 해외 진출과 관련하여 매우 중요한 의미를 갖는다고 할 수 있을 것이다.

영화의 역사와 원리와 기초 개념

영화의 역사가 시작된 것은 '뤼미에르 형제가 만들어 파리의 그랑 카페에서 개봉한 〈열차의 도착〉이 상영된' 1985년이다. 영화가 가능하게 되기까지는 여러 예술 매체가 영향을 미쳤지만 가장 직접적으로 영향을 준 것은 사진이라 할 수 있다. 사진에는 시간의 개념이 결여되어 있기는 하지만, 현실의 모습을 그대로 재현해낼 수 있다는 점에서 예술사에서 커다란 하나의 전환점이 되었다. (중략)

초창기 영화는 세 가지의 원리, '암실에 구멍을 뚫고 빛이 들어오게 하면 상이 맺힌다'와 '연속적이며 정지된 그림을 움직이면 마치 그것이 움직이는 것처럼 보인다', 그리고 '질산은 빛을 받으면 피사체의 형태를 검게 옮긴다'가 복합적으로 발전하며 이루어진 것이다.

사실 정지된 사진에서 움직이는 영상으로의 이행이 이러한 기술적인 발전만으로 가능하게 된 것은 아니다. 인간의 타고난 시지각(視知覺) 능력이 기술과 결합함으로써 비로소 영화가 가능해졌던 것이다. 인간의 눈은 어떤 대상을 한동안 바라보고 나면 그 대상에서 눈이 떠나도 아주 짧은 시간동안 망막에 그 이미지를 보존한다. (중략) 이것을 시각 잔상효과라 한다. (중략)

영화를 영어로 표현할 때는 세 가지 단어가 쓰인다. 무비, 시네마, 필름이 바로 그것들이다. 무비(movie)란 주로 영화의 산업적인 측면을 암시하며 사용된다. 대중오락으로서의 영화, 경제적 이윤을 낳는 영화 등의 의미일 때는 무비란 말이 쓰인다.

시네마(cinema)는 주로 영화의 정치적·미학적 측면을 암시한다. 한 편의 영화가 사회문화적으로 갖는 의미를 분석하거나 영화를 정치적인 측면에서 다룰 때는 시네마라는 단어가 쓰인다.

반면 필름(film)은 영화의 미학적인 측면, 즉 미적 분석 대상으로서의 영화, 문화적 맥락에서 다룰 때 주로 쓰인다. 하지만 이것들의 경계선이 명확하게 구분되는 것은 아니다.

－ 이효인(2000). 『우리에겐 영화밖에 없다』.
한국문화사, 71–83쪽

(2) 영화콘텐츠의 발전방향

한국 영화의 전국 관객수는 2000년대에 지속적으로 늘어나고 있으며, 극장의 수입도 매년 꾸준히 증가하고 있다. 2006년 우리나라 국민 1인당 연간 평균 영화 관람횟수는 3.4회가 되었지만, 미국의 연간 5.2회에는 크게 못 미치는 상태이다. 우리나라 관객층은 젊은 세대에 집중되어 있고, 과거 한때는 1인당 관람

횟수가 5.7회였던 점을 감안한다면, 아직 성장 여력이 많이 남아 있다고 볼 수 있다. 특히 국내 영화계가 그간 영화 관람에 소극적이었던 40대 이상의 중장년층과 가족 단위의 관람객이 지속적으로 영화관을 찾을 수 있게 하는 것이 바로 그러하다.

한편 한국 영화의 성장을 위해서라도 해외 진출은 반드시 필요하다. 한국 배우들의 해외 진출과 외국과의 공동제작 등은 대표적인 예이다. 특히 외국과 공동으로 제작된 영화는 각국에서 자국영화로 간주되기 때문에 제작비 부담을 줄일 수 있고, 양국의 영화 시장이 확대되는 이점을 가지고 있다. 여기에 최근에는 DMB 및 IPTV와 같은 새로운 매체들이 등장하면서 영화를 제공하려는 채널과 서비스가 늘어나고 있어 앞으로 영화는 비디오와 DVD에 이어 새로운 매체들을 통해 더 많이 활용될 것으로 보인다.

방송 · 모바일 콘텐츠

1) 방송 · 모바일 콘텐츠의 현황

(1) 방송콘텐츠의 현황

멀티미디어 시대는 다매체 · 다채널의 시대이고, 이에 따라 풍부한 콘텐츠가 필요하다. 또한 이러한 콘텐츠를 생산하는 제작과정은 아날로그에서 디지털로 전환되기 때문에 모든 면에서 방송콘텐츠 환경이 달라지고 있다.

3세대 모바일 뱅킹 개막 : 거래은행 외 여러 은행업무 한꺼번에 가능

휴대폰 속 인증모듈(USIM) 칩에 카드는 물론 멤버십 기능도 언제 어디서나 휴대폰을 은행 통장이나 현금카드처럼 쓸 수 있는 3세대 이동통신(WCDMA) 모바일 뱅킹 시대가 열린다. (중략)

3세대 모바일 뱅킹은 휴대폰에 기본으로 탑재되는 범용 가입자 USIM 카드에 여러 은행의 정보를 담아 현금을 인출하는 것은 물론 통장의 돈을 계좌 이체하거나 조회할 수 있는 서비스다. 2세대 서비스 때는 은행마다 별도의 뱅킹칩을 발부받아야 했지만 3세대부터는 USIM 카드 하나로 여러 은행의 업무를 처리할 수 있게 된다. 2세대에서는 뱅킹칩을 탑재할 수 있는 휴대폰 비율이 전체 휴대폰의 5%에도 못 미쳤지만 3세대에서는 대다수 휴대폰을 통해 모바일 뱅킹을 할 수 있다. USIM 카드로 뱅킹뿐만 아니라 신용카드, 증권, 교통, 멤버십 기능까지 사용할 수 있어 휴대폰 생활형 서비스가 확산되는 계기가 될 전망이다.

– 한국경제, 2008. 4. 25

첫째, 방송콘텐츠의 편성에서 전문화가 빠르게 진행되고 있다. 멀티미디어 시대는 다매체와 다채널을 의미하므로, 종래 공중파 방송의 종합편성은 수용자의 관심 영역에 따라 소그룹으로 편성되는 경향을 띠고 있다. 또한 급속하게 증가하는 인터넷 방송은 특수한 소집단을 위한 편성에 맞추어지고 있고, 이는 수용자 집단의 세분화를 더욱 부추기고 있다. 이를테면 음악의 다양한 장르별 채널, 증권 채널, 낚시 채널, 게임 채널, 다양한 자격증 강좌 채널, 성인 채널 등이 그러한 예이다.

둘째, 아날로그 시대의 콘텐츠 형식은 비교적 단순하고 고정적이다. 포맷(format), 즉 프로그램의 구성형식이나 구성요소가 종전까지는 뉴스, 다큐멘터리, 드라마 등 명확한 구분을 갖는 단순한 포맷이 대부분이었다. 그러나 디지털화·다채널화가 진행되면서 복합적인 포맷, 나아가 형식의 구분이 애매한 자유포맷의 경향이 많이 나타나고 있다. 대표적인 예가 정보와 오락이 결합된 형태, 교육과 오락이 결합된 형태, 다큐멘터리와 드라마가 결합한 형태 그리고 정보, 교육, 오락 등 모든 영역이 하나의 프로그램 형태로 혼합된 것들이다.

셋째, 멀티미디어 시대의 방송콘텐츠는 양방향성을 띠고 있다. 디지털방송은 다양한 양방향 서비스를 제공하는 것을 특징으로 한다. 이러한 양방향성은 능동적 미디어 이용, 적극적 미디어 참여를 의미한다. 능동적 미디어 이용은 주문형 비디오(VOD)와 같이 종전까지 방송사에서 주는 것만 시청하다가 이제는 이용자가 원하는 시간에 원하는 내용을 받아볼 수 있다는 것을 말한다. 적극적 미디어 참여는 퀴즈 프로그램, 영상게임 등과 홈쇼핑·홈뱅킹 등 미디어 이용자가 참여하는 형태를 말한다.

(2) 모바일 콘텐츠의 현황

모바일 콘텐츠란 무선으로 데이터의 전송이 가능한 콘텐츠를 말하며, 휴대용 단말기를 활용한 서비스 이용이 가능한 콘텐츠라고 정의할 수 있다. 무선인터넷 서비스를 통해 이용 가능한 콘텐츠를 의미한다. 우리나라 모바일 콘텐츠는 이용자 수와 이용 분야가 다양화되고 있는 추세이다. 1984년 이동통신 서비스가 국내에 도입된 이후 모바일 가입자 수가 기하급수적으로 늘었다. 1998년 모바일 가입자 수가 1,000만을 돌파하더니, 1999년 2,000만, 2002년 3,000만, 그리고 최근에는 스마트폰 사용자들이 급증하여 트위터가 새로운 소셜 미디어로 부상하였다. 인구대비 모바일 가입자 수에 있어서 우리나라는 인구 10명당 8.3명 이상이 모바일을 사용하고 있어 세계 최고의 모바일 사용국으로 기록되고 있다.

우리나라 모바일 콘텐츠 시장은 무선통신의 발전에 따라 변화가 다양한 소비산업으로 부상하고 있다. 지금까지 모바일 콘텐츠 분야는 벨소리 다운로드와 통화 연결음 위주로 이용되어 왔으나 이제는 MP3 음악과 게임 다운로드 등 오락 위주의 문화콘텐츠 중심으로 자리매김을 하고 있다. 또 단말기의 첨단화·고급화에 따라 3차원 게임, DMB, 무선인터넷 접속 등을 통해 접할 수 있는 새로운 모바일 콘텐츠가 등장하는 등 정보콘텐츠와 오락콘텐츠가 결합되고 다양한 서비스가 개발되면서 보다 많은 이용자에게 다가가고 있다.

2) 방송·모바일 콘텐츠의 특성

(1) 방송콘텐츠의 특성

방송콘텐츠의 진정한 가치는 자동차나 음식처럼 물질적인 것에서 비롯되지는 않는다. 방송콘텐츠의 가치는 방송매체에 담긴 정보나 오락콘텐츠이다. 방송사가 만들어 내는 방송 광고물 역시 시청자의 관심을 끌 목적이기 때문에 정보콘텐츠라고 할 수 있다.

방송콘텐츠는 종류에 따라 다르지만, 단번의 소비로 그 가치가 사라진다. 극단적인 예로 방송 뉴스는 단 한 번의 소비로 정보의 가치는 그 생명을 다한다. 그러한 특성 때문에 방송콘텐츠의 가치는 그 콘텐츠가 얼마나 시청자들에게 참신하게 다가갈 수 있느냐에 달려 있다. 따라서 방송콘텐츠를 만드는 작가들은 표현기법을 개발하기 위해 부단히 노력해야 한다.

방송콘텐츠가 경쟁력을 계속적으로 유지하기 위해서는 시청자의 취향을 빠르게 반영할 수 있어야 한다. 참신한 콘텐츠에 대한 시청자들의 요구와 시청자들에게 접근하고자 하는 광고주의 요구는 매우 민감하다. 따라서 방송사는 새로운 아이디어가 담긴 콘텐츠를 개발하지 못하면 생존의 위협에 직면할 수 있다.

(2) 모바일 콘텐츠의 특성

모바일 콘텐츠는 디지털 콘텐츠의 범주에 속하면서도 무선인터넷이 가지는 특성으로 인해 차이점을 지닌다.

첫째, 모바일 콘텐츠는 무선 단말기가 가진 가장 큰 장점을 그대로 갖고 있는데 이용자가 원하면 언제 어디에서나 실시간으로 정보 검색과 통신을 통해 이용될 수 있다. 둘째, 무선 단말기를 가진 이용자는 통신을 할 때 언제 어디서나 연결이 가능하다. 따라서 모바일 콘텐츠는 이용자가 필요할 때면 어느 때나 접근이 가능하다. 셋째, 무선 단말기는 손에 가지고 다니면서 움직일 수 있기 때문에 이동성에서 매우 뛰어나다. 넷째, 무선 단말기는 이용자가 원하는 즉시 인터넷에 접속하여 다른 이용자와의 상호 연락이 가능하게 한다. 별도의 통신기기에 연결할 필요 없이 갖고 있는 휴대 단말기로 간편하고 빠르게 정보 및 이용 가능한 콘텐츠를 바로 바로 이용할 수 있다. 마지막으로 무선 단말기는 개인 미디어이기 때문에 모바일 콘텐츠 역시 개인적으로 받고 또한 보낼 수 있다. 과거의 미디어가 대중을 상대로 하는 콘텐츠였던 것에 비해 모바일 콘텐츠는 개인이 서로 주고받을 수 있다는 차이가 있다.

3) 방송 · 모바일 콘텐츠의 발전방향

(1) 방송콘텐츠의 발전방향

국내 방송콘텐츠의 발전은 사실상 지상파 방송사의 미래와 밀접하게 연결되어 있다. 지상파 방송사의 시설과 인력은 국내에서 가장 우수한 것으로 알려져 있으며, 현재 유통되고 있는 많은 방송콘텐츠들이 지상파 방송사가 제작했거나 지상파 방송사가 저작권을 가진 것들로 되어 있다. 최근에 들어서 지상파 방송사에 속하지 않은 중소 규모의 방송 제작사들이 점차 지상파 방송사가 송출하는 콘텐츠를 제작하는 비중이 늘고 있으나, 여전히 지상파 방송사 외에는 허약하기 짝이 없다. 그럼에도 불구하고, 영세한 제작사들의 실력은 점점 높아지고 있다. 인기 드라마나 인기 다큐멘터리들의 제작은 이러한 제작사들이 책임지고 있고, 그 밖의 장르에서도 지상파 방송사가 이들에게 의존하는 비중은 점차 늘고 있다.

앞으로 방송콘텐츠는 개인 미디어 시대*를 맞이하여 개인의 창의적 노력이 가미된 동영상물도 유무선상에서 유통되어 개별적인 저작권 거래가 가능해질 전망이다. 따라서 일반 개인들도 전문 제작자와 마찬가지로 방송콘텐츠를 제작하여 유통시키는 새로운 저작권의 시대를 열 것으로 기대된다.

방송제작기술은 특정한 사람들에게만 허가된 기술이었다. 그러나 디지털 시대에는 모든 기술이 공유되어 있으며, 그것은 누구나 제작할 수 있다는 의미도 된다. 멀티미디어 콘텐츠** 제작은 디지털 캠코더, 디지털 카메라, 핸드폰 기기를 가진 모든 사람들에게 제작기회를 제공하고 있다. 따라서 앞으로의 방송콘텐츠 발전은 누구에게나 학습이 가능한 제작기술을 얼마나 잘 습득하여 질 좋은 콘텐츠를 만들어낼 수 있느냐에 달려 있다.

방송산업은 방송사가 일반 대중에게 일방적으로 전달하는 방식이었다. 그러나 디지털 시대의 방송산업은 양방향으로 전달되는 시대이다. 양방향은 개별성과 맞춤성을 특징으로 하고 있다.

*개인 미디어 시대
기존 매스미디어의 패러다임에서 벗어나 언제, 어디서나 방송을 즐길 수 있는 다채널 개인형 미디어 시대를 말한다. 기존의 TV가 매스미디어 시대를 대표한다면 DMB는 개인 미디어 시대를 대표한다고 할 수 있다.

**멀티미디어 콘텐츠
　(multimedia contents)
디지털화한 어문, 음악, 사진, 미술 등 다중 매체 저작물로서 읽기 전용 콤팩트디스크 기억장치(CD-ROM) 또는 컴퓨터에 저장되어 이용될 수 있는 내용물을 말한다. 또는 디지털화되어 정보기기로 생산, 유통, 소비되는 정보콘텐츠 또는 광대역 통신망이나 고속 데이터망을 통해서 양방향으로 송수신되는 정보콘텐츠를 가리키기도 한다.

이제 영상소비자들은 일방적이고 불친절하며 본인에게 필요하지 않은 방송콘텐츠에는 요금을 지불하지 않아도 된다. 개인이나 소집단을 상대로 거래하는 본격적인 방송 서비스의 시대로 들어선 것이다.

(2) 모바일 콘텐츠의 발전방향

현재 모바일 콘텐츠는 변화의 바람을 겪고 있다. 소비자가 원하는 가치도 변화하고 있다. 그 결과 모바일 콘텐츠와 관련 시장은 커다란 변화가 예상된다. 또한 앞으로 모바일 콘텐츠에 대한 이용인구는 확대될 것으로 예상된다. 현재 모바일 미디어에 익숙한 연령대가 젊은 층이라면, 앞으로는 모바일의 다양한 기능에 익숙해져 가는 중장년층의 이용이 크게 늘 전망이다. 한국 사회는 고령화 사회로서 세계 어느 나라보다도 빠른 고령화 추세를 보여 주고 있다. 매년 노년 인구가 빠르게 증가하고 있으며, 인구 전체에서도 40대 이후의 인구 비율이 전체의 절반을 차지할 전망이다. 이들에게 필요한 모바일 콘텐츠는 오락용 콘텐츠는 물론이고, 실질적으로 이들의 생활에 도움이 되는 정보 콘텐츠를 제공하는 서비스가 늘 것으로 예상된다.

현재 모바일 콘텐츠를 담는 통신 시장과 IT 관련 분야의 주된 주제는 대부분 기술에 초점이 맞추어져 있다. 그러나 기술의 발달로 모바일 콘텐츠를 성장시키는 데에는 한계가 있다. 앞으로는 문화콘텐츠로서 모바일 콘텐츠가 주목을 받을 것으로 예상된다. 모바일 콘텐츠를 제작하는 초기 단계에서부터 다른 콘텐츠와의 차별성이 중요시될 것이다. 최근 특정 형식의 모바일 게임이 성공하면서, 이에 대한 개발의 관심이 증가하고 있다. 모바일 콘텐츠는 기본적으로 문화 영역이다. 따라서 모바일 콘텐츠만의 특성을 살린 창의적인 콘텐츠가 만들어진다면, 그 성장 가능성은 무한하다고 볼 수 있다.

에듀테인먼트 · 게임콘텐츠

1) 에듀테인먼트 · 게임콘텐츠의 현황

(1) 에듀테인먼트 콘텐츠의 현황

에듀테인먼트 콘텐츠는 "사용자가 놀이(entertainment)를 즐기는 과정에서 스스로 교육(education)의 효과를 얻을 수 있도록 고안된 콘텐츠"라고 정의된다. 에듀테인먼트 콘텐츠는 출판물, 교구재, 비디오테이프, 장난감 등 아날로그 방식의 콘텐츠뿐만 아니라 디지털 기법으로 제작되어 디지털 매체(CD, DVD, 인터넷 등)로 유통되는 디지털 콘텐츠까지 포함한다.

우리나라에서 에듀테인먼트 콘텐츠는 주로 유아나 초등학교 저학년을 대상으로 교육적 요소와 재미 요소라는 장점을 살리기 위해 시작되었다. 초기에는 CD롬 형태의 오프라인 중심으로 성장하였으나, 이후 초고속 통신망의 전국 보급과 교육에 대한 국민들의 관심 속에서 점차 CD 위주에서 온라인으로 변화되고 있다. 예를 들면, 2005년 이후부터 우리나라에서 에듀테인먼트 콘텐츠의 온라인 제작은 전체에서 약 82%를 차지하고 있어 초기 CD 타이틀을 중심으로 형성되었던 시장이 2010년에 접어들어서면서부터 아예 온라인 시장으로 옮겨졌다.

에듀테인먼트의 필요성

에듀테인먼트는 놀이의 교육적 요소를 학습에 접목시킨 새로운 형태의 학습 패러다임이라고 할 수 있다. 에듀테인먼트를 수업에 활용해야 할 필요성은 다음과 같다.

첫째, 학습에 대한 생각의 변화이다. 학습은 지식의 습득이라는 기존의 관점에서 지식의 구성이라는 새로운 관점으로 변화가 일어나고 있다.

둘째, 학습세대의 변화이다. 최근의 학습세대들은 학습활동을 위한 정보를 다양한 정보원과의 자유로운 디지털 정보 네트워킹을 이용함으로써 얻는다.

셋째, 놀이의 교육적 효과이다. 놀이가 가진 호기심과 재미 그리고 내적 동기유발 등의 교육적 요소들은 에듀테인먼트의 교육적 가능성을 말해 준다.

넷째, 생활 전반에 걸친 매스 컬처의 확산이다. 우리 주변의 많은 문화적 요소들이 디지털 콘텐츠화되어 가고 있으며, 에듀테인먼트가 이에 효과적으로 기여할 것으로 기대한다.

다섯째, 평생학습을 지원한다. 사이버 공간은 평생학습의 장으로서 그 역할이 기대된다. 이러한 교육이 활성화되기 위해서는 사이버 에듀테인먼트의 발전 또한 이루어져야 한다.
– 백영균(2005). 『에듀테인먼트의 이해와 활용』. 정일출판

그러나 온라인 중심이라도 주로 개발회사가 포털사이트에 무료로 콘텐츠를 제공하는 상태에 머물러 있기 때문에 질적인 향상을 꾀하기 어려운 상태이다. 실제로 초등학생을 대상으로 에듀테인먼트 콘텐츠에 대한 비용 지불 여부를 설문한 결과를 보면 응답자들의 95% 이상이 무료 콘텐츠를 이용하고 있는 것으로 나타났다. 또한, 사용자의 연령대가 유아와 초등학교 저학년으로 제한적인 점도 에듀테인먼트 콘텐츠의 활성화를 가로막는 요인이 되고 있다.

최근 정부는 에듀테인먼트 콘텐츠의 중요성을 인식하고 이를 문화콘텐츠의 한 분야로 설정하는 한편, 제작과 관련한 지원을 시작하였다. 특히 이를 산업적으로 육성하기 위해 중장기 발전전략을 수립하였고, 해외 현지화 지원 및 국제교류 활성화

를 통한 국산 에듀테인먼트 콘텐츠의 해외 진출 지원도 실시하고 있다.

(2) 게임콘텐츠의 현황

우리나라 게임콘텐츠는 그 발전 역사에 비해 괄목할 만한 성장의 가도를 달리고 있다. 그러나 이는 우리나라에만 국한된 현상은 아니거니와, 세계의 게임콘텐츠 분야도 두 자리 숫자의 성장을 하고 있으며 많은 나라들이 이 분야에 지대한 관심을 쏟고 있다. 미국과 일본을 비롯해 프랑스, 영국, 독일 등에서도 이를 육성하기 위해 지원하고 있다. 특히 우리와 인접해 있는 중국은 우리의 개발 과정을 모방하여 추월하기 위해 국가적인 노력을 기울이고 있다.

세계 게임콘텐츠의 역사는 이제 30년이 조금 넘는다. 영화의 탄생이 100년이 훨씬 넘는다는 것을 감안하면 게임산업의 성장은 누구도 예측하지 못할 정도로 빠르다. 그간 게임콘텐츠는 처음에 오락장 게임을 시작으로 비디오 게임, PC 게임, 온라인 게임, 모바일 게임 등으로 발전하였다.

우리나라에서도 1970년대에 도입되어 오락실이 탄생하였고, 〈스페이스 인베이더〉, 〈벽돌깨기〉, 〈갤러그〉, 〈제비우스〉, 〈동키콩〉, 〈팩맨〉, 〈너구리〉 등의 외국산 게임콘텐츠가 인기를 끌었다. 1980년대 중반 이후부터 국산 게임콘텐츠에 대한 개발이 시작되었는데, 특히 1990년대 후반에는 그래픽 온라인 게임이 개발되었고 PC방의 전국적 보급이 확산되면서 게임콘텐츠가 하나의 산업 영역으로 자리 잡게 되었다.

현재 우리나라 게임콘텐츠 산업은 세계 10위권에 속해 있는데, 특히 온라인 게임콘텐츠가 가장 활성화되어 있다. 그러나 세

컴퓨터 게임의 역사

최초의 컴퓨터 게임은 1961년 당시 MIT대학 학생이었던 스티브 러셀(Steve Rusell)이 개발한 〈스페이스 워〉(Space War)로 알려져 있다. 물론 이보다 앞서 이른바 원자폭탄 개발로 유명한 〈맨하탄 프로젝트〉에서 전자회로 디자이너로 참여한 바 있는 윌리 히긴보덤(Willy Higginbotham)이 이미 1958년 〈테니스 포 투〉(Tennis For Two)라는 게임을 개발한 바 있다. 그런데 일부 연구자들은 컴퓨터 게임과 다른 장르의 게임을 구별하는 핵심요소로 상호작용성(interactivity)을 제시하고 〈테니스 포 투〉는 이를 결여하고 있기 때문에 최초의 컴퓨터 게임으로 보기 어렵다는 견해를 보인다.

그러나 상호성이 게임의 주요한 특징임은 사실이지만, 기술과 미디어 그리고 이를 통한 게임의 구현이라는 관점에 보았을 때 〈테니스 포 투〉를 맨 앞자리에 위치시키는 것이 옳다고 생각한다. 아무튼 이를 계기로 해서 게임에 대한 대중적 관심이 높아지고 이에 따라 게임의 개발과 산업적 가치도 함께 높아지기 시작하였다.

초창기 게임은 기술력의 한계로 인하여 주로 〈아케이드〉라고 통칭되는 오락실 게임들이 주도했다. 게임의 상업화의 첫 단추는 UTA대학 컴퓨터 공학부에 재학 중이던 놀란 부쉬넬(Nolan K. Bushnell)에 의해서 실현됐다. 〈스페이스 워〉를 동전투입식 게임으로 상품화한 것이다.

그 뒤를 이어 아케이드 게임 산업체의 대명사라 할 수 있는 아타리(Atari) 사(社)가 1972년 탁구경기를 모방한 블록 깨기 게임 〈퐁〉(Pong)을 개발, 대성공을 거두며 굴지의 기업으로 성장하게 된다. 그 여세를 몰아 아타리 사는 최초의 레이싱 게임인 〈나이트 드라이버〉(Night Driver, 1976)를 내놓았고 타이토(Taito) 사는 1978년 〈스페이스 인베이더〉(Space Invader)를, 그리고 1981년에는 〈스페이스 인베이더〉를 더욱 발전시킨 일명 〈갤러그〉(Galag)를 출시하였고 이것이 세계적으로 큰 인기를 끌면서 게임의 대중화와 세계화가 급속도로 진전되기 시작하였다.

그밖에 1990년 브로드번드(Broadbund) 사에서 개발, 출시한 PC용 어드벤처게임으로 당시 3D의 기술적 구현이 불가능한 상황에서도 등축시점(isometric view)을 활용하여 주인공 캐릭터가 미로 속을 탐험하는 것이 마치 실제인 것처럼 느끼도록 하여 대중적으로 크게 인기를 끈 바 있는 〈페르시아의 왕자〉(Prince of Persia)나 1991년 닌텐도(Nintendo) 사에서 출시한 아케이드 게임 〈스트리트 파이터〉(Street Fighter), 1980년 롤플레잉의 시초가 된 〈던전 앤 드래곤〉(Dungeon & Dragons) 등은 게임의 역사에서 주목할 만한 중요한 게임들이다.

– 조성면(2006. 12). "컴퓨터 게임 '삼국지'와 스토리텔링". 『대중서사연구』 제16호

계의 게임콘텐츠 산업은 우리나라와는 달리 오락장 게임과 비디오게임이 전체의 70% 이상을 차지하고 있다. 이러한 차이점으로 인해 해외 진출에는 우리나라 업계가 적지 않은 약점으로 작용하고 있다. 중국, 대만, 태국 등 동남아시아권에 대한 우리나라 게임콘텐츠의 수출이 크게 증가하고 있지만, 모두 온라인 게임콘텐츠라는 문제점을 안고 있다.

2) 에듀테인먼트 · 게임 콘텐츠의 특성

(1) 에듀테인먼트 콘텐츠의 특성

에듀테인먼트 콘텐츠는 다음과 같은 일정한 특성을 가진다. 우선 에듀테인먼트 콘텐츠는 교수-학습 자료와 교육방식에 있어서 재미의 요소가 들어가 있어야 하는데, 이 재미의 요소는 긍정적인 상호작용을 기반으로 한다. 또한 콘텐츠의 교육효과를 내도록 하기 위해서는 학습자의 능동적이고, 적극적이며, 자발적인 학습 참여가 발휘될 수 있는 콘텐츠의 구성이 필요하다. 교육효과를 최대로 살리기 위해서는 교사와 학습자의 양방향 커뮤니케이션을 통한 상호작용을 지속적으로 유지시키기 위한 소프트웨어 프로그램과 교수-학습 자료가 준비되어야 한다.

에듀테인먼트 콘텐츠의 가장 큰 특징은 '상호작용성'*이다. 즉, 책이나 음악, 애니메이션, 영화 등의 문화콘텐츠들은 미디어를 통해 소비자들에게 일방적으로 전달되지만, 에듀테인먼트 콘텐츠는 사용자의 조작에 의한 진행을 요구한다. 또한 사용자의 조작에 따른 다양한 응답과 상황 변화, 난이도 조절 등을 통해 동기유발 구조를 구현한다는 측면에서 2차적인 상호작용성이 제기된다. 비록 이 분야는 아직까지 시장 규모가 크지 않으며 창

*상호작용성(interactivity)
사회적 사건의 기본 단위로서,
상호작용을 하면서 사람들은
상대방의 기대에 부응하기도,
또는 부응하지 않기도 하면서
서로를 선도한다(크로프만,
1989).

작을 위한 환경도 부족하긴 하지만, 성장잠재력은 매우 높은 편이다.

(2) 게임콘텐츠의 특성

에듀테인먼트 콘텐츠와 유사한 특성을 지니고 있는 게임콘텐츠 역시 우선 상호작용성을 기본 속성으로 갖고 있다. 게임콘텐츠는 아무리 단순한 게임이라도, 사용자와 언제나 실시간으로 상호작용을 할 수 있는 대상이다. 이러한 특성으로 게임을 하는 동안에는 사용자가 다른 행위를 병행하지 못한다. 그렇기 때문에 게임콘텐츠는 다른 어떤 문화콘텐츠보다도 높은 집중과 몰입을 요구한다. 또한 게임이 갖고 있는 상호작용성은 동일한 사용자가 동일한 게임을 하더라도 동일한 흐름의 게임을 할 수 없다는 특징을 갖게 한다. 이는 사용자에 따라서 다양한 경우의 수가 발생한다는 것을 뜻하며, 게임콘텐츠가 다른 것에 비해 이용기간이 오래 지속될 수 있는 가능성을 열어 준다.

다음으로 게임콘텐츠는 가상의 체험성을 지니고 있다. 체험은 실시간으로 상호작용이 발생하는 곳에서는 언제나 일어날 수 있지만, 게임콘텐츠에서 체험은 가상의 이야기로 꾸며진 가상현실 속에서 직접 체험을 한다는 것을 뜻한다. 즉 게임콘텐츠 자체가 사용자의 체험이 구현되는 공간이다. 게임콘텐츠는 일종의 훈련효과도 자아낸다. 이러한 특징으로 훈련용 게임콘텐츠도 개발되고 있다.

마지막으로 게임콘텐츠는 변형성을 특징으로 한다. 변형성은 사용자가 게임콘텐츠를 대상으로 상호작용과 체험의 과정에서 나온 결과로서 학습자에게 매번 새로운 체험을 느끼도록 한다. 이와 같이 게임콘텐츠만이 갖고 있는 역동적인 상호작용성과 체험성 · 변형성으로 인해 '게임중독'과 같은 부작용도 발생할 가능성이 가장 많다는 특징도 있다.

3) 에듀테인먼트 · 게임 콘텐츠의 발전방향

(1) 에듀테인먼트 콘텐츠의 발전방향

아직 우리나라 에듀테인먼트 콘텐츠의 질적 및 양적 수준은 선진국에 비해 많이 낙후된 상태이다. 그러나 앞으로 이 분야는 교육열이 높은 아시아 지역에서 성장 가능성이 높기 때문에 우리의 잠재력은 크다고 볼 수 있다. 또한 에듀테인먼트 콘텐츠가 온라인과 결합한 디지털 콘텐츠에 대한 요구가 크게 늘 것으로 전망되는데, IT 강국인 우리나라의 성장 가능성은 높은 것으로 평가된다. 최근 우리나라에서는 기존 CD롬 타이틀과 비교하여 30~40배 분량의 콘텐츠를 담은 방대한 웹 사이트를 운영하면서 온라인 사용자들의 주목을 많이 받기 시작하였다. 이 부분에서는 세계 어느 나라에 못지않은 경쟁력을 확보하고 있다. 가령 아바타, 캐릭터 육성, 홈페이지 꾸미기 등의 회원관리 시스템을 도입하여 오프라인에서는 구현할 수 없는 시도를 우리의 손으로 가꾸어 나가고 있다.

그러나 문제는 에듀테인먼트 콘텐츠는 사회 환경적으로 불법 복제의 문제가 날로 심각해지고 있고, 아직 학교교육에서 활용도가 높지 않은 상태에 있다는 점이다. 또 콘텐츠 제작에 있어서도 전문인력이 부족하고, 유료로 활용하려는 소비자 인식도 아직은 매우 부족한 형편이다. 비록 이 같은 상황이긴 하지만 에듀테인먼트 콘텐츠는 위성과 지상파 DMB 등 새로운 미디어의 등장으로 새로운 전기를 맞고 있다.

(2) 게임콘텐츠의 발전방향

PC를 기반으로 한 최초의 게임이 시작된 지 30년이라는 비교적 짧은 기간이 지났지만, 게임콘텐츠의 발전은 다른 어떤 분야보다 빠르게 진행되고 있다. 특히 게임콘텐츠는 다른 문화콘텐츠에 비해 공학적 기술이 차지하는 비중이 높다. 〈퐁〉(pong)에서 시작됐던 단순한 게임이 이제는 뛰어난 그래픽으로 재현되었다.

앞으로 게임콘텐츠의 발전과 관련하여 주목할 용어는 네트워크, 모바일, 융합이다. 네트워크는 인터넷의 성장과 더불어 컴퓨터에서 시작된 게임콘텐츠의 발전에 자연스럽게 적용되었다. 특히 온라인에서 구현되는 게임콘텐츠의 등장과 폭발적인 인기를 안고 모든 종류의 게임들이 네트워크를 이용할 수 있도록 발전하고 있다.

2000년대 우리나라의 무선인터넷 이용률은 폭발적으로 증가하고 있다. 이에 더하여 휴대폰 단말기의 성능과 품질이 빠르게 향상되면서 여기에서 구현되는 모바일 게임콘텐츠에 대한 성장 가능성은 상당히 높다. 2004년부터는 고성능 단말기의 보급이 확산되면서 고용량 3차원 게임의 시대가 열리고 있다.

앞으로 단말기의 성능이 향상되고 게임 전용 핸드폰이 개발될 경우 화려한 그래픽과 다양한 내용의 모바일 게임콘텐츠가 선보일 전망이다. 온라인 게임을 모바일이나 비디오게임으로 즐길 수 있는 것처럼 게임 장르를 중심으로 동일 콘텐츠를 다양한 플랫폼*에서 즐길 수 있는 멀티 플랫폼** 개념이 확산되고 있다. 최근에는 방송과 통신 기능이 결합된 IPTV 역시 네트워크를 기반으로 하는 새로운 게임콘텐츠의 플랫폼으로 관심의 대상이 되고 있다.

*플랫폼
컴퓨터 시스템의 기반이 되는 하드웨어 또는 소프트웨어를 말한다. 가령 PC, 콘솔, 모바일, 아케이드 등은 플랫폼에 따른 장르의 구분 방식이라 할 수 있다.

**멀티 플랫폼
두 가지 이상의 플랫폼을 가진 게임을 가리킨다. 가령 가정용 게임기로도 발매되고 동시에 PC로도 발매되는 경우, 이를 멀티 플랫폼이라 한다.

1) 캐릭터 콘텐츠의 현황

우리나라는 1980년대 중반 '국제저작권협약'에 가입하면서 캐릭터 및 캐릭터산업에 대한 인식이 높아지게 되었고 산업적으로도 크게 성장을 하고 있지만, 아직 그 규모나 활용도는 선진적 국가들에 다소 뒤처져 있는 상황이다. 초기에는 문구류에서 널리 이용되는 팬시 캐릭터가 청소년과 젊은 여성들을 중심으로 크게 유행하였으며 스티커 열풍도 불어 상품으로서의 캐릭터가 정착되었다. 그 후 인터넷의 붐을 타고 엽기 캐릭터들이 등장하였으며 현재는 핸드폰의 전 국민적 보급과 무선인터넷의 확산으로 모바일 캐릭터도 큰 인기를 얻고 있다.

2002년에 실시된 우리 국민의 캐릭터에 대한 의식조사에서 캐릭터 상품의 보유율은 절반 이상으로 나타나 많은 국민들이 캐릭터 콘텐츠를 보유하고 있는 것으로 밝혀졌다. 뿐만 아니라 최근 1년간 캐릭터 상품을 구입한 경험이 약 41%에 달하는 것으로 볼 때 캐릭터 상품 구입이 다양한 계층에서 폭넓게 이루어지고 있음을 알 수 있다. 우리나라 소비자들의 캐릭터 콘텐츠에 대한 큰 변화는 온라인과 모바일에서도 찾을 수 있다. 우리나라 국민의 캐릭터 콘텐츠 인지 수준을 보면 모바일 콘텐츠에 담긴 캐릭터가 가장 높게 나타났다. 이처럼 온라인과 모바일에서 캐릭터 콘텐츠의 높은 성장 가능성을 보여 주는데, 이는 소비자의 소비 트렌드와 라이프스타일의 변화에 기인하는 것으로 보인다. 전 연령층에 걸쳐 인터넷과 휴대폰의 사용이 증가되었고, 소비자가 특정한 장소를 방문할 필요 없이 구입이 가능하다는 점인 온라인상의 캐릭터 콘텐츠에 대한 전망을 밝게 해주고 있다. 현재 우리 국민들 사이에서 인지도와 선호도가 높은 캐릭터로는 태권 브이, 둘리, 뽀로로, 키티, 마시마로, 짱구, 미키마우스, 푸우, 포켓몬스터, 케로로, 톰과 제리 등을 꼽을 수 있다.

2) 캐릭터 콘텐츠의 특성

캐릭터 콘텐츠의 매우 중요한 특성은 개인들이 자기표현의 매체로 캐릭터 콘텐츠 상품을 사용한다는 점이다. 가령 캐릭터 콘텐츠가 향수, 핸드폰 줄, 문신 등처럼 자신의 개성을 표현하는 수단으로 활용되고 있다는 점에서 다른 문화콘텐츠와 구별된다. 캐릭터 콘텐츠는 확장성과 응용의 폭도 크고 넓어서 캐릭터 그 자체보다는 다양한 다른 상품들을 매개로 소비자에게 전달되는 특징을 가지고 있다. 캐릭터 콘텐츠가 이용되는 경우를 보면, 식품과 음료, 문구와 팬시, 의류, 인형과 장난감, 출판물, 유아용품, 음악 CD, 인터넷 콘텐츠 등으로 매우 다양하다.

캐릭터 콘텐츠의 장점은 다른 콘텐츠에 비해 문화적 장벽과 저항이 크지 않다는 점을 꼽을 수 있다. 음악이나 영화, 공연 등의 문화콘텐츠에는 그 자체에 해당 국가의 문화가 많이 반영되어 있다. 문화적 특수성을 가진 콘텐츠가 다른 나라로 갈 때에 새로운 매력으로 보일지 모르나 대중적인 인기를 얻는 데는 매우 불리하다. 문화적 정체성이 적은 미국의 할리우드 콘텐츠나 일본 애니메이션이 세계에서 성공하는 비결이 바로 여기에 있다. 한국의 마시마로나 일본의 키티가 아시아권에서 인기가

캐릭터 소설 쓰는 법

캐릭터의 중요성이 갈수록 증대되고 있다. 인기 있는 캐릭터의 개발은 해당 콘텐츠의 상업적 성공과 긴 문화적 생명을 보장할 뿐만 아니라 대중들의 높은 인지도를 활용하여 다양한 분야에서 응용과 활용이 가능하기 때문이다. 캐릭터 콘텐츠는 주로 잘 알려진 만화나 애니메이션 또는 일러스트레이션을 활용하는 경우가 많다. 그러나 성공적인 캐릭터를 만들어내는 일은 그리 간단하지가 않다. 일본의 유명한 캐릭터 전문 소설 잡지인 『더 스니커』(2000. 12)에서는 캐릭터 소설과 캐릭터화 작업에서 발생하는 문제점으로 다음과 같은 여섯 가지의 항목을 지적한다. ① 독창성이 없다, ② 구성이 약하다, ③ 묘사와 설명의 구분이 없다, ④ 설정 능력이 미흡하다, ⑤ 흔한(참신하지 않은) 캐릭터를 사용한다, ⑥ 세계관과 캐릭터가 맞지 않는다 등이 바로 그러하다. 이러한 문제점을 보완하기 위해서 ① 창조적 모방으로 극복하라. 즉 캐릭터 콘텐츠 창작에서 중요한 것은 표절이 아니라 창의적으로 베끼

는 모방기술이다. ② 장르문학, 드라마, 영화, 만화 등 인기 있는 대중문화의 패턴을 분석하고 이에 의존하라. ③ 캐릭터 만들기에도 방정식이 있다. 즉 과거의 인기 있는 작품들을 모방하고 캐릭터를 목적에 따라 적정하게 추상화하라는 것이다. "이름이나 나이, 성별, 직업, 성격 등 (모방의 대상이 되는) 캐릭터가 속하는 세계관을 모두 버리고 캐릭터의 고유성이 사라질 때까지 추상화한다. 그런 다음 모델과는 전혀 다른 외모나 성별, 이름, 시대배경까지 부여한다", ④ 잘 만들어진 캐릭터에서 저절로 이야기가 나온다는 점을 명심하라, ⑤ 캐릭터의 '외모'와 '이야기'를 연결하라. 사이코 서스펜스형, 유머형, 모험형, 호러형 등 플롯과 이야기를 고려하여 캐릭터를 잘 설정하면, 여기에서 새로운 이야깃거리가 생겨난다는 것이다.

– 오쓰카 에이지 지음, 김성민 옮김(2005). 『캐릭터 소설 쓰는 법』. 한국출판마케팅연구소, 13–59쪽 참고

있는 이유가 캐릭터 콘텐츠 자체의 경쟁력 때문이지 한국적이거나 일본풍이기 때문이 아니다. 이런 보편성·대중성·초국적성은 캐릭터 콘텐츠의 특성이며 성패를 좌우하는 핵심 요소라고 할 수 있다. 이처럼 문화산업이 상대국 간의 상호이해 증진에 크게 기여하는 매개가 될 수 있다는 사실은 문화산업으로서 캐릭터 콘텐츠의 중요성과 가치를 보여 주는 또 다른 예이다.

3) 캐릭터 콘텐츠의 발전방향

아직 우리나라 문화산업 분야에서 캐릭터 콘텐츠가 차지하는 비중은 작다. 그나마 순수 국산의 비중은 더 작을 정도로 우리나라 캐릭터 콘텐츠는 아직 성장 과정에 있다. 그러나 둘리나 마시마로 등 국산 캐릭터가 탄생하면서 사회적 인식도 매우 높아졌고, 심지어 해외에서도 점차 인기를 얻고 있어 미래 성장은 밝은 편이다. 뉴욕, 도쿄 등 해외 전시회를 통해 캐릭터 저작권 수출도 시작되었다.

앞으로 우리나라의 인터넷과 모바일 환경은 캐릭터 콘텐츠를 산업화하는 데 커다란 기여를 할 것으로 예상된다. 이는 아바타, 신호대기음, 이모티콘 등의 예에서 보듯이 개인들이 인터넷과 모바일 환경에서 자신의 개성을 남에게 표현하고자 하는 수단으로 캐릭터 콘텐츠를 사용하는 경향이 많아지고 있기 때문이다. 인터넷과 모바일 환경의 또 다른 매력은 캐릭터 콘텐츠의 불법 복제로부터 보호가 상당 수준으로 가능하다는 점이다.

그러나 현재 우리나라의 캐릭터 콘텐츠 수준은 국내 업체들이 대부분 소규모 영세업체들이기 때문에 창의력이 있는 콘텐츠 개발과 시장 개척에 어려움이 있다. 또한 캐릭터 업체들은 인력의 질은 우수한 편이나 인력의 양이 많이 부족하고 질 높은 교육과 훈련이 이루어지지 않고 있는 것으로 나타났다. 캐릭터 콘텐츠의 경쟁력은 결국 양질의 인력을 통해서 나오기 때문에 앞으로 학교나 일선 현장에서 체계적인 교육이 필요하다.

마지막으로 캐릭터 콘텐츠와 다른 문화콘텐츠와 연관성을 높이는 일이 필요하다. 애니메이션과 영화, 게임 분야는 캐릭터 콘텐츠의 추가적인 개발과 마케팅에서 인지도를 상당히 높일 수

있으며, 상호 보완적인 홍보효과를 통해 지속적인 수익을 창출
할 수 있다.

맺음말

이상에서 살펴본 바와 같이 만화, 애니메이션, 음악, 영화, 방
송, 모바일, 에듀테인먼트, 게임, 캐릭터 등의 분야는 문화산업
콘텐츠의 중핵이라 할 수 있다. 이들은 제각기 독자적인 특징을
지니면서도 테크놀로지의 발달과 함께 서로에 영향을 주면서 융
합되어 가는 모습을 보여 주기도 한다. 이제는 본문에서 다루지
못했던 문화산업 콘텐츠의 문화적·경제적·인문적 가치에 대
해서 보론적 성격의 개괄적 정리로 마무리에 대신하고자 한다.

문화산업 콘텐츠는 문화의 시대를 선도하는 핵심 산업이다.
그 중요성과 의미는 다음과 같이 몇 가지로 나누어 정리해볼 수
있을 것이다.

첫째, 문화콘텐츠들은 우리 일상생활에 끼치는 영향력과 파급
력이 매우 크다는 점이다. 이처럼 문화산업 콘텐츠들은 시민들
의 문화 향수에 대한 욕구와 가벼운 휴식과 재충전의 기회를 제
공해 준다는 점에서 산업적 가치 이상의 의미를 갖는다.

둘째, 중국, 일본, 베트남 등 아시아 국가를 중심으로 급속하
게 퍼져 나간 한류 열풍이 한국의 문화를 널리 알리고 한국에
대한 이미지 개선에 기여한 바 있다. 최근의 여론조사가 보여
주고 있듯이 한류의 열풍이 일본인들의 한국에 대한 인지도와

호감도를 높이는 데 크게 기여하고 있다는 것은 한 예이다.* 이런 점에 비추어 문화산업 콘텐츠는 배타적인 민족주의가 아닌 열린 보편주의를 염두에 둘 필요가 있다는 점을 강하게 환기시켜 주고 있다. 그런 보편주의와 개방적인 태도는 문화산업 콘텐츠의 세계화와 관련하여 매우 중요한 의미를 띤다.

셋째, 문화는 삶의 풍요와 행복을 추구하기 위한 핵심적 요소인 동시에 경제적 가치와 파급력이 큰 고부가가치 산업이기도 하다. 이런 점에 비추어 문화콘텐츠는 일자리 창출과 새로운 성장의 동력으로 활용될 수 있는 산업적 가치를 갖는다.

넷째, 문화산업 콘텐츠는 상호작용성과 융합성이 매우 강한 미래형 산업이라는 특성을 지닌다는 점이다. 새로운 콘텐츠가 생겨나면 기존의 콘텐츠들이 모두 없어지는 소멸의 모습이 아니라 과거의 콘텐츠에 새로운 콘텐츠가 거듭해서 더해지고 첨가되는 누가적(累積的) 모습을 보여 주거나 다른 콘텐츠의 장점과 형식을 빌려오는 상호작용성과 융합성을 보여 준다는 것이다. 가령 영화, 애니메이션, 게임에는 음악과 CG, 시나리오 등이 결합되어 있는 종합형 콘텐츠이다. 또 현재 유통 중인 에듀테인먼트 콘텐츠들에도 효율적인 교육과 학습을 목적으로 게임, 영화, 만화, 드라마 등 다양한 장르들을 통합하여 활용하고 있으며, 게임, e-book, 만화, 인터넷, 모바일 뱅킹, MP3, 카메라 등의 다양한 기능들이 추가되면서 콘텐츠들이 계속해서 증대하는 모바일 콘텐츠 역시 융합성이 강한 하이브리드형 산업콘텐츠라 할 수 있다. 이와 같이 미디어와 테크놀로지의 발전에 따라 앞으로 콘텐츠들의 간의 상호침투와 융합은 갈수록 가속화될 것이며, 문화산업을 선도해 나갈 것이다.

*"日 국민 63% 한국에 친밀감… 사상 최고", 『중앙일보』, 2009. 12. 12.

참고문헌 및 자료

김경식(2005). 『애니메이션과 스토리텔링』. 글누림.

박성식 외(2005) 『만화콘텐츠 비즈니스』. 한국콘텐츠진흥원.

백승국(2006). "광고콘텐츠의 스토리텔링 전략: 국순당 광고의 기호학적 분석". 『텍스트언어학』 제20집, 195–220쪽.

백영균(2005). 『에듀테인먼트의 이해와 활용』. 정일출판.

서대석(2008). 『우리 고전 캐릭터의 모든 것 1~3권』. 휴머니스트.

안성혜(2009). 『에듀테인먼트콘텐츠 기획』. 커뮤니케이션북스.

앤드루 호튼 지음, 주영상 옮김(2005). 『캐릭터 중심의 시나리오 쓰기』. 한나래.

오길주(2008). 『옛 이야기와 에듀테인먼트 콘텐츠』. 제이앤씨.

오쓰카 에이지 지음, 김성민 옮김(2005). 『캐릭터 소설 쓰는 법』. 한국출판마케팅연구소.

윌 아이스너 지음, 조성면 옮김(2005). 『그래픽 스토리텔링과 비주얼 내러티브』. 비즈앤비즈.

이상민 · 김우정 외(2008). 『만화콘텐츠와 스토리텔링』. 북코리아.

임은모(2001). 『모바일 콘텐츠 게임 개발론』. 진한M&B.

조성면(2007. 3). "마술적 테크놀로지가 선물한 추억의 영웅: 디지털 복원판 〈로보트 태권 브이〉 신드롬". 『플랫폼』 2호, 인천문화재단.

_____(2006. 12). "컴퓨터 게임 '삼국지'와 스토리텔링". 『대중서사연구』 제16호.

최혜실(2008). 『방송통신융합시대의 문화콘텐츠』. 나남.

하윤금(2004). 『모바일 콘텐츠 활성화 방안 연구』. 커뮤니케이션북스.

한국콘텐츠진흥원(2010). 『콘텐츠 산업동향 분석보고서』. 한국콘텐츠진흥원.

_____(2009). 『2008 한국캐릭터산업백서』. 한국콘텐츠진흥원.

한국방송학회 편(2005). 『디지털방송 미디어론』. 커뮤니케이션북스.

et뉴스 〈http://www.etnews.co.kr〉

세계일보 〈http://www.segye.com〉

중앙일보 〈http://www.joongang.co.kr〉

한국경제 〈http://www.hankyung.com〉

더 읽어 볼 거리

김형석(2002). 『영화콘텐츠 비즈니스』. 문지사.

사이먼 프리스 외 지음, 장호연 옮김(2005). 『케임브리지 대중음악의 이해』. 한나래.

영화진흥위원회(2006). 『영화콘텐츠 이용자 조사』. 영화진흥위원회.

유진희(2007). 『영화와 TV드라마를 위한 각색입문서』. 삼보.

이영미(2006). 『한국 대중가요사』. 민속원.

이효인(2000). 『우리에겐 영화밖에 없다』. 한국문화사.

정일서(2005). 『365일 팝음악사』. 돋을새김.

4장

문화콘텐츠 기획

이미정

The Planing of Culture Contents

．．．．．．．．．．．．．．．．．．．．．．．．．．．．．．．．

　문화콘텐츠의 콘셉트를 설계하기 위해서는 발상의 전환이 필요
하다.

　우리는 대개 다람쥐 쳇바퀴 돌 듯 매일 같은 장소에서 머물거나
비슷한 일상을 반복하는 경우가 많다. 이런 삶을 지속하다 보면 생
각이 '틀'에 박혀 진부해질 가능성이 커진다. 발상의 전환은 이제까
지와는 다른 눈으로 사물을 보고 다른 관점에서 생각하는 것을 뜻
한다. 이를 위해 예술가들은 여행을 가기도 하는데, 여행은 익숙하
던 것들로부터 벗어나 우리의 뇌와 감각을 자극하는 데 도움을 준
다. 감각이 깨어나면 평소와 다르게 생각하게 되는 발상의 전환이
쉽게 일어난다. 이러한 발상의 전환을 통해 창의적인 아이디어를
구할 수 있다.

　이 장에서는 문화콘텐츠 기획의 방법과 더불어 실질적으로 문화
콘텐츠를 제작하는 과정, 그리고 완성된 문화콘텐츠를 마케팅할 수
있는 전략에 대해 고찰해 보고자 한다.

1) 기획의 구성요소

(1) 기획의 개념

기획이란 어떤 목표를 정해서 그 목표에 도달하기 위해 행하는 '구상', '제안', '실천'의 모든 업무를 뜻한다. 즉 어떠한 사업(콘텐츠 비즈니스)을 수행하기 위해 필요한 사업과정에 대한 전체적인 조망을 기획이라 부른다. 기획을 위해서는 고도의 자료 가공 및 활용능력이 요구된다. 아래에서 제시하는 기획의 6W3H 원칙은 이러한 능력을 전제로 할 때 가능하다.

(2) 기획의 6W3H 원칙

기획에는 6W3H 원칙이 필요하다. 6W의 Why(목적)는 어떤 목적의 콘텐츠를 개발할 것인가를 결정하는 것이다. 즉, 온라인

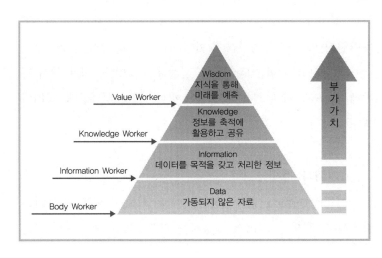

〈그림 4.1〉 자료 활용 피라미드

〈그림 4.2〉 6W3H

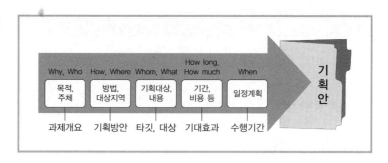

콘텐츠(on-line contents)로 만들 것인지 오프라인 콘텐츠(off line contents)로 만들 것인지 결정해야 한다. What(내용)은 무슨 내용을 만들 것인가를 결정하는 것으로, 창작소재와 아이디어를 통해 콘셉트를 결정하는 것이다. Whom(대상)은 어떤 대상을 타깃으로 만들 것인가 결정하는 것이다. 타깃을 결정할 때에는 틈새시장의 타깃을 선정하는 것이 유리하다. Who(주체)는 누가 제작에 투입될 것인가를 결정하는 것이고, When(시기)은 언제 콘텐츠를 유통시킬 것인가를 결정하는 것이다. Where(장소)는 각각의 내용들을 어디에서 제작할 것인가를 결정한다. 3H의 How(방법)는 어떤 장비와 기술을 이용하여 어떻게 만들 것인가를 결정하는 것이다. How much(비용)는 소요되는 비용이 구체적으로 얼마인지 예산을 측정하는 것이며, How long(기간)은 구체적인 각각의 내용에 대한 제작기간을 결정하는 것이다. 위와 같이 기획에서는 6W3H 원칙을 결정해야 한다. 이상의 내용을 정리하면 〈그림 4.2〉와 같다.

(3) 기획과 계획

영어의 'planning'에 해당하는 기획은 계획을 수립·실행하는 과정이다. 계획은 'plan'에 해당하는 것으로서 기획을 통해 산출되는 최종결과물을 말한다. 다시 말해서 기획이란 어떤 일을 추진함에 있어서 새로운 것을 제안하고 만들 때 이루어지며, 목표하는 바를 효율적으로 수행하기 위한 사전행동이다. 계획은 어떠한 일에 대한 구체적이고 세부적인 방침이나 단계를 세우는 것으로 기획보다는 좁은 의미의 사전행동이다. 기획은 창조성을 필수로 하며, 계획은 논리성을 필수로 한다. 그리고 이 두 가지 모두 체계적인 분석이 있어야 한다.

예) • 화장품 광고를 기획하고 제안서를 만든다.
　　 • 화장품 광고에 대한 아이디어 회의 일정 계획을 세운다.

2) 콘텐츠의 콘셉트 설계

(1) 콘셉트의 표현

콘셉트의 표현방법은 크게 두 가지로 설명할 수 있다. 첫째는 '치환법'으로, 사물의 의미나 이미지를 비유로 표현하는 방법이다. 예를 들어, 의학박사가 등장해서 제품에 대해 설명하는 요구르트의 광고의 경우 의학박사의 의미는 의학, 건강을 떠올리게 한다. 둘째는 '압축법'으로, 동일한 의미의 서로 다른 단어를 하나로 묶어서 표현하는 방법이다. 예를 들어, 매장 분위기에 대한 콘셉트라면, '복잡하지 않아야 한다'(simple), '단정해야 한다'(smart), '부드러운 인상을 주어야 한다'(smile)를 묶어 3S로 표현하는 것이다.

(2) 원천자료 수집

발상의 전환으로 얻어진 창의적 아이디어를 구체화하기 위해 원천자료를 수집해야 한다. 원천자료는 문화콘텐츠를 개발하기 위한 기초적이면서도 핵심적인 자료이다. 정보의 홍수라고 불릴 만큼 수많은 정보들 중에서 나에게 필요한 원천자료를 수집하는 일은 중요한 위치를 차지한다.

원천자료를 수집하는 방법에는 여러 가지가 있다. 이 책에서는 수집방법을 크게 오프라인을 통한 수집방법과 온라인을 통한 수집방법으로 구분한다. 우리 주변에서 찾아볼 수 있는 오프라인 수집방법에는 문헌조사와 현지조사가 있다. 문헌조사에는 참고자료, 신문기사 및 각종 잡지 기사 스크랩, 백과사전, 고문헌, 해외자료, 영상자료, 특수자료 등의 수집방법이 있다. 그리고 현지조사에는 인터뷰, 현장방문 조사 등이 해당된다. 그리고 온라인 수집방법에는 인터넷 검색, 이미지, 동영상, 사운드 등의 수집방법이 있다.

〈원천자료가 갖추어야 할 조건〉
• 원천자료의 정확성 : 원천자료는 정확한 내용인가?
• 원천자료의 일관성 : 문화콘텐츠의 기획 콘셉트와 자료가 일치하는가?
• 원천자료의 객관성 : 자료조사자의 주관적 의견이 아닌 객관성을 유지하고 있는가?
• 원천자료의 활용성 : 자료가 일목요연하게 정리가 잘되어서 이용하기에 편리한가?

① 문헌조사
문헌자료 조사는 해당 콘텐츠와 관련한 전문적인 서적을 중심으로 논문, 일반 도서 등을 찾거나 얻는 것을 말한다. 특히 기술된 구술자료를 포함하여 영상자료, 녹음자료 등은 현장조사가 불가능한 경우의 원천자료일 가능성이 높고, 원본 자료의 구

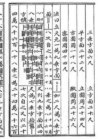

입이나 대여를 통한 원천자료의 확보가 어렵기 때문에 복사, 스캔, 캡처, 타이핑 등의 기술을 병행해서 자료를 구하도록 한다.

〈그림 4.3〉 문헌조사 사례

② 현지조사

현지조사는 특히 민속학, 인류학, 사회학 등에서 '필드워크'*로 불리는 가장 기초적인 조사를 말한다. 주로 전문가 인터뷰를 통해 해당 콘텐츠에 대한 정보를 구하기도 하고, 현장을 참여관찰 혹은 비참여 관찰을 통해 녹음이나 동영상으로 기록하는 작업이 진행된다.

〈표 4.1〉 원천자료 채취 과정

구 분	내 용
1. 인터넷 검색	검색 전문 포털 사이트, 해당 콘텐츠 관련 사이트 등
2. 관련 자료 소장처 물색	– 온라인 소장처 : 전문 사이트 공개자료, 관련 자료 색인 등 – 오프라인 소장처 : 관련 전문가, 전문 연구소, 대학 등
3. 자료 확보	구입, 대여, 복사 및 스캔 또는 캡처, 촬영 등
4. 관련 전문가 조사 및 탐방	사전조사, 현장조사 및 인터뷰 병행, 추가조사 등
5. 자료 분석 및 정리	원천자료 분석, 분류표 작성, 콘텐츠별 항목화 등
6. 자료 보완	추가조사, 심화조사, 확대조사 등
7. 원천자료 확정	최종 확정 후 구성단계로 이관

*필드워크(fied work)
현지조사, 실지조사라고도 불리며 사회현상이 일어나고 있는 현장에 가서 직접 관찰을 통해 현실성 있게 이해하는 사회조사 방법이다.

③ 온라인 자료수집

콘텐츠의 특성에 따라 인터넷 검색을 기본적으로 삼는 경우가 많다. 포털 검색 사이트로는 구글, 네이버, 다음, 야후, 엠파스 등이 주로 활용되고 있으나, 디지털 시대임을 감안하면 언제든지 새로운 검색 사이트가 등장할 수 있다.

3) 기획서 작성

(1) 성공한 기획서

좋은 기획서는 콘텐츠의 사용자에게 설득력 있는 내용을 갖춘 것이다. 그렇다면 기획자 역시 콘텐츠 소비자를 논리적으로 설득할 수 있는 능력이 필요하다. 상대를 설득하기 위해서는 소비자의 심리, 사회적 조건, 라이프스타일* 등 인간에 대한 이해가 필요하다. 이러한 인문학적 소양과 함께 기획자가 갖추어야 할 능력은 무엇일까? 그것은 매체와 콘텐츠 사업에 대한 이해이다. 매체에 대한 이해는 개발한 콘텐츠를 전달하는 가장 효율적인 매체수단과 매체들의 장·단점, 매체별 특성 등이 해당한다. 그리고 콘텐츠 비즈니스에 대한 이해는 개발하고자 하는 콘텐츠 OSMU 가능성, 경영 마인드 등을 말한다. 결국 좋은 기획자가 되기 위해서는 기획 단계의 지식만 요구되는 것이 아니라 제작과 마케팅 단계의 지식도 필요함을 알 수 있다.

(2) 문화콘텐츠 기획서

기획은 미래의 활동에 대한 어떠한 결정이라는 점에서 특정한 목표를 이루기 위하여 가장 좋은 방법이나 과정을 선택하는 것뿐만 아니라 목표를 고민하고 정하는 것까지도 포함한다. 기

*라이프스타일(life style)
개인이나 가족의 가치관 때문에 나타나는 다양한 생활양식, 행동양식, 사고양식 등 생활의 모든 측면의 문화적·심리적 차이를 전체적인 형태로 나타낸 말

구 분	내 용
1. 기획 도입부	표지, 머리말, 차례
2. 기획의 개요	콘셉트 지도
3. 기획의 의도	기획의 배경, 기획의 목적, 기획의 목표
4. 콘셉트	콘셉트 소개
5. 기획의 구상	구체적인 전체 방향, 각각의 구체적 방안, 대체 방안 리스트
6. 실행계획	스케줄, 예산, 스태프
7. 참고자료	권말 부록, 별책 부록

〈표 4.2〉 문화콘텐츠 기획서 양식

획서는 이러한 기획의 과정을 잘 드러내야 하며, 기획서를 보고 사업을 결정하는 사람(콘텐츠 사용자)에게 매력적으로 다가와야 한다. 기획서를 작성하는 기본 양식은 〈표 4.2〉와 같다.

문화콘텐츠 제작

1) 제작환경의 변화

(1) 디지털 문화콘텐츠

문화콘텐츠 제작환경 변화의 가장 큰 원인은 디지털 기술과 정보통신 기술의 발달이다. 디지털 기술이란 0과 1의 이진수의 조합으로 정보를 표현하는 것이다. 이것은 아날로그 기술의 한계를 극복하여 정보의 저장, 복제, 전송 등을 손쉽게 할 수 있다. 이러한 디지털 기술은 '디지털 혁명'이라고도 하며 사회 전반에 걸쳐 다양한 변화를 초래하고 있다. 또한 정보통신 기술의 발달로 인해 사회가 전산화, 정보화, 지식화를 거쳐 유비쿼터스(ubiquitous)*화되고 있다.

(2) 인류의 문화 저장방식의 변화

그렇다면 과거에는 인류가 문화를 어떻게 만들어 저장하였을까? 우리는 동굴의 벽화를 통해 그 해답을 찾을 수 있다. 세계에서 가장 오래된 벽화 중 하나인 알타미라 동굴 벽화는 동굴 벽이나 천장에 숯, 진흙 등을 사용하여 들소, 사슴, 멧돼지 등의 다양한 동물을 묘사하고 있다. 그 다음은 문자와 인쇄술의 발달이다. 문자를 통해 시간적·공간적 한계를 넘어서 문화를 전달할 수 있게 되었고, 인쇄술로 인해 문화를 대중적으로 확산할 수 있었다. 그 뒤를 이어 19세기와 20세기에는 축음기, 영화 등의 발명으로 인해 전자적 신호를 이용한 문화가 형성되기 시작하였다.

최근에는 다양한 디지털 기술의 융합현상이 나타나고 있다. 문자, 음성, 영상으로 구분되던 콘텐츠가 하나로 통합되는 것이 그것이다. 예를 들어, 인터넷으로도 TV를 볼 수 있는 IPTV와

〈표 4.3〉 정보 저장기술의 변화

구 분	내 용
1. 그림	인류의 정보저장과 전달의 욕구
2. 문자	정보와 지식을 손쉽게 저장, 시간적·공간적 한계를 넘어 전달 가능
3. 인쇄술	15세기 지식과 정보의 대중적 확산 예) 성경(바이블)의 대중화
4. 음향정보 저장	1877년 에디슨의 축음기
5. 빛(이미지) 저장	1837년 프랑스 화가 루이스 다게르(Louis Daguerre)가 발명
6. 영화 개발	1890년대 뤼미에르(Lumiere) 형제
7. 아이코노스코프 (iconoscope)	– 1932년 즈보리킨(Vladimir Zworykin)이 발명 – 빛을 전자적 신호로 바꾸어 전송하는 것이 가능
8. 유무선 통신을 통한 전자적 신호를 먼 거리까지 전송하는 기술 발명→TV	

*유비쿼터스(ubiquitous)
사용자가 네트워크나 컴퓨터를 의식하지 않고 장소에 상관없이 자유롭게 네트워크에 접속할 수 있는 정보통신 환경을 뜻하는 단어로, 라틴어 'ubique'를 어원으로 한다.

인터넷을 이용한 음성전화 서비스인 VoIP가 있다.

(3) 디지털 기술과 멀티미디어 콘텐츠

이처럼 디지털 기술은 콘텐츠 제작 시스템에 많은 변화를 가져왔다. 아날로그 방식에 의한 콘텐츠의 소모성(generation loss)이라는 한계를 극복할 수 있게 되었고, 콘텐츠를 다양한 목적으로 재생 또는 다시 가공하는 것이 가능해졌으며, 콘텐츠 제작과정에서 협력과 공유가 가능하여 다양한 형식의 콘텐츠 간에 손쉬운 결합이 가능해졌다. 멀티미디어 콘텐츠(multimedia content)는 단일 매체가 아닌 여러 매체들이 혼합된 콘텐츠를 의미하며 게임, 교육용 코스웨어, 영화(애니메이션 포함), 광고물, 방송 프로그램 등을 의미한다. 기존의 콘텐츠에 비해 멀티미디어 콘텐츠가 갖는 가장 큰 특징은 사용자와 시스템(컴퓨터 혹은 전달매체)과의 상호작용성(interactivity)이다. 즉 단순히 한쪽에서 제공하고, 사용자는 제공자의 의도대로 수동적으로 받는 형태가 아니라 사용자의 의도대로 정보가 재구성되는 특징을 가지는 것이다. 그리고 시공간적으로 제약이 덜하다는 것도 멀티미디어 콘텐츠 특징이다. 기존 콘텐츠와 멀티미디어 콘텐츠를 비교하면 〈표 4.4〉와 같다.

기존 콘텐츠	멀티미디어 콘텐츠
책, 신문 등의 전통적인 미디어로 제공되는 콘텐츠	총체적인 매체를 활용하여 재생산되는 내용물 전체
아날로그 / 단방향으로 제공	디지털 / 쌍방향으로 제공
콘텐츠의 생산자와 사용자가 명확히 구분	콘텐츠 사용자가 동시에 콘텐츠 제공자가 됨
시공간의 제약을 받음	시공간의 제약이 비교적 없음
콘텐츠 수정 비용이 큼	콘텐츠 수정이 쉽고 그 비용이 저렴함
순차적인 방법에 의해 정보 제공	정보의 습득 과정이 비순차적임

〈표 4.4〉 기존 콘텐츠와 멀티미디어 콘텐츠의 비교

디지털이 클레이 애니메이션을 풍성하게 하다

디지털 기술이 아날로그 감성이 가장 돋보이는 클레이 애니메이션 분야에도 깊숙이 침투하고 있다. 클레이 애니메이션은 찰흙(점토)으로 만든 캐릭터를 손으로 하나씩 움직여 만들기 때문에 노동집약적인 측면이 강한 분야다. 그런데 최근 들어 클레이 애니메이션 제작에도 첨단 디지털 기술이 속속 도입되면서 제작 공정이 단순화되고 활용 분야가 다양해지는 등 새로운 전기가 마련되고 있다.

◇ 디지털 카메라, 컴퓨터로 제작비 절감 = 과거 클레이 애니메이션은 필름 카메라로 한 컷씩 찍은 후 인화한 사진을 모아 편집하는 방식으로 제작했다. 중간에 컷을 확인할 수 없으니 직감에 의존해야 하고, 결함이 발견되면 처음부터 다시 작업해야 하는 경우도 다반사였다. 2001년 이후 디지털 카메라가 클레이 애니메이션 제작에 쓰이면서 컷을 실시간으로 확인할 수 있어 제작 시간이 단축됐다. 작업 즉시 컴퓨터로 전송할 수 있게 됨으로써 간단한 실수는 편집 도구로 수정·보완이 가능해졌다. 클레이 애니메이션 작가들은 "디지털 장비의 보급으로 제작 과정이 수월해지고, 인력 활용도가 높아져 기회비용이 절감됐다"고 입을 모은다.

◇ 3D와 결합, 효율성 다양성 창조 = 홍석화

에이치컬처테크놀로지 대표는 "클레이 애니메이션은 중량이 있는 피사체를 활용하기 때문에 중력의 영향을 받는 것이 한계"라며 "3D 등 디지털화로 이 한계를 극복할 수 있다"고 설명했다. 다이빙을 하거나 하늘을 나는 등 역동적인 장면을 표현하려면 고가의 장비를 갖추어야 하는 것은 물론이고 지지대를 뒷배경과 일치하게 만드는 등 까다로운 과정을 거쳐야 한다. 하지만 클레이로 제작한 피사체나 캐릭터를 컴퓨터에 저장한 후 3D 공정을 적용하면 충분히 다이내믹한 장면을 묘사할 수 있다. 이뿐만 아니라 미묘한 표정 변화, 군중 장면, 안개 등 특수효과 연출이 가능해져 표현 범위가 넓어진다. 클레이로 제작한 캐릭터를 디지털로 저장, 플래시로 제작하면 인터넷, DMB, IPTV 등 발달된 매체 환경에서 사용자와 상호작용하는 게임 제작도 가능하다.

◇ 디지털, 아날로그 감성 전달 수단 = 대다수 클레이 애니메이션 제작자들은 "디지털 작업 환경이 제작 공정상 편리함을 주지만 클레이 애니메이션의 본질을 바꿀 수는 없다"고 말한다. 국내 최초의 클레이 애니메이션으로 기록된 강태웅 감독의 〈흥부와 놀부〉가 40년의 시간이 지난 뒤에도 독특한 감동을 주는 이유는 인형 관절·마디를 하나하나 움직여서 만드는 동작의 섬세함과 독특함 때문이라는 게 이들의 설명이다. 제작자들은 "디지털 환경이 클레이 애니메이션의 가장 큰 장점인 아날로그적 감성을 극대화하는 수단으로 활용돼야 한다"고 강조했다.

－et뉴스, 2007. 2. 2

2) 컬처 테크놀로지

(1) 컬처 테크놀로지의 등장배경

컬처 테크놀로지(Culture Technology: CT)라는 개념은 2001년 8월 17일 8차 국민경제자문회의에서 차세대 성장산업의 하나로 채택되었다. 그 당시 IT, BT, NT, ST, ET의 5T*가 성장산업으로 잠정 결정되었으나 문화예술 분야에서 CT가 추가되어 차세대 성장사업으로 6T가 결정된 것이다. CT는 문화산업을 발전시키는 기술이다. 즉 콘텐츠의 기획, 제작, 가공, 유통 및 소비과정을 지원하는 기술이다. 이것은 이공학적인 기술뿐만이 아니라 인문사회학, 디자인, 예술 분야의 지식과 노하우들을 모두 포함한 복합적인 기술을 말한다.

(2) 인문학과 공학의 만남

CT는 문화의 학문 영역인 인문학과 기술의 학문 영역인 공학의 만남이라 할 수 있다. 인문학의 상상력을 공학이 현실화시킬 수 있고, 인문학적 감성이 더해진 기술에 소비자들은 더 쉽게 다가갈 수 있다. 이러한 학제적 접근은 국민들의 삶의 질을 향상시키는 중요한 수단이 될 수 있다. 그렇다면 문화와 기술이 만난 대표적인 사례에는 무엇이 있을까? 먼저, 문화원형사업은 인문학적 지식을 바탕으로 문화원형을 찾고, 기술로 문화원형을 복원하는 사업이다. 영화 〈왕의 남자〉의 시대적 배경이 되었던 조선시대 궁중 모습과 서민이 살아가던 저작거리, 드라마 〈대장금〉 속 다양한 궁중 음식, 광개토대왕의 일생을 그린 〈태왕사신기〉 등은 이러한 사업을 토해 얻어진 인문학적 자료를 바탕으로 기술적으로 재현한 사례이다.

*5T
- IT(Information technology) : 정보통신 공학
- BT(Bio technology) : 생명공학
- NT(Nano technology) : 나노기술 공학
- ST(Space technology) : 우주기술 공학
- ET(Environment technology) : 환경기술 공학

<그림 4.4> 문화원형을 활용한 사례. 왼쪽부터 〈왕의 남자〉, 〈대장금〉, 〈태왕사신기〉

음악과 기술이 융합한 사례도 있다. 프랑스 파리에서 1986년 과학기술과 현대음악을 조합하는 기술을 발전시키려는 목적으로 '퐁피두 센터'를 설립하여 운영하고 있다. 음악적 언어와 컴퓨터를 이용한 기술이 조화되어 30여 편의 작품을 매년 만들어 내며, 이러한 작품들은 무용, 설치 등을 통하여 공연되고, 아비뇽 연극제 등 다양한 페스티벌을 통해 발표되고 있다. 국내의 경우, 연세대 CT기술 연구소에서는 '지능형 음악분수 제작 시스템'을 개발하였다. 이는 음악분수의 제어 및 시뮬레이션을 위한 지능형 음악분수 제작 시스템으로 구성되어 있고, 물줄기뿐만 아니라 다양한 조명장치와도 연동하고, 나아가 사운드 분석뿐만 아니라 음악 작곡, 편곡을 도와주는 시스템 개발로도 응용이 가능하다.

(3) 창조성 경제의 성장동력 CT

인터넷이 활성화되고 정보기술(Information Technology: IT)이 발전하여 디지털 콘텐츠의 수요가 급증함에 따라, 문화기술은 앞으로 성장 가능성이 큰 고부가가치 산업으로 주목받고 있다. 그 일환으로 문화콘텐츠의 핵심 인력을 양성하기 위하여 2005년 한국과학기술원(KAIST)에 문화기술대학원이 설립되었고, 미국과

문화콘텐츠 기술(CT)이 무엇인가요?

CT(Culture Technology)라는 개념은 우리나라에서 처음 만들어졌다. 이 개념은 2001년 8월 국민의 정부 시절 '국가 핵심기술 6T'를 발표했는데, 그중에 CT가 포함되면서 세상의 빛을 보게 됐다. 한글로는 '문화산업기술'이 정확한 표기이다. 경우에 따라 '문화콘텐츠 기술', '문화기술' 등으로 불리기도 하지만, 최근에 문화산업기술로 부르고 있다. 문화산업기술(CT)이란 좁은 의미로는 문화산업을 발전시키는 데 필요한 기술을 말하며, 좀 더 넓게는 문화산업과 관련한 이공학적 기술뿐만 아니라 인문사회학, 디자인, 예술 분야의 지식과 노하우를 포함하는 복합적인 기술을 통칭한다. 좀 더 쉽게 말하면 문화산업기술이란 문화(culture)와 기술(technology)이 만나 새롭게 형성된 기술 분야라고 할 수 있다. 예를 들어 조지 루카스(George Walton Lucas Jr.)가 스타워즈 시리즈를 완결하면서 '왜 1편부터 찍지 않고 4편부터 찍었는지' 질문을 받고 '기술력 때문'이라고 답변했다. 4편을 찍을 당시엔 도저히 1, 2, 3편을 영상으로 그려낼 자신이 없었는데, 최근에 와서야 기술력이 뒷받침되면서 애초 구상을 영상으로 표현할 수 있었다고 말했다. 〈반지의 제왕〉도 마찬가지였는데, 이 작품은 오래 전부터 고전으로 읽혀 온 것이지만 많은 사람들이 영화로 만들려고 하다가 영상 표현에 한계를 느껴 중도에 포기를 했다고 한다. 그러다가 피터잭슨과 뉴질랜드의 기술진(WETA 디지털스튜디오) 이 작품에 도전해 "특수효과에 있어서 반지의 제왕 이전과 이후로 나눌 수 있다"는 극찬을 받았다. 이와 같이 기술이 중심을 이루는 문화콘텐츠는 매우 많다. 잘 알려져 있는 애니메이션 〈토이스토리〉, 〈슈렉〉, 〈몬스터주

식회사〉 등이 기술력을 바탕으로 만들어진 블록버스터들이다.

그렇다고 문화산업기술이 위에 든 예처럼 '문화콘텐츠를 제작하는 데 활용되는 기술만을 가리키는 것은 아니다. 최근에는 DRM(Digital Rights Management)와 같은 디지털 저작권 보호기술이라든지, 문화콘텐츠를 디지털상에서 유통하는 각종 압축 및 전송기술, 그리고 과금과 관련한 기술, 그리고 서비스 관련 기술 등 매우 다양하다. 그리고 인간의 오감을 기술적으로 재현하기 위한 '감성 및 재현 기술', 보다 효율적인 문화콘텐츠 기획과 시나리오 구성을 지원하는 '기획 및 시나리오 기술' 등도 문화산업기술의 하나로 볼 수 있다. 덧붙여서 우리 문화유산의 디지털 복원과 관련한 '문화유산기술', 장애인 및 문화 소외자에게 문화콘텐츠 향유 기회를 제공하기 위한 '문화복지기술' 등이 있다.

요컨대 문화산업기술은 문화와 기술이 만나 인간의 삶의 질을 향상시키고 문화예술의 발전을 촉진하는 기술이라고 볼 수 있다. 피터 드러커(Peter Ferdinand Drucker)가 예언했듯이 "21세기는 문화산업이 국가의 성패를 좌우할 것"이다. 그리고 각 국가의 문화산업은 그 국가가 가진 문화산업기술의 기술력에 크게 좌우될 것이다.

– 한국콘텐츠진흥원 게시판 글 참조

디지털 콘텐츠의 제작이나 저작권 보호 솔루션 등의 기술 개발을 지원하고 있다. 문화기술과 관련된 산업으로는 소프트웨어, 인터넷, 무선통신, 컴퓨터 분야는 물론 영화, 방송영상, 게임, 음악 분야의 콘텐츠, 패션, 완구, 공예, 스포츠 등의 생활문화, 시각예술, 공간예술, 공연예술 등의 예술산업, 문화유산 및 관광산업, 의료산업 및 복지산업 등으로 광범위하다.

〈그림 4.5〉 짐 데이토(Jim Dator). 세계 미래학회장, 하와이대학 교수

세계적인 미래학자 짐 데이토(Jim Dator)는 "경제의 주력 엔진이 '정보'에서 '이미지'로 넘어가고, 상상력과 창조성이 핵심 국가경쟁력이 된다"라고 했다. 미래의 성장동력은 상상력과 감성이 중시되는 '창조성 경제'의 기반으로서 문화기술과 문화콘텐츠 산업이 될 것이다.

3) 멀티미디어 콘텐츠 제작

(1) 멀티미디어 콘텐츠의 개념

멀티미디어(multimedia)는 멀티(multi)와 미디어(media)라는 두 단어의 합성어로서 멀티는 여러 가지라는 뜻이며, 미디어는 문자, 그림, 소리, 애니메이션, 동영상 등과 같이 정보를 표현하는 매체를 뜻하는 말이다. 즉, 멀티미디어 구성요소(문자, 그림, 소리 등)를 두 가지 이상 사용하고, 이를 디지털 방식으로 변환하여 콘텐츠 사용자에게 대화 형태로 제공하는 것이다.

멀티미디어 콘텐츠는 정보를 디지털화하여 정보기기로 생산, 유통, 소비되는 형태의 정보콘텐츠를 말한다. 정보통신망을 통해 쌍방향으로 송수신되는 형태의 정보콘텐츠에는 교육, 학습

등의 목적으로 제작된 멀티미디어, CD롬 타이틀, 영화, 만화, 광고물 등이 있다. 즉, 디지털화된 첨단 영상물, 멀티미디어 출판물, 전자게임과 온라인 혹은 인터넷 형태로 제공되는 서비스 내용물 등을 말한다. 기술적 측면으로만 보자면, 텍스트, 이미지, 사운드, 비디오(동영상), 애니메이션 등 멀티미디어 구성요소와 각 구성요소의 행위나 상호작용을 규정하는 제어 요소들의 결합된 형태라고 할 수 있다.

(2) 멀티미디어 콘텐츠 제작 인력

멀티미디어 콘텐츠의 제작을 위해서는 여러 분야에 걸쳐 다중적인 매체로 각 분야에서의 총체적인 지식과 기술, 치밀한 기획력과 예술적인 표현력 등 다양한 능력을 갖춘 전문가가 필요하다. 즉, 여러 분야의 전문가들이 협력하는 공동 작업이므로 전 과정을 통찰하여 이끌어갈 수 있는 영화의 감독 같은 지휘, 감독자로서 멀티미디어 전문가로서의 역할을 해야 하는 것이다.

멀티미디어 콘텐츠는 다양한 미디어 데이터 처리기술이 복합적으로 요구되고, 기술적인 부분, 예술적인 부분 그리고 내용에 관한 전문적인 지식이 있어야 한다. 이러한 각 요소 기술들을 분류하면 ① 관리 및 기획 전문가, ② 내용 전문가, 기술적인 부분은 담당할 ③ 저작·프로그램 전문가, 그리고 미디어 데이터를 제작할 수 있는 ④ 미디어 데이터 제작 전문가로 멀티미디어 콘텐츠 제작에 필요한 인력을 나눌 수 있다. 이를 정리하여 나타내면 〈표 4.5〉와 같다.

멀티미디어 콘텐츠 제작 인력	필요한 기술 및 능력
관리 및 기획 전문가	− 프로젝트 관리기술 − 타이틀 기획 설계 및 구성능력 − 순서도 및 스토리보드 작성기술 − 사용자에 대한 지식 − 진단 시 평가능력 − 통합(종합)기술
내용 전문가	− 콘텐츠 내용에 대한 전문지식 − 사용자에 관한 지식 − 상호작용 설계기술
저작 및 프로그램 전문가	− 하드웨어 시스템에 관한 기술 − 저작도구 활용능력 − 프로그램 및 스크립트 언어 활용능력
미디어 데이터 제작 전문가	− 그래픽 제작능력 − 비디오/오디오 능력

(3) 멀티미디어 콘텐츠 제작과정 단계

멀티미디어 콘텐츠는 여러 종류의 미디어 데이터가 각각 별도로 동작하는 것이 아니고 서로 보완적인 역할을 하여, 전체가 모인 것이 하나의 작품으로 완성된다. 따라서 저작은 미디어 데이터 간의 조화, 시간적·공간적 조화가 잘 이루어질 때 그 가치가 인정될 수 있다. 멀티미디어 콘텐츠 제작과정을 살펴보면 〈그림 4.6〉과 같다.

① 정의와 준비

첫 번째 단계는 준비 단계로서 타이틀 개발의 목적을 설정한다. 여기서는 사용자의 범위와 수준, 상호작용의 정도, 사용자 실행 환경, 개발 예산을 알아야 한다.

② 요구사항 분석

사용자의 요구(needs)나 가치를 유형의 결과물로 형상화하기

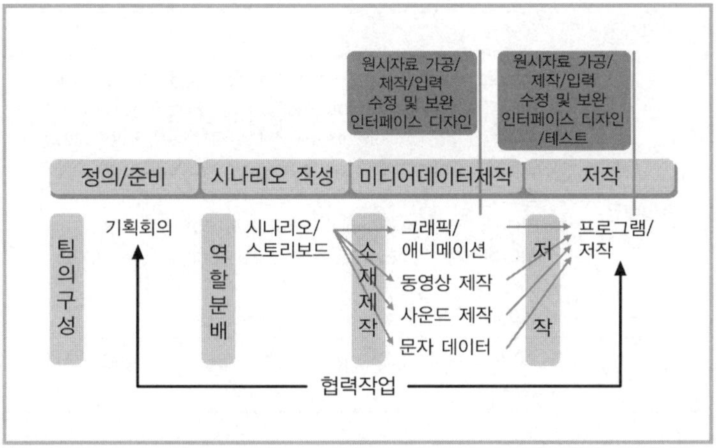

〈그림 4.6〉 멀티미디어 콘텐츠 제작과정

위한 단계이다. 고객의 요구와 목표의 분석을 통해 만들어 낼 결과물이 구체적으로 무엇인가를 결정하고, 브레인스토밍(brainstorming)*을 거쳐 나온 결과를 제작 기획서와 같은 문서의 형태로 정리한다. 실제로 저작물에 포함될 낱낱의 데이터를 정보로서의 가치를 지니도록 계획하고 조직하는 단계이다. 필요한 정보들을 일일이 나열해 보고 이들 간의 상호 유기적인 연관관계를 도표 형태의 순서도로 작성한다.

③ 스토리보드

스토리보드(storyboard)란 소설을 쓰거나 영화를 만들 때 전체적인 스토리를 그림으로 나타내는 것을 의미하는데, 멀티미디어 콘텐츠의 제작에서도 각각의 요소들이 어떤 역할을 하고, 그곳에 어떤 내용이 들어가며, 화면구성은 어떻게 할 것인지를 전체적으로 나타내는 데 사용한다. 이러한 스토리보드는 저작물을 구성하는 각 페이지의 주제, 페이지 간의 연결, 사용법, 화면구성 등을 나타내는 지표가 된다.

*브레인스토밍(brainstoming)
창의적인 아이디어를 생산하기 위한 학습도구이자 회의 기법으로, 세 명 이상의 사람들이 모여 하나의 주제에 대해 자유롭게 논의를 전개하는 과정

<표 4.6> 테스트 환경

출처 : 권기현 외(2001). 『21C 멀티미디어』. 사이텍미디어.

기본환경	저작자
미디어 자료 편집환경	– 텍스트 : Font Design, Font Grapher, 한글, Microsoft Word – 이미지 프로세싱 : Adobe Photoshop, PhotoStyler, BitEdit 등 – 이미지 컨버젼 : Conversion, Artist, Convert, Photoshop 등 – 오디오 : Cakeorks, Trax, WaveLab, WaveEdit, 윈도우즈 녹 　음기 등 – 비디오 : Adobe Premier, 미디어 플레이어 등 – 애니메이션 : MacroMedia Director, Soft Image, 3D Studio 　Max 등 – 데이터 관리 : Image Pals, Browselt 등
보조 시스템	스캐너, 디지털 카메라, 비디오 캡처보드, 미디 키보드, 사운드 카드 등

④ 미디어 데이터 제작

데이터 제작 단계로서 이미지 데이터의 색상이나 크기를 필요에 따라 조정하고, 이미지의 형식 및 압축 형태, 애니메이션 및 동영상의 초당 프레임 수, 텍스트의 내용, 음성 및 효과음 데이터 개발, 그리고 이런 데이터들의 화면 내 배치 등에 대하여 설계가 필요하다.

⑤ 프로토타입

사용자가 원하는 사항을 만족하고 있는가를 확인하는 과정이다. 본격적인 제작에 착수하기 전 제작기획 방향에 적합하게 제작되고 있는지 확인하여 정확성을 기하는 데 목적이 있다. 만일 프로토타입(prototype)이 고객이 원하는 요구사항을 충분히 만족시키지 못했을 경우에는 사용자의 의견을 청취(feedback)하여 적절히 수정해야 한다.

⑥ 테스트

모든 테스트는 사용자 환경에서 실시하여야 한다. 특히, 사용자는 개발자가 원하는 형태로만 행위를 하는 것이 아니기 때문에 개발자가 예측하지 못하는 오류가 있으므로 다양한 환경(표 4.6)에서 테스트를 해야 한다.

⑦ 저작

조작도구, 스크립트*, 프로그램 언어를 가지고 전체적인 내용을 완성하는 단계이다. 멀티미디어 데이터를 편집하고 통합하기 위한 소프트웨어 및 하드웨어가 필요하다.

⑧ 데이터 관리

재사용 가능한 데이터들을 오디오 및 그래픽 데이터로 보관한다. 그리고 프로젝트의 모든 과정을 문서화한다.

문화콘텐츠 마케팅

1) 문화콘텐츠 마케팅 개념

(1) 문화콘텐츠와 OSMU

문화콘텐츠는 대표적인 원 소스 멀티유즈(one source multi-use) 제품이다. 즉 하나의 콘텐츠가 제작되면 이와 관련된 여러 다른 상품들이 만들어질 수 있다. 또한 문화콘텐츠와 일반 제품 모두 신제품 생산 단계에서 많은 노력과 연구가 필요하지만, 일단 생산이 된 이후의 재생산 비용은 매우 큰 차이를 보인다. 예를 들

*스크립트(script)
컴퓨터 프로세서나 컴파일러가 아닌 다른 프로그램에 의해 번역되고 수행되는 명령문의 집합으로, 프로그래밍 언어가 아닌 언어로 작성한 짧은 프로그램이나 명령어를 뜻한다.

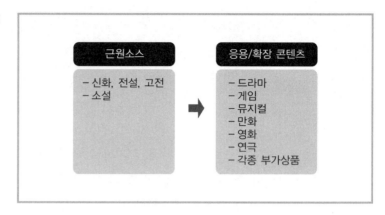

어 영화를 제작하는 비용은 많이 들지만 그것을 다른 영화필름으로 복사하거나 비디오, DVD 등으로 재생산할 경우의 비용은 매우 저렴하다. 경제 전문지 포브스(forbes)에 따르면, 2009년 6월~2010년 6월까지 3D 혁명을 부른 영화 〈아바타〉는 2억 1,000만 달러(한화 약 2,300억)을 벌었지만, DVD 판권으로만 3억 5,000만 달러(한화 약 4,200억 원)를 벌어들였다.

(2) 문화콘텐츠 마케팅 개념

마케팅에 대한 기본적인 개념은 기업이 적절한 소비자를 발견하고 올바른 방식으로 소비자에게 제품을 제공하며, 고객의 높은 만족도가 재구매로 이어지도록 하는 것이다. 문화콘텐츠 마케팅 역시 문화콘텐츠라는 상품을 고객에게 판매하기 위한 전략이다. 유럽인의 문화 트렌드와 마케팅을 연구하는 CCA 연구소장인 사회학자 베르나르 카델라(Bernard Cathelat)는 "문화콘텐츠 마케팅이란 콘텐츠 사용자를 만족시키는 기술이다"라고 정의했다. 다시 말해서 콘텐츠 사용자가 원하는 욕구를 만족시킬 수 있는 최적의 마케팅 도구를 활용하는 것이 문화콘텐츠 마케팅이다.

　기존의 마케팅이 제품에 대한 기능성과 실용성 그리고 서비스를 중심으로 전개되었던 반면, 문화콘텐츠 마케팅은 사용자의 흥미를 끊임없이 자극하는 가치 창조와 감각적 서비스가 작동되는 새로운 방법을 요구하고 있다. 시각 차원에서 그래픽 효과, 디자인 제품과 콘텐츠의 다른 제품들과 구별되는 속성을 요구하고 있는 것이다. 문화콘텐츠 마케팅에서 사용자들의 소비 유형을 파악하여 그들의 감각을 자극할 수 있는 전략은 매우 중요하다고 할 수 있다. 다시 말하면 문화콘텐츠는 다른 상품들과 다른 특성을 가지기 때문에 마케팅 전략을 세우는 것에도 일반 상품들과 차이가 있어야 한다.

(3) 영화 〈쥬라기 공원〉과 소나타 자동차

　영화 〈쥬라기 공원〉* 한 편이 소나타 150만 대 수출과 같은 이익을 만들어 냈다는 말을 많이 듣는다. 이것은 문화콘텐츠의 산업적 가치를 강조하기 위해 흔히 인용하는 말이다. 우리는 생각해 보아야 한다. 이것은 정말 맞는 말일까?

　〈쥬라기 공원〉은 당시 영화산업에서 가장 흥행에 성공한 작품이었다. 크게 성장하고 있는 한국 영화산업에서도 개봉작 10개 중에 2~3개 작품만이 흥행에 성공하는 것이 현실이다. 즉, 〈쥬라기 공원〉은 전 세계에서 상영되어 많은 이익을 만들었지만 그보다 훨씬 많은 작품들(〈쥬라기 공원〉이 아닌 다른 영화들)은 흥행에 실패해서 제작비조차 회수하지 못한 채 막대한 적자를 기록했다는 것이다.

　그렇다면 소나타의 경우는 어떠한가? 소나타는 자동차산업에서 잘 팔리는 자동차 중의 하나이다. 그러나 일반적으로 자동차

*쥬라기 공원(Jurassic Park)
1990년 출간된 마이클 크라이토의 공룡을 소재로 한 소설이자 소설을 원작으로 한 스티븐 스필버그 감독의 영화로 1993년 〈쥬라기 공원 1〉이 개봉한 이후 2009년 〈쥬라기 공원 4〉까지 시리즈로 제작되었다.

문화콘텐츠 산업의 특성

문화콘텐츠 산업은 타 산업과는 다른 고유의 특성을 가지고 있다. 제조업뿐만 아니라 일반 서비스업과도 다르다. 또한 제품 차원에서도 문화콘텐츠 상품은 타 상품과 다른 특성이 있고, 가치사슬상으로도 제작, 1차 유통, 2차 유통 등 각 단계별로도 고유의 특성을 가지고 있다.

또한 통신방송형, 극장형, 휴대형 등 문화콘텐츠 유형마다 제작이나 유통의 형태에 따라 그 특성이 다를 수 있다. 일례로 라이프사이클이 짧은 콘텐츠 산업은 주로 영화, 방송, 드라마, 애니메이션 등에 해당한다. 하지만 이들 산업 역시 세 번째 윈도(window; '창'이라는 뜻으로, 콘텐츠가 유통되는 창구를 의미함)까지를 감안하면 라이프사이클은 길어진다. 영화의 경우 장기간 재상영되고, TV 등에서 재방송되는 것을 포함한다면 20년이 넘어가는 것도 있다. 또한 성공한 작품을 기준으로 하느냐 그렇지 않느냐에 따라 그 기간이 달라질 것이다. 성장성에서도 디지털 콘텐츠는 성장성이 높고, 이미 성숙기에 도달한 서적 등은 저성장한다. 성장성, 지식 재산권이 중요한 산업, 구전효과, 프로젝트 제작 형태, 창구효과 등이 모두 콘텐츠 분야별로 특성 강도에 차이가 있다.

이와 같이 문화콘텐츠 산업 유형별로도 산업의 특성이 조금씩 다르기 때문에 각각의 문화콘텐츠마다 특성에 적합한 마케팅 전략이 필요하다.

– 출처 : 고정민(2007). 『문화콘텐츠 경영전략』. 커뮤니케이션북스

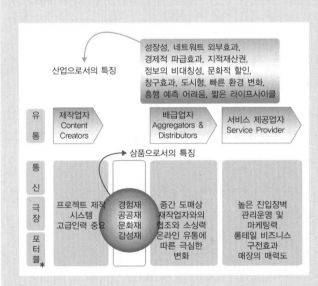

산업의 차종은 영화처럼 수익률에서 극과 극을 달리지는 않는다. 즉, 자동차의 차종은 실패할 가능성이 영화산업보다 크지 않기 때문에 소나타와 〈쥬라기 공원〉을 비교하는 것은 무리가 있

*포터블(portable)
들고 다닐 수 있는 휴대용 기구를 말한다. 라디오, 타이프라이터, 핸드폰, DMB 등이 이에 해당한다.

는 것이다.

(4) 문화콘텐츠 산업의 마케팅

영화산업은 매번 새로운 작품을 가지고 시장에 뛰어들어야 한다. 그러나 자동차산업은 한 차종이 성공하면 롱런할 수 있다. 영화사의 경우에 전에 만들었던 작품이 좋았다고 해서 그 이후에 만든 작품도 좋을 것이라는 보장을 할 수 없다. 따라서 〈쥬라기 공원〉처럼 흥행에 크게 성공한 작품들이 있지만 성공할 확률은 자동차산업에 비해서 크게 떨어진다. 반면 흥행에 성공하기만 하면 이익률은 자동차보다도 훨씬 높아질 수 있는 것이 영화콘텐츠이고, 문화콘텐츠이다.

영화산업처럼 흥행성이 강한 산업과 일반 자동차처럼 설비투자형 산업은 마케팅 전략에서도 차이가 날 수밖에 없다. 따라서 문화콘텐츠 마케팅은 문화콘텐츠 산업의 특성에 따라 달라져야 한다.

2) 문화콘텐츠 마케팅 과정

(1) 문화콘텐츠 마케팅이란

문화콘텐츠 마케팅은 콘텐츠가 기획되는 단계부터 혹은 완성된 뒤, 소비자에게 널리 알리거나 시장을 넓히기 위해 행하는 모든 활동들이다. 콘텐츠는 잘 만드는 것도 중요하지만, 잘 만든 콘텐츠를 효과적으로 알리고 판매하는 것도 매우 중요하다. 실제로 성공한 콘텐츠들을 자세히 살펴보면 거의 대부분이 마케팅 전략을 잘 활용하였음을 알 수 있다. 마케팅은 경영학만의 분야가 아니라, 대중의 관심과 사랑을 이끌어 내는 하나의 보편적인

〈표 4.7〉 문화콘텐츠 홍보와 마케팅 방법

구 분	내 용
1. 인터넷 홈페이지 활용	− 독특한 홈페이지를 개설하여 영화를 홍보함 − 엔터테인먼트적인 요소 가미 → 영화에 대한 관심 유도
2. 스타 마케팅	− 영화의 배우들이 대중매체에 나와서 직간접적으로 영화를 소개함
3. 길거리 광고	− 전단지, 포스터
4. 지하철 · 버스 광고	− 버스나 지하철 옆면을 영화의 포스터로 도배한 것
5. 입소문 마케팅	− 입에서 입으로 전해지는 방식(입소문 또는 구전, 버즈 마케팅) − 상대적으로 적은 비용으로 높은 효과를 기대할 수 있음
6. 토털 마케팅	− 인터넷, TV와 휴대폰 등 하루 종일 쉴 새 없이 제품에 노출되도록 하는 마케팅 예) 미국 블리자드 사의 WOW(world of warcraft)
7. 신비주의 마케팅	− 궁금증 유발, 남들이 하지 않는 독특한 일을 하는 것 등
8. 연속 · 시리즈 광고	− 연속으로 광고하여 사람들에게 강렬하게 인식되게 함 − 스토리가 이어지는 광고

전략이다. 문화콘텐츠를 홍보하기 위한 구체적인 마케팅 방법은 〈표 4.7〉과 같다.

(2) 문화콘텐츠 마케팅 전략

문화콘텐츠 산업 특성에 따른 마케팅 전략을 실행하기 위해서는 기존의 산업 환경과 소비자 행동을 분석하는 정량적 방법론에서 벗어나 다양한 분석모델 개발이 필요하다. 무한경쟁시대에 새로운 시장을 만들고 새로운 소비자를 늘리기 위해서는 시장의 환경과 소비자의 마음을 읽을 수 있는 분석방법론이 필요한 것이다. 따라서 문화콘텐츠 마케팅의 방법론은 다음과 같이 제시될 수 있다.

첫째, 문화콘텐츠 사용자의 라이프스타일을 중심으로 문화 트

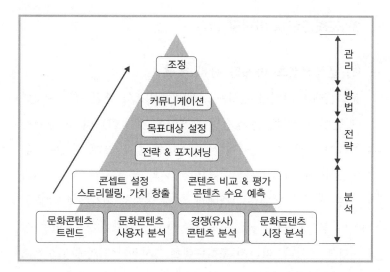

조정

커뮤니케이션

목표대상 설정

전략 & 포지셔닝

콘셉트 설정
스토리텔링, 가치 창출

콘텐츠 비교 & 평가
콘텐츠 수요 예측

문화콘텐츠
트렌드

문화콘텐츠
사용자 분석

경쟁(유사)
콘텐츠 분석

문화콘텐츠
시장 분석

관리

방법

전략

분석

렌드를 분석하고 진단해야 한다. 국가나 지역에 따라 각기 달리 형성되는 문화 트렌드에 대한 연구를 토대로 하여 창작소재 발굴과 마케팅 전략에 대한 포괄적인 정보를 수집하는 것이다.

둘째, 마케팅하고자 하는 문화콘텐츠와 비슷한 다른 콘텐츠의 분석이다. 이러한 유사 콘텐츠를 분석한 결과를 바탕으로 독창적이고 차별화된 콘텐츠를 제작하여 유통시킬 수 있다.

셋째, 문화콘텐츠 가치 창출에 대한 연구를 해야 한다. 즉, 문화콘텐츠가 콘텐츠 사용자에게 전달하고자 하는 가치가 무엇인지를 확실하게 파악할 수 있어야 한다.

넷째, 제작된 문화콘텐츠를 홍보하고 유통시키기 위한 커뮤니케이션 전략을 연구하는 것이다. 커뮤니케이션 전략 연구는 체험 마케팅, 감성 마케팅, 바이러스 마케팅 등을 중심으로 콘텐츠 홍보와 유통전략을 수행하는 것이다. 이와 같은 문화콘텐츠 마케팅 방법론은 〈그림 4.8〉과 같이 표현될 수 있다.

3) 문화콘텐츠 마케팅 관리

(1) 문화콘텐츠 마케팅 관리 배경

문화콘텐츠 마케팅 관리는 고객의 서비스와 관련된다. 1970년 대에 들어서 기업들은 상품만 마케팅할 것이 아니라 그 범위를 확장하여 서비스도 마케팅할 수 있다는 것을 알게 되었다. 즉, 서비스산업의 경영자들은 마케팅 이론과 실무를 활용하여 서비스 상품에 대한 정보를 고객에게 줄 수 있다고 생각하게 되었다. 이것이 경쟁자들의 상품과 자사의 상품을 차별화할 수 있는 접근이라고 보았다. 따라서 문화콘텐츠가 사용자에 의해 일회적으로 소비되는 것에서 끝나는 것이 아니라, 콘텐츠와 사용자 간의 지속적인 관계 유지를 위해 제공되는 콘텐츠 A/S와 같은 서비스를 문화콘텐츠 마케팅 관리라고 할 수 있다.

(2) 서비스 마케팅

서비스 마케팅은 무형의 서비스를 대상으로 하는 마케팅이다. 동일한 콘텐츠의 관리 서비스라 할지라도 서비스 제공자, 이용고객, 시간 등에 따라 서비스의 질이 다를 수 있으므로 이에 대한 표준화된 마케팅 전략이 필요하다. 기존의 소비재 마케팅 활동이 4P 마케팅 믹스를 사용했다면, 문화콘텐츠 마케팅 관리 활동은 서비스 마케팅으로서 〈표 4.8〉과 같이 3R 중심의 마케팅 믹스 전략을 활용할 것이다.

대표적인 문화콘텐츠인 영화콘텐츠를 예로 들어 보자. 영화는 보통 극장에서 티켓을 구입하여 소비하는 콘텐츠이다. 하지만 우리는 극장에서뿐만이 아니라 생활의 곳곳에서 그 영화에 대한 많은 정보들을 얻을 수 있다. 또한 영화콘텐츠는 손으로

구 분	내 용
고객유지 (retention)	– 기존 고객의 이탈을 방지하여 수익을 향상시키는 것
교차판매 (related selling)	– 교차판매는 고객과 유대관계를 지속적으로 늘리기 때문 에 고객유지율 향상을 꾀하는 효과가 있음
고객소개 (referral)	– 서비스에 만족한 고객이 이를 다른 고객에서 전달하는 효과 – 구전효과(word of mouth)

〈표 4.8〉 고객관계 구축을 위한 3R 전략

만질 수 없는 무형의 서비스이기 때문에 다른 문화콘텐츠(게임, 음악, 도서 등)와 제휴하여 제공되는 경우가 많다.

이것은 영화를 브랜드화시키는 것으로서 일회성 소비콘텐츠가 아닌 지속가능한 소비콘텐츠가 되도록 한다. 소비자가 특정 콘텐츠에 대해 갖는 호의적인 태도, 즉 콘텐츠를 반복하여 구매하고 다른 소비자의 구매도 촉진시키는 행위이다. 특히 영화는 마니아층이 아닌 이상에는 연인, 친구, 가족 등 가까운 지인들과 함께 즐기는 콘텐츠이기 때문에 재구매의 빈도가 높다. 영화음악이나 영화가 촬영되었던 장소 등은 다른 문화콘텐츠로 만들어지기도 한다. 이러한 제반의 과정들은 문화콘텐츠를 향유하는 소비자들의 만족을 극대화시키는 것이고, 또 만족이 극대화된 결과이기도 하다. 이것은 문화콘텐츠 자체가 가지고 있는 내용(이야기)을 확장시킨 것으로, 우리가 영화를 보고 영화 줄거리뿐만이 아니라, 영화와 관련된 모든 이야기에 관심을 가지는 것, 즉 스토리텔링 전략이다. 영화 〈왕의 남자〉를 보고 조선시대 연산군에 대해 궁금하다든지, 배우 이준기에 대한 검색을 해본다든지, 장생-공길의 손인형 장면에 등장한 손인형 세트에 관심을 가지는 등을 예로 들 수 있다.

창의적인 아이디어는 다른 문화콘텐츠와의 차별화를 가능하게 하고, 이러한 차별적인 경쟁력은 문화콘텐츠의 성공 요인이 된다.

문화콘텐츠는 이제 단순히 예술의 차원에 머무르지 않고 특정한 지역을 넘어서 세계를 대상으로 큰 영향력을 발휘하고 있다. 문화콘텐츠가 마케팅과 만나 예술로서의 기능과 경제적 자원의 기능을 동시에 수행하는 시대가 온 것이다. 문화콘텐츠가 소비자의 문화적 욕구와 필요를 채워 주고, 그 만족을 대가로 얻어지는 수익을 통해 더 좋은 문화콘텐츠를 재생산할 수 있게 된다. 이를 위해 문화콘텐츠 마케팅이 필요하다.

참고문헌 및 자료

MBC 〈http://www.imbc.com〉
et뉴스 〈http://www.etnews.co.kr〉
중앙 SUNDAY 〈http://sunday.joins.com〉
한국콘텐츠진흥원 〈http://www.kocca.kr〉

더 읽어 볼 거리

고정민(2007). 『문화콘텐츠 경영전략』, 커뮤니케이션북스.
김평수 외(2007). 『문화콘텐츠 사업론』, 커뮤니케이션북스.
이신모(2007). 『글로벌시장 문화경영』, 두양사.

5장

문화산업 현장

오장근

The Field of Culture Industry

···

문화산업(cultural industry)이라는 용어는 각 국가마다 조금씩 다르게 사용되고 있는데, 영국의 경우는 창조산업, 캐나다에서는 예술산업(art industry), 미국과 일본에서는 오락산업(entertainment industry)으로 불리고 있다. 반면 국내에서 사용되고 있는 문화산업의 정의는 〈문화산업진흥기본법〉 제2조 제1항에 의존한다. 이에 따르면 문화산업은 "문화상품의 개발, 제작, 생산, 유통, 소비 등과 이에 관련된 서비스를 행하는 산업"으로 정의된다. 결국 문화산업은 문화상품의 사회적 순환구조와 밀접하게 관계하면서 설명되어야 할 것이다.

이 장에서는 이러한 정의를 기반으로 문화산업 현장의 논의를 '문화산업 상품', '문화산업 기업', 그리고 '문화산업 클러스터' 등의 범주에서 전개하고자 한다. 이를 위해 여기에서는 문화산업과 관련된 다양한 용어와 더불어 한국의 문화산업 현황과 그 사례를 광범위하게 다루고자 한다.

1) 문화산업 상품의 특징

문화산업진흥기본법에 따르면 문화상품이란 문화적 요소가 체화되어 경제적 부가가치를 창출하는 유·무형의 재화(문화 관련 콘텐츠 및 디지털 문화콘텐츠를 포함한다)와 서비스 및 이들의 복합체를 말한다. 여기서 콘텐츠란 부호·문자·음성·음향 및 영상 등의 자료 또는 정보를 말하며, 디지털 콘텐츠란 부호·문자·음성·음향 및 영상 등의 자료 또는 정보로서 그 보존 및 이용에 효용을 높일 수 있도록 디지털 형태로 제작 또는 처리한 것을 말한다.

(1) 윈도 효과

윈도 효과(window effect)란 하나의 문화상품이 기술 변화를 거쳐 문화산업 영역 내부 혹은 다른 상품으로서 활용이 지속되면서 그 가치가 증대되는 효과를 말한다. 즉, 가치발현의 근본 요소인 물과 같은 오리지널리티(originality, 원천성)가 어떤 영역, 테두리, 고형적인 모습을 가지고 있지 않기 때문에 부분적인 기술 변화를 거쳐 그때그때 그릇에 맞게 전혀 다른 상품으로 만들어져 가치를 창출하고 수익을 극대화할 수 있는 것을 말한다.

(2) OSMU

2003년도 한국콘텐츠진흥원의 연차보고서에 의하면, OSMU (One Source Multi-Use)는 "우수한 기획을 통해 제작된 1차 콘텐츠를 시장에 성공시킨 후 재투자 및 라이선스를 통해 2차, 3차 콘텐츠로 발전시키는 전략"으로 정의되고 있다. 또한 『2003 대한민국게임백서』에서도 "하나의 소재를 게임, 애니메이션, 완구 등 여러 연관 산업에 적용하고 시기적절하게 상품을 출시하여 시너지 효과를 극대화하는 마케팅 전략"으로 정의되었다.

이러한 OSMU와 가깝게 통용되는 국제적 개념으로는 "한 기업의 상품이나 서비스를 특정 지역에서 판매하도록 하는 권리의 허용"으로 쓰이는 프랜차이즈(franchise)가 있다. 프랜차이즈는 상표권, 저작권으로 보호되는 지적재산권을 라이선싱(licensing)이라는 계약관계에 의해 상품화·서비스화하는 행위를 뜻하는 용어로 쓰이고 있다. 미국 엔터테인먼트 업계에서는 이들 1차 제작된 콘텐츠를 다른 형태의 콘텐츠로 제작하고 판매할 수 있는 권리의 임대 혹은 양도행위를 프랜차이즈 비즈니스의 핵심으로 이해하고 있다. 결국 통용어의 모호성은 있지만, 프랜차이즈와 개념적 정의가 같은 것으로 OSMU는 1차 콘텐츠를 기반으로 부가가치를 극대화하기 위해 다양한 영역으로 확장할 수 있는 수익형 비즈니스 마케팅 전략으로 정리할 수 있다.

요컨대, 1차 콘텐츠가 브랜드로 형성되어 확장되는 것이 OSMU의 전형이다. 이러한 사업 확장과 충성적인 소비층을 확보하기 위해서는 우선 1차 콘텐츠의 경쟁력이 있어야 하고, 지적재산권의 환경조성, PR과 마케팅 활동 등의 주변 요인들과도 조화롭게 맞물려야 한다. 그중에서도 가장 중요한 것은 물론 원 소스 콘텐츠가 문화, 가치, 재미를 이끌어낼 수 있도록 경쟁력을 갖추고 있어야 한다는 것이다. 그래야만 비로소 OSMU에 열광하며 부가가치를 극대화하고, 문화적·사회적인 함의를 얻으며 오랫동안 감성적으로 소통하고, 더 나아가 글로벌 콘텐츠로 거듭날 수 있기 때문이다.

따라서 OSMU에서 성공을 도출할 수 있는 1차 콘텐츠인 원소스 콘텐츠의 가치경쟁력이 최우선되어야 한다는 부분을 극명하게 인지할 수 있다. 이를 외면한 채 다양한 확장을 목표로 하고 정확한 콘텐츠의 분석 없이 1차 콘텐츠를 훼손해 가며 적용한다면, 수단과 가치가 전도되는 등 다양한 문제가 발생할 수 있다. 원 소스의 가치를 발굴한 후, 이를 활용해 성공을 도출할 수 있는 전략을 수립하여 재구성하고 각각의 세분화된 전략을 수립하여 목표집단에 맞도록 전개해야만 작은 성공이라도 이끌어 OSMU의 기반을 형성할 수 있다는 것을 명심해야 한다.

(3) OBMU

최근에는 하나의 문화콘텐츠를 게임, 출판, 음반, 영화, 애니메이션 등으로 동시에 발표함으로써 시너지 효과를 겨냥한 새로운 마케팅 전략인 OBMU(One Brand Multi-Use)가 각광받고 있다. 또 다른 이름으로 미디어 믹스 전략으로 불리기도 하는데, 그 성공사례로는 영화 〈매트릭스〉, 〈해리포터〉 등의 게임과 애니메이션의 동시발매가 있다.

(4) 시장의 특징

일반적으로 문화 소비는 문화 선진화의 차이에 따라 초기에는 소득의 감소, 정보의 부족, 시간활용의 노하우 부족 등으로 인해 대부분 많은 시간을 가정에서 취미생활을 하거나 TV를 보면서 소일하는 유형이 지배적이나, 점차적으로 늘어난 여유시간을 집 밖에서 적극적으로 활동하는 유형으로 바뀌게 된다. 그러면서 최종적으로는 여유시간의 증가를 지식과 소득의 향상을 위한 기회로 활용하는, 즉 자신을 위해 재투자하는 경우가 급속하게 확산해 가는 특성이 있다.

이는 곧 문화소비는 개인의 가치와 소득수준 및 소비 행태의 변화와 사회적 트렌드 등의 영향에 무척 민감한 감성적 요인, 그리고 개인이 속해 있는 국가적·조직적 문화의 차이가 주요 변수로 작용하고 있다고 할 수 있다.

(5) 문화적 가치의 체화

일반 상품과 달리 문화상품은 한 나라의 정서, 가치 등이 종합적으로 함축되어 있어 상품 소비가 단순히 양적인 시장 확대를 가져오는 효과와 함께 그 상품을 소비하는 사회 구성원의 정체성과 생활양식에도 커다란 영향을 미치게 된다.

가령 영화는 상업적인 측면에서 한 국가나 기업에 엄청난 부를 가져다 주기도 하지만, 수많은 관객의 문화향유를 충족시키는 매개체 역할을 하므로 좋지 않은 영화는 때로 사회적인 해악을 끼칠 수 있다. 뿐만 아니라 자국의 문화를 생산하기보다는 외국의 문화를 단순히 소비만 할 경우 이는 단순히 경제적인 차원을 넘어서 자국의 문화체계가 본질적으로 변질될 수 있는 결과를 초래할 수 있다.

(6) 기타 특징

기타 특징으로는 문화상품이 인터렉티브하다는 것이다. 예를 들어 게임의 경우 상품을 소비하고 있는 사용자에 의해 제어가 가능하기 때문에 인터렉티브하다고 할 수 있다. 또한 방송·영화상품의 경우에는 점차 무형화되고 있다는 특성이 있다. 종전까지 대부분의 문화상품이 비디오테이프, CD 등의 매체 형태로 소비되었다면, 이제는 디지털 기술의 도움으로 매체보다는 지적 재산권을 수반하는 내용물인 콘텐츠가 중요시되고 소비의 중심을 이루고 있다. 그러나 디지털로 전환된 콘텐츠 상품은 질적인 손상 없이 무한대로 복제되어 유통될 수 있기 때문에 그 거래를 정확히 추적하기가 매우 어렵고, 따라서 경제적 분석이 어렵다는 단점도 가지고 있다.

2) 문화산업 상품 사례

(1) 한국형 블록버스터

블록버스터(blockbuster)란 제2차 세계대전 당시, 큰 위력을 지닌 영국군의 폭탄 이름에서 유래된 말로, 많은 돈을 들여 제작한 액션 영화나 SF영화(공상과학을 주제로 한 영화) 등을 지칭하는 말이다.

할리우드는 이미 블록버스터 영화들을 주요 성수기마다 제작해 세계적으로 많은 관객을 동원해 왔고, 그것은 세계 시장에서 할리우드 영화의 영향력을 키우는 데 큰 기여를 했다. 그리고 현재는 블록버스터 영화가 아닌 작품이 흥행에서 성공을 거두는 것이 거의 힘들어졌다 해도 과언이 아닐 정도로, 블록버스터 영화가 차지하는 비중이 커져 있다.

1996년 강제규 감독의 〈은행나무 침대〉는 몰핑 기법*을 이용한 특수효과로 관객의 시선을 일시에 사로잡으며 흥행에 성공하였다. 몰핑 기법은 〈구미호〉에서 한 차례 사용되긴 했지만, 당시 한국 영화에서 시도하기에는 결코 쉽지 않은 작업이었다. 비록 영화 자체의 스케일은 크지 않았지만, 특수효과와 서사적 스토리를 잘 결합시킨 상업영화**라는 점에서 〈은행나무 침대〉는 한국형 블록버스터의 시발점이라고 할 수 있다.

*몰핑 기법
어떤 사람이나 사물의 모습을 전혀 다른 모습으로 변형시키는 기법

**상업영화
영화의 예술성보다는 이윤 확보를 1차적 목표로 하여 제작된 영화의 유형으로, 대중의 관심과 지지를 무엇보다도 우선시한다. 최초의 상업영화로는 뤼미에르 형제의 〈열차의 도착〉이 일컬어진다.

〈그림 5.1〉 왼쪽부터 〈은행나무 침대〉, 〈쉬리〉, 〈친구〉, 〈실미도〉

1999년 설 연휴에 개봉한 강제규 감독의 〈쉬리〉는 한국형 블록버스터의 가능성을 보여 주었다. 27억 원의 제작비가 투입된 〈쉬리〉는 할리우드의 테러영화의 공식에 남북 분단이라는 한국적 특수성을 결합시키고, 연인에서 적으로 마주치는 비극적 연인의 이야기를 멜로의 요소로 첨가하였다. 〈쉬리〉의 액션 장면 연출은 다른 할리우드 블록버스터 영화의 장면에서 많이 인용한 흔적이 엿보인다. 그러나 강제규 감독은 각 액션 장면의 리듬을 다르게 가면서 관객에게 지루함을 안겨 주지 않았고, 영화 시나리오에도 상당한 공을 들여서 관객의 감정을 절정으로 이끌어 냈다. 〈쉬리〉는 서울 244만 명, 전국 620만 명이라는 경이적인 흥행을 달성하며, 1998년 개봉한 〈타이타닉〉이 가지고 있던 모든 흥행기록을 갱신했고, 이것은 한국형 블록버스터가 할리우드 블록버스터에 대항할 수 있다는 가능성을 보여 준 결과가 되었다. 이후 한국형 블록버스터 영화들이 쏟아지기 시작한다.

2001년 3월에 개봉한 곽경택 감독의 〈친구〉는 〈쉬리〉와 〈공동경비구역 JSA〉가 가진 모든 흥행기록들을 다시 새로이 갱신해 낸다. 서울 258만 명에 전국 818만 명. 〈친구〉의 성공 이후 조폭 영화가 하나의 시류를 타게 되고, 그해 9월 〈조폭 마누라〉

가 전국 500만의 흥행 성공을 거두며, 2001년 가을부터 2002년 초까지 조폭 코미디 영화가 할리우드 블록버스터와 시장을 양분하게 된다.

2003년 12월에 개봉한 강우석 감독의 〈실미도〉와 2004년 2월에 개봉한 강제규 감독의 〈태극기 휘날리며〉는 한국형 블록버스터의 새로운 역사를 쓴 영화들이다. 이 두 영화는 잘 만든 시나리오라기보다, 관객의 감정에 호소하는 시나리오와 그에 어울리는 규모로 블록버스터 영화의 성공시대를 열었다. 두 영화는 블록버스터가 성공을 거두기 위해서 필요한 것이 무엇인지를 보여 준다.

두 영화의 흥행 성공은 먼저 개봉 전부터 제작과정과 영화의 내용 등을 사회적인 이슈로 부각시켜 자연스럽게 관객의 흥미를 유발시켰고, 감정선을 자극하는 시나리오와 배우들의 앙상블 연기로 완성도도 어느 정도 확보한 것에 기인했다. 그러나 의도된 촌스러움으로 관객의 누선을 자극하는 〈실미도〉는 블록버스터 영화의 공식에서 한 발 비껴나 있는 반면, 〈태극기 휘날리며〉는 화려한 카메라 테크닉과 화끈한 물량공세로 정통 블록버스터에 가까이 가 있다.

이 두 영화는 한국 영화계에 전국 관객 편당 1,000만 명 시대를 열었다. 관객 1,000만 명이라는 것은 단순한 수치를 넘어서, 〈쉬리〉가 500만 명을 넘어서고, 전국 500만을 넘어가는 영화가 쏟아졌듯이, 영화 시장의 크기가 확장되는 부수적 효과를 가지고 올 수 있는 상징적 수치이다. 그리고 확실한 것은 〈쉬리〉의 성공 이후 그랬듯이, 이 두 영화의 성공에 자극받은 블록버스터 영화들이 다시 기획되고 만들어질 것이라는 점이다. 하지만 현재까지 드러난 한국 블록버스터 영화의 최대 문제점들인 시나리오나 배우의 연기들과 같은 영화적 기본기를 등한시한다면, 한국 블록버스터 영화들은 앞으로도 실패를 거듭할 것이다. 물론 특수효과와 볼거리도 충족시켜야 하지만, 앞으로 제작될 영화들은 그에 앞서 영화의 기본을 잊어서는 안 될 것이다.

(2) 해외 영화제 수상작들, '감독을 중심으로'

해외 영화제에서 수상한 작품들은 예전에는 한국색이 강한 작품들이 주된 것들이다. 해외에서 인정받는 감독 중 하나인 임권택 감독의 해외 영화제 수상작들 〈씨받이〉, 〈취화선〉, 〈서편제〉 등의 작품들은 모두 한국적인 미와 정서를 스크린에 옮긴 걸출한 작품들이다. 외국인들이 한국에 관심을 가지는 이유 중 하나는 바로 동양적인 신비로움 때문일 것이다. 한국의 산이 지닌 아름다움과 미학에 감탄하고 한이 섞인 소리에 열광하는 것은 동양적인 것을 바탕으로 한 과거로의 회귀현상과도 맞물려 있다고도 볼 수 있다. 여타 해외에서 상을 받은 다른 나라 영화들의 특징이 자국의 문화를 바탕으로 만든 영화가 대부분임을 생각하면 임권택 감독의 작품은 그들의 입맛에 더할 나위 없이 맞는 작품이 아닐 수 없다.

〈오아시스〉는 이창동 전(前) 장관이 만든 영화이고, 〈올드보이〉는 박찬욱 감독이 만든 영화이다. 임권택 감독과 차별화되는 부분은 시대적 배경이다. 임권택 감독이 주로 조선시대 같은 예전 시대를 배경으로 영화를 만들었다면, 이창동 감독은 주로 현대를 배경으로 한국을 알린 감독이다. 이창동 감독의 대표적인 영화인 〈박하사탕〉의 경우는 암울했던 시대상황(박정희 정권과 5공 시대)을 주인공(설경구)이 겪어 가며 변해가는 과정을 통해 한국 현대사를 재조명하였다는 점에서 차별된다. 〈오아시스〉의 경우에도 주인공(설경구)은 한마디로 사회에서 소외받는 인물이고 다른 여주인공인 뇌성마비 장애자 공주(문소리) 역시도 사회에서 소외받는 인물이다. 이들의 사랑을 통해서 우리 사회의 어두운 부분과 그 안의 소박한 행복을 그려냈다는 것이 임권택 감독과는 비교되는 부분이다.

그리고 박찬욱 감독의 경우는 위의 두 감독과는 또 전혀 다른 작품으로 해외 영화제에서 상을 받았다는 점에서 주목할 만하다. 박찬욱 감독은 영화 〈올드보이〉로 큰 상을 수상하였는데 이 작품은 위에 언급했던 작품과는 다르게, 사회적인 문제나 한국적인 것을 부각시키지 않고 오직 '복수'라는 주제 하나로 이야기를 풀어나가서 많은 해외 관객들과 심사위원들을 열광시켰다는 점에서 차별된다.

마지막으로 김기덕 감독의 경우는 좀 특이하다. 김기덕 감독이 해외에서 주목받을 수 있었던 이유 중 가장 큰 하나는 '잔인함'이다. 그의 영화들은 대부분 잔인함을 내포하고 있기 때문에 해외에서 주목했다는 것은 외국의 유명 평론가도 인정한 부분이며, 해외 영화제에서 그를 초청한 이유 중 하나가 그만의 '잔인함'과 '독특함', 그리고 무수한 '폭력성' 때문이었다는 것은 인정하지 않을 수 없는 대목이다. 그의 영화 대부분에서 여성이란 존재는 단지 '섹스 도구' 그 이상이 아닌 것처럼 묘사된다. 그리고 그 여성들에게 가해지는 폭력성과 잔인함이 결정적으로 방황하는 주인공들(주로 남자들)의 모습에서 가학과 폭력을 통하여 인물들의 심리를 묘사했다는 점이 주목받게 된 결정적인 이유이다. 요즘 나온 김기덕 감독의 2004년 영화 〈빈집〉이나 2003년 작품인 〈봄 여름 가을 겨울 그리고 봄〉의 경우는 기존의 김기덕 감독의 이미지를 뒤엎을 만한 작품이긴 했으나, 솔직히 기존의 영화들은 대부분 공통된 방법을 사용했다.

정리하자면 임권택·이창동 감독은 한국적인 시각에서 영화를 만들었기에 주목받았던 감독이고, 박찬욱·김기덕 감독은 한국적인 것을 탈피하여 누구나(세계가) 공감하는 영화를 만들었기에 한국 영화의 수준을 다른 시각으로 올린 감독들이라고 할 수 있겠다.

(3) 신개념 사극의 성공 〈대장금〉, 〈다모〉

기존의 사극이 왕을 주인공으로 하는 역사와 정치가 위주였다면, 신개념 사극은 민중 혹은 하층민을 주인공으로 한다는 점에서 '신개념'의 차이가 있으며, 퓨전사극*이라고도 불린다. 간혹 〈임꺽정〉이나 〈대망〉 같은 드라마가 있기는 했지만 〈대장금〉이나 〈다모〉와 같이 왕이 엑스트라 급으로 밀려난 사극은 없었다.

두 드라마 모두 여성에게 가혹했던 조선시대, 우리의 관심과는 거리가 먼 수랏간 나인, 의녀, 다모 등 주체적인 직업여성을 발굴해 냈다는 점에서 가장 큰 의의를 가진다. 우리는 〈다모〉와 〈대장금〉을 통해 그동안 볼 수 없었던 조선시대의 생활상을 만날 수 있었다. 〈다모〉를 통해 조선시대 형법이나 수사관들을 볼 수 있었고, 사주전이 전국 규모로 유통 가능할 정도로 조선시대 상업이 번창했다는 것을 알았으며, 이를 통해 백성들의 삶이 활기찼음을 알 수 있었다. 〈대장금〉을 통해서는 수랏간이란 궁중의 새로운 모습을 엿볼 수 있었고, 그 당시 공무원이라 할 수 있는 궁녀들의 삶과 궁중음식에 대해 알게 되었다.

두 드라마는 역사적 고증을 통한 드라마의 소재 발굴과 톱스타의 기용, 스토리, 홍보 등이 네 박자가 잘 어우러져 국내뿐만 아니라 해외에서도 '한류'를 만들어 낸 것이다.

*퓨전사극

퓨전(fusion)이란 원래 '융합', '융해'라는 뜻을 가진 영어 단어로 문화 영역에서는 사물이나 생각 등 서로 상충되는 두 가지 또는 그 이상의 요소가 섞여 전혀 다른 무언가를 만들어 낸다는 의미이다. 이런 퓨전 현상이 음악, 패션, 건축을 넘어 드라마의 영역에까지 확장되었는데, 그 특징적 현상이 퓨전사극이다. 퓨전사극은 정통사극과 분명히 구별되지만 그 변주로서, 정통사극이 한 장르로서 구축해 놓은 형식은 그대로 가져가고 사극을 좀 더 재미있고 편하게 볼 수 있도록 '허구와 상상을 접목시킨 사극'으로 정의될 수 있다. 내용적 특징으로는 정통사극이 거시사적 영웅 중심의 스토리를 전개한다면, 퓨전사극은 미시사적이고 보통 사람들의 삶과 가까운 소재를 선택하며, 전복적인 이데올로기를 재현한다.

〈그림 5.2〉 왼쪽부터 사극 드라마 〈대장금〉, 〈다모〉

(4) 한국형 블록버스터 애니메이션 〈원더풀데이즈〉

제작기간 7년, 제작비 126억 원, 한국 애니메이션 영화 사상 최대의 규모(블록버스터)라는 꼬리표와 함께 오랜 시간, 무성한 소문과 기대에 싸여 있던 〈원더풀데이즈〉는 전국동원 관객수 약 25만 명으로 기존 애니메이션 영화에 비해 비교적 좋은 성적을 거뒀다. 그러나 마케팅 비용을 포함해 100억 원을 호가하는 〈원더풀데이즈〉의 제작규모를 감안하면, 결과적으로 결코 좋은 성적이라고는 하기 어렵다. 〈원더풀데이즈〉는 시사회에서 87분짜리 전편이 공개된 순간부터 끊임없이 각종 언론매체와 관객들 사이에 회자됐고, 영화 관련 인터넷 게시판에서 찬반 양론을 불러일으키기도 했다.

우선 말이 많았던 제작규모에 대해서 알아보면 작품 자체의 완성도나 재미를 논외로 한다 하더라도, 100억 원이라는 투자규모는 애니메이션보다 관객 동원력이 월등한 실사 영화라도, 관객 수만을 따질 때 전국 400~500만 명이 손익분기점임을 감안하면 위험부담이 큰 것이 사실이다. 최초 〈원더풀데이즈〉의 예산은 30억 전후였으나, 새로운 제작기법 자체와 시행착오는 비용 상승으로 이어졌고 제작비는 40억 원, 삼성벤처투자가 투자를 결정하고 실제제작에 들어간 2000년에는 60억 원대로 불어났다.

〈그림 5.3〉 한국형 첫 블록
버스터 애니메이션 〈원더풀
데이즈〉

기법의 실험도 일조했지만, 결국 〈원더풀데이
즈〉의 제작비를 끌어올린 핵심은 제작기간과 제작
인력의 규모라고 할 수 있다. 또한 완성된 시나리
오부터 그에 따른 콘티, 레이아웃 등 애니메이션
제작(파이브라인)을 순차적으로 가동하지 못하는 상
황은 제작기간에도 영향을 비쳐 "메인프로덕션도
하고 프리프로덕션도 하고 정신없이 달려야 했다"
는 김문생 감독의 말에서 창작 애니메이션의 현실
을 알 수 있었다. 〈원더풀데이즈〉의 시나리오는
감독이 직접 쓴 것만 수십이고, 국내는 물론 미국
까지 여러 작가의 손을 거치면서 제작 막바지인
2002년까지 끊임없는 수정과 보완 작업으로 시나리오 작업만 10
억 이상이 투자됐다. 그러나 결국 만족할 만한 시나리오는 얻지
못했고, 세련된 이미지의 향연에 비해 인물 간의 갈등이나 감정
을 드러내는 묘사가 부족하고 엉성하다는 평을 들었다.

시각적인 이미지와 스펙터클은 일진보한 반면 이야기의 짜임
새가 성기다는 평이 대세를 이루는 가운데 한국형 첫 블록버스
터 애니메이션 〈원더풀데이즈〉가 남긴 성과와 과제는 향후 애
니메이션작품이 나가야 할 방향을 제시해 주고 있다.

(5) 드라마음악, 한 마디 대사보다 낫다

20년 만에 만난 첫사랑 선희(최진실)와 재빈(정준호)이 애틋한
만남을 갖는다. 비록 아줌마가 돼버린 선희와 톱스타가 된 재빈
의 만남이지만 청춘시절의 아름다운 사랑의 감정은 아직도 남아
있다. 힘겨운 사랑에 힘들어하는 두 사람의 모습이 카메라 앵글
에 꽉 찰 때면 어김없이 이은미의 '애인 있어요' 멜로디가 흘러

나온다.

MBC 주말특별기획 〈내 생애 마지막 스캔들〉은 코믹과 멜로를 오간다. 그중에서도 최진실과 정준호의 멜로 라인이 살아날 때 로맨스 발라드 '애인 있어요' 노래가 배경음악으로 사용된다. '애인 있어요'는 사랑하지만 마음을 표현할 수 없는 한 여자의 사연을 담은 노래이기 때문에 감정을 숨겨야 하는 선희와 재빈의 상황과 잘 맞아떨어지며 극의 감성을 높여 주고 있다. 직접 연기하는 최진실 역시 노래와 영상의 절묘한 조화에 박수를 보내고 있다. 이처럼 드라마 속 사용되는 음악(original sound track: OST)은 극의 집중도를 높이고 상황 설명을 높여 준다. 한 마디의 대사보다 감성적인 멜로디가 극을 이해하는 데 더 많은 도움을 주기도 한다.

SBS 수목드라마 〈온에어〉의 인기 요소에도 인기 배경음악이 있다. FT아일랜드의 '한 가지 말'은 김하늘, 이범수, 박용하, 송윤아 등 네 사람의 러브라인에 잘 맞아떨어지며 생동감을 부여한다. 특히 마지막 엔딩에서 출연자들의 얼굴이 클로즈업되면서 호소력 짙은 이홍기의 음색이 어우러지며 다음 회의 궁금증을 유발한다.

MBC 월화드라마 〈이산〉에는 장윤정의 목소리가 송연(한지민)의 절절한 상황을 대변한다. 장윤정은 〈이산〉 OST 수록곡 '약속'을 불렀다. '약속'은 송연의 메인 테마곡처럼 사용됐다. 장윤정은 트로트의 꺾기 창법을 버리고 발라드의 느낌을 더욱 살렸다. 장윤정의 간드러지면서도 호소력 짙은 보컬은 송연의 상황과 어울려 극의 흡인력을 높인다.

또한 KBS 2TV 〈쾌도 홍길동〉에서는 드라마보다 더 인기를 끈 테마곡이 있었다. 바로 성유리와 강지환의 러브라인에 사용된 소녀시대 태연의 솔로곡 '만약에'였다. 두 사람의 애절한 사랑이 '만약에'의 잔잔한 멜로디와 어울리며 '만약에'와 〈쾌도 홍길동〉은 많은 인기를 누렸다.

이제 배경음악은 드라마에서 없어서는 안 될 필수요소가 됐다. 드라마의 극 전개와 캐릭터 제시, 흐름을 이어가는 데 가장 중요한 역할을 하기 때문이다. 하지만 배경음악이 지나치게 삽입되거나 마케팅 수단으로 사용되는 것은 지양해야 할 것이다. 아무리 좋은 음악이라도 드라마의 적재적소에서 사용될 때 음악과 드라마가 윈윈할 수 있을 것이다.

〈그림 5.4〉 OSMU의 대표적 성공사례 〈메이플스토리〉

(6) 게임+캐릭터+모바일+만화 〈메이플스토리〉

〈메이플스토리〉의 성적표는 화려하다. 국내 회원수 1,800만, 대한민국 국민 세 명 중 한 명꼴로 즐기는 국민 게임, 국내 온라인 게임 중 유일하게 5년간 최고 동시접속자수 20만 이상 유지, 아시아·북미·유럽 등 전 세계 60개국 진출, 8,500만 회원에게 서비스, 700종이 넘는 캐릭터 상품 인기, 애니메이션과 카드게임, 만화도 좋은 반응을 얻은 것으로 보고되고 있다. 〈메이플스토리〉는 OSMU의 새로운 사례로 손꼽히고 있다.

(7) 콘서트 성공사례 '이승환, 김장훈'

'이승환', '김장훈', 'DJ DOC' 하면 연상되는 단어는 무엇일까? 바로 콘서트이다. 이 세 가수들의 콘서트는 다녀온 사람들에 의하면 비용이 아깝지 않다고들 말한다. 그 이유는 무엇일까?

가수 이승환이 드림팩토리 안에 공연 전문기획사를 설립했

〈그림 5.5〉 왼쪽부터 이승
환, 김장훈 콘서트 포스터

다. 국내 최고들이 모였다. 국내 공연업계의 드림팀이라고 해도
과언이 아니다. 국내의 굵직굵직한 공연의 80% 이상이 이 사람
들에 의해 이루어진다. 2004 월드컵 행사 때도 이승환 공연팀의
레퍼토리를 적용했었다. 무릇 '라이브 콘서트'라 하면 무대도 조
명도 좀 받쳐 주어야 한다.

2008년 3월 14일부터 16일까지 고양 공연부터 시작된 '김장훈
원맨쇼 전국투어 2008'이 공연불황기에도 불구하고 전국 매진행
렬에 들어갔다. 특히 고양 어울림누리 극장은 1,300석의 중형
극장임에도 불구하고 3회분 4,000여 장이 공연 일주일 전에 매
진되어 관계자들을 놀라게 했다. 4,000장은 서울에서도 판매가
힘든 매표수여서 어눌림누리 공연장 측은 매진 감사와 최고의
공연을 약속하는 플래카드로 감사를 전했고, 일찌감치 2009년
2월 14일 발렌타인데이 공연을 김장훈 소속사 측에 부탁했다.
3월 21일부터 3일간 대전 우송예술회관에서 열리는 두 번째 전
국투어도 이미 공연 일주일 전에 매진되어 매진사례 플래카드가
대전 시내에 붙었으며, 3월 28일부터 3일간 광주에서 열리는 투

어 세 번째 공연과 4월 4일부터 5일까지 대구에서 열리는 네 번째 공연 역시 조기 매진되었다. 그 이후의 공연들도 높은 예매율을 보이며 2년간 300회 투어라는 대장정의 막을 내린 '김장훈 원맨쇼 전국투어 2008'은 기록적인 매진행진을 보였다.

공연 불황기에도 불구하고 관객들의 귀뿐만 아니라 눈도 즐거워질 수 있도록 퍼포먼스에 대해 아낌없는 투자와 노력, 그동안 변함없이 보여 주었던 탄탄한 연출력과 무대 위의 가수와 무대 아래의 관객이 하나가 되는 분위기 형성, 이것이 바로 성공의 비결일 것이다.

⑻ 한국 공연문화의 최고 히트 상품 〈난타〉

문화가 상품으로서 매우 큰 가치를 지니고 있다는 사실을 그리 많지 않은 사람들만이 알고 있던 시절, 우리의 〈난타〉는 한국을 대표하는 문화상품으로서의 첫 걸음을 내딛었고 1997년 10월 초연부터 좌석점유율 110%의 경이적인 기록을 세우며 한국 공연 사상 최다 관객을 동원하였다.

〈난타〉가 성공할 수 있었던 이유는 우선 국내 시장만을 대상으로 하지 않고 시야를 세계로 넓혀 기획했다는 데 있다. 물론 세계 시장으로의 진출이 쉬운 일만은 아니었지만 난타는 우리의 문화상품도 세계 시장에서 충분히 성공할 수 있음을 보여 주었다. 또 다른 이유는 기획 단계부터 하나의 소스를 여러 상품으로 만들어 캐릭터, 광고, 서적, 음반, 게임, 이벤트 공연 등 다양한 부가가치를 창출하여 윈도 효과를 극대화하는 전략을 계획하였다는 데 있다.

윈도 효과의 예를 들자면 첫째로 〈난타〉를 소재로 한 비트게임 〈난타 2000〉을 들 수 있다. 이 게임은 도마, 주걱 등을 이용해 실제의 〈난타〉 공연과 비슷한 분위기를 연출해서 관심을 집중시켰다. 또한 〈난타〉 주인공들(매니저, 여자요리사, 섹시가이, 네퓨, 주방장)의 캐릭터도 개발되어 컵과 티셔츠, 열쇠고리 등이 판매되고 있다. 그리고 2000년도에 〈난타〉 팀은 한국산 김치의 우수성을 일본에 알리는 CF를

<그림 5.6〉 〈난타〉 포스터

촬영하기도 하였는데, 이 CF는 후지TV 등 공중파 TV 28개 네트워크를 통해 일본 전역에 방영되었다.

또한 〈난타〉 관람객의 80%가 외국인일 정도로 외국인들에게 높은 호응을 얻는 난타는 관광산업에도 일조를 하고 있는데, (주)PMC 프로덕션과 제주특별자치도는 제주도청에서 "난타를 제주영상미디어센터 예술전용극장에서 장기 공연해 제주의 문화산업과 관광산업 발전을 꾀한다"는 내용의 업무제휴 협약을 체결하였고 한국관광공사가 선정한 '서울의 10대 볼거리'에 선정되어 명실상부한 한국의 대표적 문화관광 상품으로 자리매김하였다. 〈난타〉는 초연 이후 10년 동안 350만 명의 관객을 끌어모았고, 약 700억 원의 매출을 올린 한국 문화의 블루칩이다.

난타가 뮤지컬의 본고장 미국의 브로드웨이에 진출했을 때 개런티로 받은 금액은 400만 달러(52억여 원)이다. 이 금액은 중형승용차 2만 대를 수출해야 벌 수 있는 금액이라고 한다. 또한 〈난타〉 공연과 캐릭터, 음반, 광고, 서적, 게임 등으로 벌어들인 수익은 이를 훨씬 능가한다.

그러나 경제적으로 단순히 얼마만큼의 개런티를 받고 또 얼마를 벌었다는 이런 가시적인 이익이 중요한 것이 아니라 비로

소 한국을 대표하는 문화 브랜드가 된 〈난타〉가 지니는 잠재적인 가치가 훨씬 중요한 것이라는 데 의의가 있다.

(9) 창작 뮤지컬의 미래 〈명성황후〉, 〈마리아 마리아〉

외국 라이선스 뮤지컬의 홍수 속에서 조금은 관객들에게 소외받아 온 국내 창작뮤지컬, 그들의 끝없는 진심 어린 열정의 외침이 관객들의 가슴에 부딪혀 드디어 그 소리를 냈다. 〈명성황후〉는 1995년부터 현재에 이르기까지 비운의 국모 명성황후의 일대기를 그린 작품으로 명성황후 시해 100주기를 맞이하며 제작, 기획된 초대형 창작 뮤지컬이다.

명성황후는 조선의 마지막 황후이며 16세의 나이로 고종과 결혼하여 나랏일에 큰 역할을 하다가 일본인들에게 정치적으로 시해당하는 인물이다. 당시 조선에서는 정국이 어수선하여 각종 난과 사건들이 연이어 일어나던 시절이었고, 그 가운데 일본의 한반도 지배 정책에 반하는 의사를 강경하게 펼치다가 비극적 사건은 일어난다.

〈그림 5.7〉 창작 뮤지컬 〈명성황후〉 포스터

아무리 국가적으로 적대적 감정이 있다고 하더라도 한 국가의 국모를 살해한다는 것은 있을 수 없는 일이건만 이를 무마시키기 위해 일본인들은 모든 역사적인 증거자료를 인멸해 버린다.

뮤지컬 〈명성황후〉는 한일 간의 아픈 역사를 되짚고 있다. 한 나라의 국모였지만 한 남편의 아내이자 어머니로서 그녀가 겪었던 죽음과 만국공통의 정서인 애국심이 결합하여 국제적인 문화상품으로 거듭난 것이다. 이문열 원작, 윤호진 연출로 1995년 예술의전당 오페라극장에 올리면서 큰 성공을 거둔 후, 약 10여 년간 수차례의 업그레이드를 거쳐 오늘날 TV 드라마와 뮤직비디오, 출판, 음반, 광고 그리고 코미디 프로그램에 이르기까지 한국 대중문화 전반에 걸친 핵심코드로 막대한 영향력을 행사하고 있다.

〈명성황후〉는 1997년 최초로 뉴욕 브로드웨이 무대에 도전함으로써 한국 뮤지컬의 활성화와 해외 진출의 기틀을 마련하였다. 당시 뉴욕 링컨센터 진출로 전회 기립박수와 『뉴욕타임즈』의 리뷰를 받으면서 좌석매진, 입석발매 기록을 세웠고 『뉴욕타임즈』로부터 "어떤 국적의 관객이건 감동받기에 충분하다"라는 평을 얻은 바 있다. 2002년 뮤지컬 〈명성황후〉는 런던 웨스트엔드에 진출하여 '용감한 도전'(The Times), '세계 수준'(The Stage) 등의 평가를 얻어냈다. 현재까지 국내 각종 뮤지컬의 수출에 자신감을 불러일으켜 주면서 한국 뮤지컬 발전에 견인차 역할을 해내고 있다.

2006 뉴욕 뮤지컬 시어터 페스티벌 공식 초청작이며, 2004 한국 뮤지컬 대상 네 개 부문을 석권한 창작 뮤지컬 〈마리아 마리아〉는 인류 최대의 베스트셀러인 바이블(BIBLE)을 바탕으로 작가적 상상을 통해 재창조됐으며, 세기를 뛰어넘는 영원한 이슈 '막달라 마리아'의 삶을 재조명한 뮤지컬 작품이다.

〈그림 5.8〉 창작 뮤지컬 〈마리아 마리아〉 포스터

〈마리아 마리아〉는 예수를 유혹하는 대가로 밑바닥 생활을 청산하고 로마행을 꿈꾸는 창녀 마리아의 굴곡진 삶을 드라마틱하게 표현한 작품이다. 〈지저스 크라이스트 수퍼스타〉가 유다전이라면 〈마리아 마리아〉는 막달라 마리아전으로 비유되기도 하는데, 31개의 주옥같은 뮤지컬 음악 중 '나의 남자'와 '당신이었군요'는 세계적 수준의 곡으로 평가받고 있다.

〈마리아 마리아〉는 2004년도에 한국 최고의 창작 뮤지컬로서 자리매김하며 한국 뮤지컬 대상, 최우수 작품상 외 3개 부문(여우주연상, 음악상, 극본상, 작사상)을 수상하였다. 유난히 대형 뮤지컬이 많았던 그 해에 신생단체에서 만든 소극장 뮤지컬이 이토록 큰 상을 석권한 일은 그 누구도 예상하지 못한 기적과 같은 일이었다. 더 나아가 2006년에는 '뉴욕 뮤지컬 시어터 페스티벌'에 공식 초청되어 국제무대에 서게 되었다. 〈마리아 마리아〉의 NYMF(뉴욕 뮤지컬 시어터 페스티벌) 참가는 비영어권 프로덕션 사상 처음으로 초청되었다는 데에서 한국 뮤지컬사의 쾌거라고 할 수 있다.

⑽ 캐릭터 코리아, '둘리'와 '뿌까'

1983년에 만화로 만들어져 올해로 28살이 된 둘리는 우리나라 최초의 문화콘텐츠 성공사례라고 볼 수 있다. 만화에서 출발해 애니메이션, 각종 캐릭터 상품, 뮤지컬, 에듀테인먼트 상품 등으로 진화했고, 최근에는 미용실, 한의원, 포장마차 등으로 라이선스 영역이 계속 확장되고 있다. 불과 5~6명의 직원만으로도 연 20억 원이 넘는 매출을 올리고 있는 대표적 성공사례로

〈그림 5.9〉 왼쪽부터 '둘리'와 '뿌까'

꼽힌다. 일반 제조업체에서 연 20억 원의 순이익을 올리려면 1년 매출을 400억 원 이상 올려야 함을 고려할 때, 매출의 대부분이 라이선스 수익인 둘리의 순이익 규모는 실로 엄청나다 할 수 있을 것이다.

뿌까는 요즘 우리나라에서 가장 잘 나가는 캐릭터 중 하나이다. 특히 아시아 시장은 물론 유럽과 미국에서 반응이 좋아 세계 굴지기업인 FoxTV와도 애니메이션 공동제작을 계약하기도 했다. 머지않아 한국을 대표하는 세계적인 캐릭터로 성장할 것으로 예상된다.

이들은 2000년 한국산 캐릭터 신드롬을 이끌어 낸 대표주자로 플래시 애니메이션을 통해 엄청난 반향을 일으키며 국산 캐릭터도 충분히 경쟁력을 가질 수 있다는 자신감을 불러일으켰다.

문화산업 기업

(1) 한류의 상징, '보아'와 〈겨울연가〉

보아는 한국이 낳은 세계적인 뮤지션으로 빠르게 성장하고 있다. 일본 시장은 2000년대 초반에 이미 석권했고, 이젠 그 범위를 범아시아와 미국 시장으로 넓혀가고 있다. 최근에는 세븐, 비, 원더걸스 등이 그 뒤를 이어 미국 시장에서 한국 대중문화의 저력을 보여 주고 있다. 가히 '한류'의 상징이라 할 만하다. 한류의 초기를 이끌었던 〈겨울연가〉는 일본을 비롯한 여러 나라에서 신드롬을 일으키면서 문화콘텐츠가 얼마나 큰 힘을 발휘할

〈그림 5.10〉 왼쪽부터 가수
'보아'와 드라마 〈겨울연가〉

수 있는지 알려 주었다. 〈겨울연가〉 외에도 〈대장금〉, 〈천국의
계단〉, 〈태왕사신기〉 등 다양한 드라마들이 아시아 시장에서
환영받으면서 우리나라 문화콘텐츠 기업들도 글로벌 비즈니스
역량을 키울 수 있는 좋은 기회를 얻었다고 판단된다.

1) 문화산업 기업의 특징

(1) 인재채용 방식

문화산업 기업들의 특징 중 하나는 독특한 인재채용에 있다.
그 첫째는 학력이나 영어성적 같은 간판보다는 실무능력과 다양
한 경험을 중시한다. 따라서 구직자들의 진입장벽을 낮추고, 합
숙면접, 프레젠테이션 면접, 다차원 면접, 스트레스 면접 등 면
접방식을 다양화하고 있다. 이 같은 채용을 하는 이유는 지원자
의 실무능력과 적성을 평가하는 데 효과적이기 때문이라고 한
다. 이는 고학력과 고득점의 영어실력을 갖춘 구직자를 채용해
도 좋은 성과로 직결되지 않는다는 기업들의 경험이 반영된 결
과라고 할 수 있다. 또한 싸이월드에서는 '한정된 도토리와 한정
된 시간을 주고 자신만의 미니홈피를 만들어보라'고 주문하였

고, 삼성에서는 '애인과 친한 친구가 바람을 피우면 누굴 선택하겠는가?'라고 물어보는 등 면접 방법 또한 다양하다.

(2) 근무환경과 복지의 최적화

가장 좋은 사양의 컴퓨터, 인테리어 잘된 사무실, 출퇴근 시간 자율, 복장 자율, 식사는 패밀리 레스토랑, 도서구매 및 영화, 뮤지컬 관람료는 공짜, 직원전용 피트니스 클럽 등 문화산업의 기업들은 내부고객인 직원을 만족시켜야 고객도 만족시킬 수 있다고 생각한다. 따라서 근무자가 최적의 조건에서 최상의 상품을 만들어낼 수 있도록, 근무환경과 복지에 대해서 많은 투자를 하는 것으로 나타났다.

(3) 믿고 맡기는 임파워먼트

대부분의 회사들은 규칙과 규율을 보다 정교화하려는 노력을 한다. 그냥 놔둘 경우, 사람들은 나태해지고 조직이 방만하게 운영된다고 생각하기 때문이다. 쉽게 말해 사람들은 통제받지 않으면 제대로 일을 하지 않는다고 믿기 때문에 규칙을 줄이는 회사는 거의 없다. 이러한 시각을 경영학 용어로는 X-이론*적인 접근이라고 한다. 그러나 과감하게 규칙을 없앰으로써 괄목할 만한 성과를 거두는 문화산업의 기업들도 적지 않다. 대표적인 기업인 미국 최대의 DM(Direct Marketer)** 회사 카벨라(Cabela's) 사의 경우도 적합한 인재가 적합한 정보를 가지고, 적절한 시점에 정확한 의사 결정을 내릴 수 있도록 해야 최고의 성과를 거둘 수 있다고 믿는다. 즉, 일에 대해 가장 잘 알고 있는 실무진들이 스스로 의사 결정을 내리고 실행하도록 해야 한다고 생각한다. 그렇기 때문에 이 회사의 상사들은 실무진들이 제안을 하면 "가

*X-이론, Y-이론
미국의 경영학자 D. 맥그리거가 그의 저서 『기업의 인간적 측면』에서 주장한 관리나 조직에 있어서의 인간관 내지 인간에 관한 가설(假說) 유형이다. X-이론은 전통이론에 따른 인간관으로 인간은 본래 노동을 싫어하고 경제적인 동기에 의해서만 노동을 하며 명령·지시받은 일밖에 실행하지 않는다는 것으로, 이 가설에 입각하면 엄격한 감독, 상세한 명령·지시, 상부로부터의 하부에 대한 지배 중시, 금전적 자극 등을 특색으로 하는 관리나 조직이 출현한다. 이에 대해 Y-이론은 인간에게 노동은 놀이와 마찬가지로 본래 바람직한 것이며 인간은 자기의 능력을 발휘, 노동을 통해 자기실현을 바란다고 본다. 인간은 또한 타인에 의해 강제되는 것이 아니라 스스로 설정한 목표를 위해 노력한다는 것이 Y-이론이다.

**DM(Direct Marketer)
다이렉트 마케터는 정밀하게 표적화된(targeted) 개개인 소비자와의 직접적인 연결을 통한 마케팅 형태인 다이렉트 마케팅을 가능케 하는 영업사원들을 정의한다. 다이렉트 마케터는 고객과의 직접적인 연결을 통해 고객에게서 즉각적인 반응을 확보하고 지속적인 고객관계를 발전시키기 위해 노력한다. 또한 이들은 상세한 데이터베이스를 이용하여 마케팅 제공물을 매우 좁게 세분화된 고객층의 필요에 맞추거나 더 나아가 구매자 개개인의 필요에 맞춘다. 즉, 이들은 소그룹 혹은 개인 고객을 공략할 수 있고 개인화된 커뮤니케이션으로 제공물의 판매를 촉진함으로써 효율적이고 빠른 속도로 소비자를 만족시키고 판매율을 극대화하는 역할을 한다.

서 해보라!"(Go for it, do it!)라고 답한다.

(4) 관성과 타성의 극복

일하는 방식의 근본적인 변화를 언급할 때, 창의적 업무수행을 빼놓고 얘기할 수 없다. 그러나 창의적 업무수행을 가로막는 것이 있다. 바로 기존의 관성과 타성, 즉 낡은 규정이나 관습들이다. 모든 회사는 나름의 일하는 방식을 가지고 있다. 대개의 경우, 이 방식들은 오랜 경험을 통해 검증된 방법일 가능성이 크다. 그러나 기존의 방식에 맞추어 업무를 수행하는 것은 안전한 선택일 수는 있지만, 한 발 앞선 방식이 되지는 못한다. 기존의 방식은 시대에 뒤떨어진 방식이 되어 버렸을 가능성도 있고, 예측하기 어려운 특수한 상황에는 잘 맞지 않을 수 있기 때문이다. 그렇기 때문에 때로는 기존의 방식에 의문을 가지고 새로운 방법을 시도해 보려는 노력도 필요하다.

(5) 명확한 성과기준 제시

구성원들이 더 나은 성과를 창출하기 위해서는 가치 있는 일을 할 수 있도록 하는 것도 물론 중요하지만, 이때 놓치지 말아야 할 포인트가 하나 있다. 바로 구성원이 달성해야 할 성과에 대해 명확한 평가 기준을 제시하는 것이다. 고성과 조직의 공통점을 조사한 바 있는 HR 전문 연구 기관인 CLC(Corporate Leadership Council)는 "기업이 고성과 조직으로 거듭나기 위해서는 구성원들이 자신의 성과를 평가받는 기준을 제대로 이해할 수 있는 체계적이고 명확한 성과관리 시스템을 갖추는 것이 필요하다"라고 지적한 바 있다.

(6) 탁월한 인재 활용술

현재 애플 사의 모든 디자인을 총괄하고 있는 조나단 아이브 (Jonathan Ive)는 주로 욕실 인테리어 디자인을 하던 사람이었다. 애플로부터 파워북(Powerbook)의 프로토타입 디자인을 의뢰받았던 것이 계기가 되어 애플에 입사한 후, 4년 만에 애플 디자인팀의 책임자로 올라서게 된다. 전혀 다른 분야에서 디자인 일을 해 왔지만, 애플은 조나단 아이브야말로 애플다운 디자인을 맡아 줄 최적의 인재라고 생각하고 과감한 인사를 단행했던 것이다. 이를 통해 애플은 독창적인 디자인의 iPod과 iMac을 얻을 수 있었다.

애플 사의 사례에서 볼 수 있듯이, 인재의 적재적소 활용은 성과 창출의 결정적인 역할을 하는 경우가 많다. 그러나 현실적으로 수많은 구성원들이 보유하고 있는 역량이나 선호를 일일이 파악한다는 것 자체가 사실상 불가능하기 때문에 대기업에서는 이런 장애요소를 극복하기 위해 내부 공모제(internal job posting)나 직무 전환 배치를 활용하고 있다.

2) 문화산업 기업 사례

(1) 게임의 명가 '넥슨'

고객만족을 핵심가치로 생각하는 넥슨은 지난 10년 동안 온라인 게임, PC 게임, 모바일 게임 등 다양한 게임을 개발하고 서비스해 왔다. 특유의 집중력과 모험정신으로 세계 최초의 MMORPG로서 게임 산업의 효시가 된 〈바람의 나라〉, 동시접속 21만에 빛나는 인기 절정의 〈메이플스토리〉, 차세대 MMORPG의 전형으로 평가받는 〈마비노기〉, '세계 최고' 동시접속자 기네스 기록을

〈그림 5.11〉 넥슨닷컴 로고

〈그림 5.12〉왼쪽부터 〈카트라이더〉, 〈메이플스토리〉, 〈바람의 나라〉

보유한 크레이지아케이드 비엔비, 국민 게임으로 인정받는 〈카트라이더〉, 누구나 부담 없이 즐길 수 있는 3D 온라인 롤플레잉 게임, 긴장감 넘치는 슈팅과 통쾌한 격투기를 함께 선보인 본격 액션슈팅게임 〈빅샷〉, 세계 최초로 선보이는 만화제작 놀이 사이트 〈만만이〉, 국내 최초 쿼터뷰 방식 도입으로 공간감 있게 만들어진 〈어둠의 전설〉, 국내에 캐주얼 게임 돌풍을 일으켰던 〈큐플레이〉 등의 수많은 온라인 게임들과 모바일 게임들로 한국과 세계 온라인 게임의 역사를 만들어 온 넥슨은 게임 명가의 입지를 굳건히 지키고 있다. 뿐만 아니라 넥슨닷컴은 이미 국내 최고의 게임 포털로 자리 잡은 바 있으며 여러 게임들의 좋은 성과에 힘입어 넥슨은 더욱 빠른 속도로 성장을 하고 있다.

일차적으로는 일류 제품과 서비스를 지속적으로 추구하여 고객에게 즐거움과 기쁨을 제공하고, 더불어 회사 구성원들에게는 성장의 기회를 부여하는 데 목적을 두고 창의(creativity), 도전(challenge), 고객중심(customer-focused), 팀워크(co-operation)에 초점을 맞추어 사업 밸런스를 유지하고 있다. 뿐만 아니라, 국내 게임회사로서는 가장 먼저 해외 시장 발굴에 관심을 갖고, 해외 시장 개척에도 앞장서 왔으며 국내 성공 온라인 게임을 중심으로 적극적인 해외 진출을 계획하고 있다.

직원복지 측면에서는 첫째, 매년 수차례에 걸쳐 직원들이 더 많은 경험과 안목을 쌓을 수 있도록 GEP(Global Experience Program, 글로벌 체험 프로그램)를 지원한다. 컴덱스, 시그라프, GDC, E3, 동경게임쇼 등 해외 유수의 전시회, 컨퍼런스뿐 아니라, 자신이 계획을 짜고 자유롭게 떠나는 '개인 배낭여행 프로그램'까지 다양하게 실시되고 있다.

둘째, 회사 전체적으로 상·하반기 두 번의 사내 행사를 진행하여 업무에 지친 직원들에게 휴식의 시간을 갖게 하며 계절별로 다양한 이벤트 및 행사를 개최한다.

셋째, 1년에 두 번(상·하반기) 우수팀과 우수사원을 선정하여 시상한다. (주)넥슨의 우수팀/우수사원이 되면 소정의 격려금과 포상휴가가 주어지며, 각종 사내 복지 프로그램에서 최우선 대상자의 기회가 주어진다.

넷째, 선정릉 공원이 눈 아래 펼쳐지는 넥슨 스카이 라운지에서 휴식할 수 있으며, 각 층별 테마가 있는 휴게실에는 만화책 및 비디오 게임기를 마련해 두어 편안한 휴식을 즐길 수 있다. 집이 먼 사원을 위한 남·녀 기숙사는 물론, 야근하는 사원을 위한 회사 내 수면실과 샤워실도 마련되어 있다.

다섯째, 외국인 위주의 전문 어학강사를 초빙하여 사내에 강좌를 개설하고 어학교육을 희망하는 직원에 한해 무료로 수강이 가능하다. 일어, 영어, 중국어 반을 운영하고 있으며, 월 1회는 다양한 주제(건강, 재테크, 미술 등)를 가지고 전문 강사를 초빙하여 사내 교육장에서 강좌를 진행한다.

여섯째, 매년 지급하는 일정 포인트 내에서 직원이 희망하는 복리후생 프로그램 및 수혜수준을 선택할 수 있도록 지원한다. 운동, 자기 계발, 여행, 문화생활, 자녀양육 등 필요에 따라 다양하게 활용 가능하다.

일곱째, 오랜 기간 동안 넥슨을 위해 일한 직원들에 대해 보상하기 위해 3년 단위로 장기근속 프로그램을 운영한다. 휴가 지원금 및 여행 상품권 등을 준비하여 재충전의 시간을 가질 수 있도록 지원한다.

(2) 이러닝 선두기업 크레듀

이러닝 기업을 창업하기 전에 삼성SDS 교육팀장을 맡았던 김영순 전 크레듀 대표. 한국이러닝산업협회 회장을 맡고 있는 그는 유니텔 회원을 대상으로 교육 프로그램을 제공했으며, 삼성인력개발에서 사이버개발팀장을 맡기도 했다. 김영순 크레듀 대표(한국이러닝산업협회 회장)는 "사무실에 앉아 있다고 일하는 것은 아니다. 일할 수 있는 동기유발과 환경조성이 중요하다"며 "앞으로 대형 이러닝 기업들이 많이 나올 수 있도록 지원할 계획"이라고 밝혔다.

김영순 전 크레듀 대표는 이러닝 1세대다. 그는 지난 1999년 노동부에서 '근로자지원촉진법'을 개정할 때 이러닝 교육도 지원하도록 바꾸는 데 일정한 역할을 했다. 또 2000년 교육부에서 '평생교육법'을 개정할 때 사이버대학도 포함하도록 했다. 현재 17곳의 사이버대학이 운영 중이다. 특히 2003년 '이러닝산업발전법'* 제정 시 일정한 역할을 담당했다. 이를 바탕으로 크레듀는 이러닝 업계에서 선두기업의 역할을 하고 있다. 이런 저력은 크레듀만의 독특한 문화 때문이다.

김영순 대표는 "분기별로 '아이디어 데이'와 매주 '캐주얼 데이'를 운영하고 있다"며 "또 팀별로 문화행사를 갖도록 지원하고 있다"고 말했다. 즉 '아이디어 데이'는 분기별로 점심 식사 이후 직원들이 자기 일을 할 수 있도록 한 시스템이다. 또 매주 금요

*이러닝산업발전법
e-러닝(전자학습)이란 전자적 수단, 정보통신 및 전파·방송 기술을 활용하여 이루어지는 학습으로 정의한다. e-러닝(전자학습) 산업이란 e-러닝 콘텐츠 및 e-러닝 콘텐츠 운용 소프트웨어의 연구, 개발, 제작, 수정, 보완, 전시 또는 유통하는 업, e-러닝의 수행, 평가, 자문과 관련된 서비스업 등으로 정의한다. 이러닝산업발전법이란 결국 e-러닝(전자학습) 산업의 발전에 필요한 사항을 정함으로써 e-러닝을 활성화하여 국민의 삶의 질을 향상시키고 국민 경제의 건전한 발전에 이바지하기 위해 제정한 법(일부 개정 2010. 6. 4 법률 제10339호)이다.

일에 직원들이 격식 없는 평상복 차림으로 회사에 출근해서 근무토록 한 것이 '캐주얼 데이'다.

그는 "회사 내 글로벌팀이 아이디어 데이 때 도에 체험장에서 자신들의 사진을 넣은 컵을 만들어 오기도 했다"며 "직원들이 회사에 자부심을 갖도록 노력하고 있다"고 설명했다. 김 대표는 크레듀의 '젊음'에 가장 자부심을 갖고 있다. 그는 "지난해 크레듀 직원의 평균연령은 30.5세였다"며 "젊기 때문에 역동적인 환경에 잘 적응할 뿐 아니라 회사 이익만 추구하지 않는다"고 지적했다. 그는 "회사는 사회에 일정부분 역할을 해야 한다"며 "이를 실천하기 위해 다양한 노력을 하고 있다"고 말했다.

(3) YBM시사닷컴

YBM시사닷컴은 얼마 전 일본 24개 대학에 한국의 온라인 교육 서비스를 수출했다. 영어시험인 토익(TOEIC)의 온라인 학습 프로그램을 판매하기 시작한 것이다. 일본 대학생들은 감탄했다. 개인용 컴퓨터(PC) 앞에 앉으면 사용자의 실력을 파악해 실력보다 약간 어려운 수준의 문제를 다양하게 제시하는 첨단 시스템은 종이 시험지와는 비교가 되지 않을 정도로 학습능률을 높여 주었기 때문이다.

이미 국내 64개 대학이 이 프로그램을 쓰고 있다. 국내 대학들은 이 프로그램을 듣는 학생들에게 학점을 인정해 주기도 한다. 이런 경쟁력은 한국이 자랑하는 세계 최고 수준의 초고속인터넷 보급률과 독특한 교육열로 생겨난 풍부한 교육콘텐츠, 그리고 치열한 경쟁 덕분에 생겨났다.

정영삼 사장은 "일본은 콘텐츠의 저작권이 출판사가 아닌 저자에게 있는 경우가 많아 대량의 콘텐츠를 보유한 사업자가 드문데 YBM시사닷컴은 모회사인 YBM시사가 50년을 쌓아온 풍부한 영어교육콘텐츠를 디지털로 변환해 갖고 있다"고 말했다. 직원들의 의욕을 높이는 독특한 조직문화도 창조적인 아이디어를 얻는 데 큰 도움이 됐다. YBM시사닷컴은 팀제로 업무를 진행하는데, 직급 대신 아이디어에 따라 팀장을 정한다. 사원이라도 사업 아이디어와 구체적인 실행 계획만 세우면 팀장이 될 수 있다. 정 사장은 "실제로 사원과 대리가 팀을 맡아 운영하는 데 아무 문제가 없고 오히려 자신이 낸 아이디어를 열정적으로 실행하는 분위기가 자리 잡혔다"고 강조했다.

지식경제부에 따르면 온라인 교육 시장 규모는 2008년 총매출액 1조 8,704억 원으로 전년 대비 8.3%의 성장을 보였으며, 사업자수는 총 1,145개로 전년에 비해 51.5% 증가하여 불황 중에도 창업과 진출이 크게 늘은 것을 확인할 수 있다. 2004년 이후 온라인 교육시장 규모는 연평균 7.6%씩 계속 성장하였고, 사업자수도 연평균 34.7% 증가하여 성장잠재력이 높은 지식서비스 산업으로 발전하고 있다(『2010 지식서비스산업백서』 참조).YBM시사닷컴은 이 가운데 돋보이는 실적을 자랑한다. 이 회사의 2006년 매출은 425억 원으로 2005년보다 20% 늘어났다. 영업이익이 127억 원으로 이익률이 30%에 가깝다. 비결은 모회사 YBM시사의 풍부한 콘텐츠와 독특한 기업문화였다.

(4) 쌈지의 독특한 기업문화

창조경영 시대, 예술 같은 상품, 상품 같은 예술을 만드는 아트기업 쌈지(대표 천호균)는 비록 2010년 4월 7일 최종 부도 처리됨에 따라 몰락하였지만, 국산 잡화 브랜드의 대표주자로서 외국 명품 브랜드들의 틈바구니 속에서도 경쟁력을 확보하고 있던 토종 브랜드였다. 국내 유일의 아트 기업이라는 평판에 걸맞게 홈페이지에서부터 상품 마케팅까지 예술과 접목한 쌈지의 독특한 기업문화는 한국적 정서가 담긴 독특한 브랜드와 참신한 디자인으로 많은 주목을 받았다.

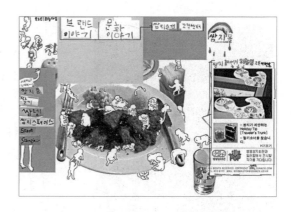

<그림 5.13> 쌈지 홈페이지 (현재 패쇄)

첫째, 낙서판 같은 홈페이지. 쌈지의 독특한 기업문화를 제일 손쉽게 엿볼 수 있는 곳은 홈페이지(www.ssamzie.co.kr)다. 마치 골목길 낙서판 같은 분위기다. 삐뚤삐뚤 둘러쓴 글씨와 크레용과 물감으로 아무렇게나 덧칠한 듯한 일러스트가 무질서하게 널려 있다. 첫 화면만 그런 것이 아니다. '브랜드 이야기', '문화 이야기', '쌈지소개' 등 메인 메뉴바를 옮길 때마다 화면의 변동성은 더 심해진다. 사람의 엉덩이나 발가락 등을 확대한 몽타주 사진이 등장하기도 하고 그림과 사진의 엽기적인 합성이 이루어지기도 한다. 그 흔한 대표이사 인사말, 경영 방침 등 '범생이' 메뉴는 아예 눈 씻고 찾아도 없다. 홈페이지 그림이나 바탕화면은 매일 바뀐다. 그래서 언제 찾아도 처음 온 것처럼 새롭다.

둘째, 예술 같은 상품, 상품이 된 예술. 쌈지는 지난 1992년 브랜드 론칭 당시부터 예술과 도킹했다. 김원숙, 유연희 등 여성 작가들의 판화를 제작해 매장에서 상품과 함께 팔기도 하고 유명작가 이불의 설치물이나 이중섭의 드로잉, 노석미 일러스트 등을 사진 찍어 제품에 프린트했다. 2006년에는 팝아트의 창시자인 미국 영화감독 겸 화가 앤디 워홀 재단과 라이선스 계약을 맺고 앤디 워홀의 작품을 응용한 의류와 액세서리를 출시하기도

〈그림 5.14〉 인사동 쌈지길

했다.

셋째, 아트 마케팅, 새 장르를 열다. 쌈지는 가방, 구두, 액세서리, 선글라스, 시계 등 신상품을 선보이는 패션쇼에 의례 영상, 페인팅, 실험무용을 포함하는 퍼포먼스를 펼쳤다. 브랜드에 독특한 혼을 불어넣기 위해 예술을 덧입히는 과정이다.

넷째, 독특한 쌈지 컬처를 소비자들과 공유하기 위한 작업도 활발하다. 지난 2003년 쌈지는 파주 헤이리 아트밸리에 '쌈지미술창고'와 '딸기가 좋아'를 오픈했다. '쌈지미술창고'는 쌈지 컬렉션을 보관, 전시하기 위하여 지은 창고형의 대안적 미술공간으로 대형 마트의 물류 창고처럼 포장된 상자와 펼쳐진 작품이 혼재하고 있다. 창고 속에서 관객들은 스스로 작품을 찾아다니며 감상해야 한다. '쌈지미술창고' 옆에 위치한 '딸기가 좋아'는 복합 문화공간, 어린이들이 좋아하는 딸기 캐릭터로 꾸며져 어린이 뮤지컬 아카데미, 모래놀이 등 다양한 어린이 문화체험 프로그램이 진행된다.

쌈지 아트 마케팅(예술을 활용한 기업의 마케팅)의 진수는 인사동 쌈지길이다. 인사동 한복판에 위치한 쌈지길은 컨테이너(껍데기)와 콘텐츠(알맹이)가 모두 아트인 사업이다. 작가와 공방, 문화상품 업체가 직영하는 60~70여 개의 다채로운 콘텐츠가 판매되고 있다. 쌈지가 의욕적으로 유치한 앤디 워홀의 작품 전시회가 열리는 곳도 이곳이다.

(5) 구글

세계적인 검색업체 구글(Google)이 최근 자유로운 근무환경과 복지제도로 미국에서 직장 여건이 좋은 기업 1위에 오르면서 국내 닷컴사들의 독특한 기업문화에도 관심이 모아지고 있다. 평균 직원 나이가 29세인 국내 닷컴업체들도 '메신저 결제', '자율출퇴근제', '해피도토리 제도' 등의 참신한 기업문화로 구글 못지 않은 자율성을 만끽하고 있다. 자율성에 기초한 사고의 유연성과 창의성이 곧바로 업무효율로 이어지기 때문이다.

(6) 다음

① 출퇴근 시간이 따로 정해져 있지 않다

다음(Daum)은 자율 근무제에 따라 각 팀과 본부에서 업무 성격에 맞춰 자유롭게 정한 시간에 출퇴근하도록 권유하고 있기 때문이다. 다음 관계자는 밤에 아이디어가 더 많이 떠오른다고 판단되면 팀장과 상의해서 오후 늦게 출근하는 일부 직원들도 있

다고 말했다. SK커뮤니케이션즈 관계자는 팀 안에서 동의만 있다면 출퇴근 시간으로 직원을 제재하지는 않는다고 설명했다.

〈그림 5.15〉 다음 홈페이지 메인화면

② 설레는 저녁

다음은 매월 셋째 주 목요일에 '설레는 저녁'이라는 프로그램을 마련해 다른 부서 직원끼리 일대일 미팅을 가진다. 한 사원은 석종훈 대표(2007년 당시)에게 인터넷으로 일대일 미팅을 신청해 저녁식사와 술자리를 갖기도 했다. 미팅에 필요한 경비는 회

사가 지원한다. 현재까지 300쌍의 직원들이 이 프로그램에 참여
했다. 특히 '설레는 아침'이라는 프로그램은 매월 두 권씩 다른
부서 직원에게 공짜로 책을 선물할 수 있다.

③ 결제는 메신저로

다음 커뮤니케이션에는 사장실이 없다. 이재웅 다음 대표(2007
년 당시)는 사장실을 만들지 않을 뿐만 아니라 고정좌석도 없어서
늘 임시방편으로 직원들 옆 빈자리에 앉아서 근무를 한다. 이
대표가 워낙 자유로운 근무방식을 선호하고 해외 등 외부출장이
잦기 때문에 고정좌석을 만들지 않는다는 것이 직원들의 전언이
다. 다음 직원은 '서에 번쩍 동에 번쩍'하는 이 대표에게 늘 메신
저로 결제를 받는다. 메신저 결제는 대표뿐 아니라 다음 전체 직
원이 통상적으로 즐겨 쓰고 있다. 다음 관계자는 "대표가 고정좌
석이 없다고 해서 보고에 차질이 생기는 일은 전혀 없다"며 "일
을 보내면 즉각 답이 오는 편이어서 불편함이 없다"고 설명했다.

④ 님 호칭은 우리가 원조

다음 전체 직원의 평균 나이는 지난해 기준으로 29.5세. 초창
기에는 대표부터 일반 사원까지 서로 '씨'라는 호칭으로 불렀다
가 최근에 채용된 경력사원을 배려해 '님'이라는 호칭을 쓰고 있
다. 이 같은 호칭 문화는 최근 KT, SK텔레콤과 같은 대기업이
부서 내 자율성을 높이기 위해 따라 적용하기도 했다.

(7) 네이버

네이버(Naver)는 입사한 지 3년째 되는 직원을 대상으로 해외
전시회와 세미나, 배낭여행을 갈 수 있도록 휴가와 경비 일체를

제공하고 있다. 보다 넓은 안목과 충분한 휴식을 마련해 주려는 회사 측의 배려가 엿보이는 대목이다. 네이버는 또 전세자금 등으로 최대 4,000만 원을 무이자로 빌려주는 혜택과 함께 1인당 연 교육비를 200만 원씩 책정, 지원하고 있다.

〈그림 5.16〉 네이버 홈페이지 메인화면

(8) SK커뮤니케이션즈

① 열심히 일한 만큼 누린다

SK커뮤니케이션즈 메신저 사업본부 직원 41명 전원은 2007년 1월 말 태국 푸켓으로 4박6일 여행을 떠났다. 전년도(2006)에 수행된 지난해 각 팀별 성과평가에서 메신저 사업본부가 가장 우수한 성적을 거둔 점이 인정돼 회사 경비로 여행에 나서는 것이다.

〈그림 5.17〉 SK커뮤니케이션즈 홈페이지 메인화면

② 사내 의사소통도 활발

SK커뮤니케이션즈는 '해피도토리 제도'를 통해 사내 지식공유와 봉사 등을 권장하고 있다. 다른 직원들에게 전문지식을 나눠주거나 사내 게시판에 신규 서비스에 대한 아이디어를 내면 도토리를 받아 연말에 상품권으로 돌려받을 수 있다.

문화산업 클러스터

1) 지방문화산업 클러스터

문화체육관광부는 2001년부터 지방문화산업 클러스터 지정 사업을 전개하고 있다. 지역별 특성이 있는 전통문화 또는 지역적 입지에 따라 문화산업의 발전가능성이 풍부한 지역 또는 문화산업 업체가 밀집된 지역을 첨단 디지털 문화산업의 기획, 제작, 생산, 유통기지 및 테마파크로 조성하는 것을 목적으로 중점 육성, 지원하고 있다.

한편 첨단문화산업단지를 포함하여 주요 지방 거점도시에는 문화산업을 종합적으로 지원할 수 있는 체제를 구축하기 위하여 지방문화산업 지원센터를 설치하였다. 센터 내에는 창업공간, 정보, 기술, 마케팅 등을 체계적으로 지원하여 문화산업의 지방 확산과 균형적인 발전 및 전국적인 네트워크 구축을 지향하고 있다.

2002년에는 문화콘텐츠 창작기반 조성을 위하여 캐릭터-애니메이션-만화 연계 공동제작실 운영, 우리 문화원형의 디지털콘텐츠화, 우량 콘텐츠의 디지털북 뱅크 구축, 독립 제작사 제작 시스템 구축, 디지털 매직스페이스 조성 추진 등의 사업을 전개하고 있다. 우량 콘텐츠의 디지털북 뱅크 구축, 독립 제작사 제작 시스템 구축, 디지털 매직스페이스 조성은 각각 전자책 산업 진흥과 방송산업 진흥의 영역에서 통합적으로 구축되고 있다.

공동제작실 운영사업은 제품의 기획 단계부터 개발, 입력, 제작, 시연, 상품화, 투자유치에 걸친 연속적 지원체계 구축으로

OSMU 기반을 조성하기 위해 추진되는 사업이다. 이 사업은 주로 개별업체 차원에서는 투자하기 어려운 첨단 고가의 장비에 대해 공용으로 활용할 수 있는 기반을 마련함으로써 중소기업 중심의 영세 문화콘텐츠 기업들에게 도움을 주고 있다. 공동제작실 사업은 한국콘텐츠진흥원의 주관으로 추진되고 있다.

한국콘텐츠진흥원에서 추진하고 있는 '우리 문화원형의 디지털 콘텐츠화 사업'은 우리 전통문화에 숨어 있는 이야깃거리나 우리 고유의 색채, 우리 고유의 소리 등을 디지털화하여 애니메이션, 캐릭터, 게임, 영화 등 문화콘텐츠 산업의 창작소재로 제공하고자 하는 취지의 사업이다. 이 사업은 산업적으로 활용가능한 문화원형을 선별하여 5개년간 단계적으로 콘텐츠화하는 것을 목표로 하고 있다. 선별된 문화원형의 콘텐츠화는 공모형식을 통해서 민간에서 수행하도록 할 계획이다. 2002년에 세 차례의 공모를 통하여 40여 개의 과제를 선정하여 문화원형 콘텐츠화 작업을 수행하였다. 유관기관 소장자료 및 공공 DB의 산업적 활용을 위한 유기적 협력체제를 구축하고 콘텐츠화한 문화원형은 한국 문화콘텐츠 리소스 센터를 통하여 인터넷 서비스를 제공하고 있다.

문화체육관광부는 지난 2000년부터 지역별·장르별로 특화된 문화산업을 중점 육성하여 낙후된 지방경제 활성화와 지방문화산업의 경쟁력 발전 및 국가 균형발전에 기여하기 위하여 문화산업 인프라가 구축된 지역을 대상으로 지방문화산업단지를 조성하여 지원하고 있다. 2001년에 2차에 걸친 심의를 거쳐 대전, 춘천, 부천, 청주, 광주, 경주, 전주, 부산 등 여덟 개 지역이 첨단문화산업단지로 지정되었다. 〈표 5.1〉은 여덟 개 지방문화산업 클러스터단지 현황이다.

구 분	주요산업	단지규모
대 전	첨단영상, 게임	125,400m^3
춘 천	애니메이션	104,900m^3
청 주	에듀테인먼트	84,683m^3
광 주	CGI, 캐릭터	214,500m^3
전 주	모바일 콘텐츠, HD영상	11,332m^3
부 천	출판만화, 애니메이션	41,920m^3
대 구	게임, 모바일 콘텐츠	117,667m^3
부 산	영상콘텐츠	376,665m^3

2) 문화산업 클러스터 국내 사례

(1) 부천시

부천은 인근에 위치한 부평공단으로 공업도시의 이미지가 강한 도시였으나, 1990년대 이후 꾸준히 문화도시 조성을 위한 기반을 닦아 온 결과, 지역의 이미지 변신에 성공한 경우이다. '첨단산업과 함께하는 문화도시'를 시정목표로, '문화로 발전하고 경제로 도약'하는 도시 비전 아래 문화콘텐츠와 예술 등에 정책적 주안점을 두었다.

부천은 〈표 5.1〉 지방문화산업 클러스터 현황에서 밝힌 바와 같이, 만화 및 애니메이션을 중심으로 한 산업 육성을 추진하여 2000년대 초반부터 부천 첨단문화산업단지 조성과 만화 및 영상산업진흥원 등 만화·영상 분야의 가치사슬을 아우르는 클러스터로 형성하고자 노력해 왔다. 특히 부천은 여타 지역과 달리 해당 산업 자체의 매출액은 크지 않으나, 문화콘텐츠의 원작으로서 애니메이션, 영화 및 공연 등 다방면으로 활용(OSMU)될 수 있는 '만화'산업에 많은 관심을 두어 왔다.

현재 부천만화정보센터가 부천만화박물관(한국만화박물관) 및 만화정보센터 등 만화 관련 인프라를 운영함과 동시에 관련 업체 지원을 주목적으로 하는 산업지원센터 역할을 담당하고 있으며, 부천국제만화축제 및 부천국제대학애니메이션(PISAF) 등 만화 · 애니메이션 산업의 저변 확대 및 인식 제고에 주요한 역할을 담당하는 각종 축제도 진행하고 있다. 관광 인프라로서도 일부 역할을 담당하고 있는 한국만화박물관은 만화에 대한 역사 및 각종 만화기획전을 감상하고, 만화 열람 및 체험이 가능한 공간으로 연간 15~16만 명의 관람객이 방문하고 있다. 부천은 업계에 대한 지원 이외 관련 축제 등 연관 인프라를 지속적으로 구축해 나가면서, 테마파크 조성 등 지역 전반의 시너지를 창출할 수 있는 방향으로 클러스터 육성에 대한 전략과 비전을 설정하고 있다.

만화 및 애니메이션 등 문화콘텐츠 분야 이외에도 '문화예술의 도시'로서의 이미지를 정립하고자 노력하고 있다. 부천 국제 판타스틱영화제는 1997년 시작된 이래 오늘날에 이르기까지 '주류적 감성에 대한 대안적 스타일의 영화'를 다루는 영화제로 자리 잡았으며, 말러 교향곡 연주로 유명한 '부천필하모닉오케스트라' 또한 부천시의 문화예술적 이미지에 큰 영향을 끼치고 있다.

(2) 광주광역시

광주광역시는 '첨단산업 문화수도'를 시정목표로 문화중심도시의 입지구축에 많은 공을 기울이고 있다. 광주는 5·18 광주항쟁과 더불어 정치사적인 이미지가 강한 도시였으나, 1995년 광복 50주년 및 미술의 해 기념을 위해 시작된 '광주 비엔날레'를 기점으로 문화예술 분야에서 도약을 시작하였다. 특히, 2004

년 문화중심도시조성위원회(대통령 소속) 발족을 시작으로 추진 중인 아시아문화중심도시 사업은 2023년까지 2조 원 이상의 재원이 소요되는 대형 문화 프로젝트로, 이후 문화콘텐츠 및 예술, 기타 문화와 관련된 전반적 지역발전 모델을 제시하는 기회가 될 것이다.

〈표 5.2〉와 같이, 광주광역시는 문화산업을 포함한 문화예술 전반의 인프라 구축을 육성전략으로 삼고 있다. 문화산업과 관련해서는 다른 지역과 차별적으로 구체적인 장르별 산업육성에

〈표 5.2〉 광주시 문화 인프라 구축 및 문화산업 육성 추진전략

출처 : 광주광역시 홈페이지.

분야별	단위시책명
문화수도 기반 조성	– 아시아문화중심도시 조성사업 추진 – 아시아문화중심도시 조성사업 종합계획 수립 – 국립아시아문화전당 건립
문화산업 육성	– 문화복합단지 조성 – 문화산업 콤플렉스 조성 – 영상복합문화관 건립 – 문화원형 발굴 및 디지털 라이브러리 구축 – 에듀테인먼트 콘텐츠 산업 육성
도심 리모델링과 개성 있는 문화공간	– 금남로 프로젝트 추진 – 충장로 특화거리 조성 – 예술의 거리 특성화 – 청소년 전용 문화공간 확충
지역축제의 종합적·체계적 육성과 경쟁력 강화	– 축제의 달 지정과 광주축제위원회 설립 – 2009 광주 빛의 축제 개최 – 국제규모의 공연예술축제 육성(광주 청소년음악페스티벌 개최, 광주 국제공연예술제 개최) – 기존 3대 축제의 전국화·세계화(광주 비엔날레, 광주 김치대축제, 임방울 국악제)
문화예술 인프라 확충과 문화시민 역량 강화	– 비엔날레관과 임방울 전수관 건립 – 사직문화예술공원과 중외문화예술 벨트 조성 – 공공도서관과 어린이 복합도서관 확충 – 문화의 집과 광주향교 앞 문화광장 조성 – 공연예술 진흥 및 문화시민 역량 강화 – 시민 문화예술 향유기회 확대

대한 제시보다는 '문화원형 발굴 및 디지털 라이브러리 구축', '에듀테인먼트 콘텐츠 산업 육성' 등 역사 및 교육도시로서 광주의 이미지를 강조하고 있다.

광주 문화산업 클러스터는 광주정보문화산업진흥원을 주축으로 HD영상 및 컴퓨터그래픽 등 영상 분야를 주요 대상으로 삼고 있으며, 이와 관련된 기술지원센터, 영상문화관 등 주로 하드웨어적인 인프라를 구축하는 데 주력하고 있다.

한편, 2004년 유치한 한국게임사관학교 운영을 통해 인력 양성에도 힘쓰고 있다. 한국게임사관학교는 게임산업에 필요한 전문가 양성 및 기존 게임산업 종사자의 전문지식의 향상을 목표로 운영되고 있는 교육기관으로서, 2004년 산업자원부가 지원하고 광주광역시[(재)광주정보, 문화산업진흥원, 호남대학교], 중앙대학교가 참여하여 게임디렉터* 및 고위 전문가 양성을 목적으로 운영되고 있다.

3) 문화산업 클러스터 해외 사례

(1) 일본 미타카 시

미타카 시는 도쿄 도심으로부터 18km, 도쿄 도의 거의 중앙에 위치하고 있는 위성도시로, 인구 17만 4,000명의 소도시이다. 이 도시는 1970년대부터 시작된 시민참여운동이 구체적인 성과를 보인 곳으로, '미타카 시 기본계획'(2001) 수립을 위해 미타카 시와 시민참여조직(시민플랜 21 회의)이 파트너십 협정을 체결하여 시민의견을 전폭 수용하는 등 주민참여제에 있어 매우 두드러진 성과를 보이고 있는 지역이기도 하다. 미타카 시는 기본계획을 통해 '평화와 인권', '정보와 활력', '건강 및 복지', '평생

*게임디렉터
게임디렉터는 게임 전체의 기획에서부터 인원의 배분이나 일정의 조정 및 진행관리 등의 전반에 걸친 총괄책임자를 일컬으며, 이들이 일하는 곳은 주로 게임제작회사나 영상제작회사이다. 게임디렉터는 디자이너와 프로그래머에게 프로젝트에 관해 명확히 이해시킬 수 있어야 하기 때문에, 디자이너적이고 프로그래머적인 마인드와 지식을 갖추고 있어야 한다. 또한 게임디렉터는 게임 분야뿐만 아니라 영감과 자극을 받을 수 있는 문화 전반에 대한 관심이 있어야 하고 글쓰기 같은 작업을 통해 자신의 생각을 조리 있게 정리할 수 있는 것도 중요하다. 즉, 게임디렉터는 게임의 탄생부터 성장 노후까지 총체적으로 프로젝트를 관리하는 사람으로, 현대사회에 맞게 진보된 놀이로서의 게임에 관한 모든 분야에 능통한 재능을 갖추어야 한다.

〈표 5.3〉 지브리 미술관 시설 현황

출처 : 문화체육관광부, 『한국 문화콘텐츠·관광 연계 프로그램 개발방안』, 문화체육관광부, 2006, 63쪽.

구 분	시설 내용
위 치	– 동경 미타카 시 이노카즈라 공원 내
개발주체	– 시설개발 : (주)도쿠마서점 스튜디오 지브리, 일본 TV – 토지 출자 : 도쿄 도
운영주체	– 재단법인 도쿠마 기념 애니메이션 문화재단
시설규모	– 부지면적 : 약 4,000m²(약 1,210평) – 건축연면적 : 약 3,500m²(약 1,060평)
총 투자액	– 약 50억 엔(건축공사비 : 25억 엔, 내부공사비 : 25억 엔)
시설현황	– 센터 홀, 전시실, 영상전시실, 숍, 카페, 사무실, 수정창고, 기계실 등

학습 및 문화' 등에 대해 지속적인 노력을 추진할 것임을 천명하였으며, 이 중 문화 관련 사업으로 추진된 것이 대표 관광자원인 이노카즈라 공원과 연계하여 미타카 시립 애니메이션 박물관(지브리 박물관)을 개관한 것이다.

2001년 10월 개장한 지브리 미술관은 일본 애니메이션의 거장인 미야자키 하야오의 작품을 테마로, 체험형 전시박물관의 성격을 가진 곳이다. 이러한 박물관 사업은 미타카 시의 문화시설 건설에 대한 구상과 민간업체(주식회사 도쿠마 서점 스튜디오 지브리)의 사업 아이디어가 결합하여 구체화되었다.

미타카 시는 1992년 도립 이노카즈라 공원 내 문화시설 건설을 조건으로 도쿄 도에 토지 사용 허가를 얻어 둔 상황이었으며, 미야자키 하야오 감독의 자연친화적인 철학을 반영하여 공원의 자연을 해치지 않는 범위 내에서 건물과 자연을 조화되도록 개발하였다.

박물관 내에는 미야자키 하야오의 대표작을 관람할 수 있는 영상전시실과 애니메이션 제작원리를 이해할 수 있는 전시실, 지브리 박물관에서만 구매할 수 있는 오리지널 캐릭터 판매숍 등이 있다. 뿐만 아니라, 미야자키 하야오의 미발표 단편 애니메이션 및 최신 작품 시사회 등이 지속적으로 이루어져 방문객의 만족도가 매우 높은 것으로 알려져 있다. 방문객의 규모에 비해 시설규모가 작아 예약제(1일 2,400명)로 운영되고 있으며, 연간 약 66만 명(일평균 2,226명, 예약률 92.7%)이 방문하는 미타카 시 대표 문화시설이다.

(2) 영국 셰필드 시

셰필드(Shefield) 시는 인구 51만 명의 도시로 산업혁명 이후 철강 및 금속산업 등으로 유명한 공업도시였으나, 1970년대 후반 전통산업이 쇠퇴함에 따라 문화산업지구(cultural industries quarter) 조성을 통한 지역경제 활성화를 추진하여 성공을 거둔 대표적 도시로 알려져 있다. 셰필드 시 정부는 '문화산업지구의 안정화'를 발전의 중심 목표로 설정하여 지역민의 거주공간과 생활공간, 작업공간을 조화롭게 구성하는 '삶과 일자리의 균형' 전략을 채택하였다.

문화산업 도시로의 전환 계기는 리드밀 아크센터(Leadmill Art Center, 1978)와 요크셔 예술협회(Yorkshire Artspacs Society, 1982)가 문화산업단지 내 개관한 시점부터이며, 이후 독립 스튜디오인 레드테이프 스튜디오(Red Tape Studio, 1986)와 밀레니엄 갤러리(Millennium Galleries, 1998) 등이 설립되면서 문화산업·예술의 도시로서 탄생하게 되었다.

이 외에도 국제 다큐멘터리 축제(Shefield International Documentary Festival), 문학축제(Off the Shefield Literature Festival) 및 디지털예술·미디어축제(Lovebytes digital art & multimedia festival) 등 다수의 문화예술축제와 이벤트 등이 개최되어 지역 활성화에 중요한 영향을

〈표 5.4〉 셰필드 도심의 구
역별 발전방향

출처 : 국가균형발전위원회 ·
국토연구원 · 한국지방행정연
구원, 『살기 좋은 지역 만들기:
유형별 해외사례』, 2006, 31면.

구 역	목 표	내 용
New Retail Quater	도심의 물리적 · 경제적 재생	공공 공간의 확장, 상업적 개발
Heart of the city	셰필드 지역의 새로운 지역 경제 중심지	혼합용도의 토지 이용, 모든 유형의 교통수단 접근 가능
Catheral Quater	재개발의 혜택을 받는 지역	오피스 용도의 개발
Castlegate, Victoria Qusysand Riverside	도시의 역사적 근거가 되는 지역으로 도심과의 연계강화	시장의 재개발, 오피스 개발
Sheaf Vally	지역경쟁력 회복을 위한 신기술와 인프라 투자	지식기반 산업의 투자유도를 위한 새로운 기업지구의 개설
Shefield Station Gateway	경제활동의 수요와 새로운 변화생태에 대응, 공공교통 체계 향상	도심으로의 도보접근이 가능, 택시와 승용차의 승하차 위치 조정
Cutural Industries Quater	문화혁신지구의 계속적인 발전	국제적 문화 이벤트의 개최
Moor Gateway	건축형태, 다른 지역과의 연계 개선 등을 통해 지역 활력 회복	산업, 여가, 주택용으로의 신개발 추진, 양질의 소매 공간 제공

미치고 있다.

2001년 셰필드 시 정부가 수립한 도심종합계획(Shefield City Centre Masterplan)은 〈표 5.4〉에서 보는 것과 같이 도심을 여덟 개 구역으로 나누어 구역별 목표 및 사업을 설정하는 방식을 택하였다.

(3) 유럽의 문화산업 클러스터

유럽의 여러 국가들은 문화산업의 잠재적 중요성을 문화적 정체성과 고용창출이라는 두 측면에서 이해하고 있다. 문화산업의 범위 또한 두 측면을 고려하여 디지털 기술 개발에 기여하고 새로운 고용 창출원으로 새롭게 부상하고 있는 영상산업과 각국의 문화적 정체성 강화에도 필요한 역할을 하는 공연 및 시각예술, 공예, 각종 문화활동 등을 폭넓게 포함하고 있다.

특히 유럽 국가들은 문화와 경제발전, 그리고 문화 부문의 고용창출 효과에 대한 연구작업과 정책고안에 점차 심혈을 기울이고 있는 것으로 나타났다. 동시에 각국은 문화 또는 문화산업과 연관된 여러 정책들이 도시와 지방의 경제개발에 커다란 영향을 미칠 수 있다는 인식 아래 문화산업 부문의 지역개발에 관한 모형연구에도 많은 노력을 기울이고 있다.

유럽의 도시 또는 지역 단위 중심의 지방 또는 지역문화 정책은 1830년대 이후 도서관, 박물관, 극장 및 콘서트 홀 등 문화적 인프라 구축 사업을 추진하는 것으로부터 거슬러 올라간다. 그러나 이와 같은 문화 인프라 위주의 지역문화 정책과 문화산업 정책은 경제성장의 목적보다는 점증하는 사회적 불안감을 해소하고 국가의 정치적·문화적 정체성을 확립시킬 목적으로 수행되었다.

제2차 세계대전 이후 10년간 전개된 문화정책의 주된 관심은 이데올로기 측면에서 예술적·문화적인 유산에만 집중되었기 때문에 문화와 예술의 경제적인 활용 가능성에 대해서는 거의 거론되지 않았다. 문화 정책의 전략적 목표가 사회적, 그리고 정치적 관심에서 경제 개발에 대한 우선적 관심으로 비로소 전환된 시기는 1980년대이며 두 가지 이유를 정책의 전환 배경으로 삼고 있다.

다국적 기업들의 글로벌 이윤 전략에 따라 선진국의 탈공업화가 급속히 진행되면서, 첫째, 지역 내로의 투자유치 경쟁이 치열해졌으며, 둘째, 제조업 공동화 현상으로 발생한 지방의 재정 위축 상황을 극복할 새로운 대체 산업의 모색에 관심이 고조되었던 것이다. 이러한 맥락에서 문화산업은 도시를 중심으로 클러스터를 형성해 오다 쇠퇴한 지역을 경제와 문화 양면에서 재활성화를 가져올 수 있는 전략적 개발수단으로 주목을 받게 되었다. 문화산업 관련 기업들은 영세한 소기업들이 주류를 이루고 있기 때문에 도시 주변에 분포한 쇠락한 산업체 건물에 입주함으로써 사업의 재정적인 부담을 덜 수 있다는 이점을 살렸다.

한편, 이들로 인해 형성된 문화환경은 주변 도시들이 환경개선 효과와 외부로부터 투자 및 인재를 유치하는 데 긍정적인 효과를 발휘하였다. 영국의 셰필드, 아일랜드의 템플바, 네덜란드의 틸버그, 독일의 북 라인-베스트팔리아 등이 피폐한 산업도시를 재활성화한 유럽의 대표적인 사례라고 할 수 있다.

(4) 북미 지역의 뉴미디어 클러스터

역사적으로 볼 때, 뉴미디어의 발달은 인쇄로부터 영화, TV까지 점차적으로 발달하여 왔으나, 최근에는 디지털 기술의 영향으로 그 속도가 급속도로 빨라지게 되었다. 특히 1990년대를 통하여 눈부시게 성장한 첨단 뉴미디어 산업은 통신, 방송 및 컴퓨터 산업을 결합한다고 하는 융합과정의 산물로서 평가되고 있다. 융합의 기술적 배경이 되는 디지털은 콘텐츠 측면에서 볼 때, 소리와 이미지 및 텍스트 등으로 엄격히 분리되었던 영역의 통합을 의미하는 것으로써, 문화콘텐츠 관련 산업 환경의 일대 전환을 가져오고 있다. 지금까지는 창의적인 통찰력과 예술적인 기법이 문화콘텐츠를 구현해 내기 위해 필요한 기본 요소였다고 한다면, 이제 디지털은 융합과정을 통해 새로운 문화콘텐츠를 만들어 내는 데 필수적인 생산요소가 되고 있다.

1990년대 이래 현재까지 뉴미디어 관련 산업활동이 지역적으로 가장 두드러진 곳으로서 미국 뉴욕의 실리콘 앨리(Alley)와 샌 프란시스코의 멀티미디어 걸치(Gulch), 그리고 캐나다의 토론토 등을 꼽을 수 있다.

맺음말

최근 몇몇 전문가 그룹에서는 21세기를 이끌어갈 주력 산업으로 6T가 언급되는데, 여기에는 정보통신(IT), 생명공학(BT), 나노기술(NT), 환경산업(ET), 우주산업(ST)과 함께 문화산업(CT)이 포함된다. 문화는 이제 과거처럼 일부 계층만이 향유하는 것이 아니라, 대중이 즐기며 그들의 소비를 필요로 하는 미래의 산업적 가치가 매우 큰 상품이란 인식이 보편화되고 있다. 실제로 영화, 게임, 애니메이션, 방송 등 주요 국내 문화콘텐츠의 연평균 성장률은 조선, 철강, 가전 등 국내 전통산업의 연평균 성장률을 6~7배 상회하고 있는 실정이다.

이로 인해 문화는 점차 단순히 한 시대, 한 나라의 생활양식만을 의미하는 것을 넘어서 무한한 경제적 가치를 지닌 주요 국가 산업으로 인정받고 있다. 따라서 앞으로는 문화산업의 경제적 가치를 정확히 파악하고 좀 더 효과적인 마케팅 전략의 수립을 통해 보다 많은 경제적 이익을 누릴 수 있도록 통합적으로 관리해야 할 필요가 있으며, 보다 많은 관련 전문인력을 양성하여 보다 풍요롭고 경쟁력 있는 산업으로 육성되어야 할 것이다.

참고문헌 및 자료

구문모(2001). 『문화산업과 클러스터 정책』. 산업연구원.

김영순(2006). 『문화산업과 문화정책』. 2006년 제1차 문화콘텐츠 교수연수 자료집.

김영순 · 백승국(2008). 『문화산업과 에듀테인먼트 콘텐츠』. 문화경영학 총서 2. 한국문화사.

문화체육관광부(2003). 『2002 문화산업백서』. 문화체육관광부.

_____(2004). 『2003 문화산업백서』. 문화체육관광부.

_____(2006). 『2005 문화산업백서』. 문화체육관광부.

_____(2006). 『문화강국 C-Korea 2010』. 문화체육관광부.

문화체육관광부(2007). 『2006 문화산업백서』. 문화체육관광부.

_____(2008). 『문화산업백서 2008』. 문화체육관광부.

옥성수 외(2005). 『문화산업 분야에서의 인문학 활용 현황과 활성화 방안』. 경제 · 인문사회연구회.

윤성식 외(2004). "지식정보사회의 문화산업정책". 『정부학 연구』 제10권 제2호, 122-150쪽.

SK그룹 〈http://www.sk.co.kr〉

게임동아 〈http://www.gamedonga.co.kr〉

광주광역시 〈www.gwangju.go.kr〉

네이버 〈http://www.naver.com〉

네이트 〈http://www.nate.com〉

다음 〈http://www.daum.net〉

디스이즈게임 〈http://www.thisisgame.com〉

뮤지컬 마리아마리아 〈http://www.themaria.co.kr〉

봉산문화회관 〈http://www.bongsanart.org〉

오름오르미들 〈http://orumi.net〉

온라이프존 〈http://www.onlifezone.com〉

이글루스 〈http://www.egloos.com〉

조인스닷컴 〈http://www.joins.com〉

티스토리 〈http://www.tistory.com〉

한겨레 〈http://www.hani.co.kr〉

더 읽어 볼 거리

테오도르 아도르노 지음, 김유동 옮김(2001). 『계몽의 변증법』. 문학과지성사.

신윤창 · 송영기 · 김장기(2007). 『자본주의와 문화산업』. 법문사.

6장

문화산업과 관광

왕 치 현

Culture Industry and Tourism

과거에는 관광을 산업의 하나로만 인식하던 때가 있었다. 그러
나 현대사회 내에서 관광은 문화요소와 융합되어 우리의 휴식 · 여
가기능, 교육, 자기 계발 등 복합적인 측면에서 삶의 질을 향상시켜
주고 있다.

21세기 관광상품은 문화적 자원인 문화유산과 자연적 자원인 생
태관광, 그리고 레저 및 레포츠 상품 등으로 나누어져, 목적을 가미
한 형태의 상품이 증대되고 활성화될 것으로 관광업계는 전망하고
있다. 한국은 소득과 여가시간의 증대, 교통과 통신의 발달로 인해
관광수요가 갈수록 증대되는 가운데, 흥밋거리 위주의 여행상품에
싫증이 난 여행자들의 축제와 이벤트 등 한 차원 높은 여행상품에
대한 수요가 증가할 것으로 예상되고 있다.

그래서 먼저 문화축제와 이벤트, 테마파크 등 우리에게 이미 익
숙하게 자리 잡고 있는 관광요소들의 기능이 무엇인지, 이를 통해
현재 우리 사회는 관광에 있어 어떠한 가치를 소비하고 있으며 미
래 어떤 관광상품이 각광받을 것인지 생각해 보아야 한다.

이 장에서는 문화관광의 중요성에 대해 인식하고 개인적 · 경제
적 · 사회적으로 미치는 영향과 문화관광으로서 축제의 기능에 대
해 파악하여 현대사회 내의 축제의 효과와 역할을 살펴볼 것이다.
또한 문화관광 상품의 하나인 테마파크의 개념과 기능을 이해함으
로써 문화관광의 흐름과 문화적 양상을 살펴보도록 할 것이다.

1) 문화관광의 개념

관광의 영문 표현인 'Tour'의 어원은 라틴어의 'tornum'에서 기인한 것이다. 이것은 원을 그리는 도구, 도르레, 원 등을 뜻하며, '돌다', '순회하다' 등의 의미가 담겨 있다. 반면, 여행을 뜻하는 'Travel'은 수고, 노고, 중노동을 뜻하는 'Travail'에서 파생된 의미로 '고통과 위험이 가득한 여행에서 무사히 돌아오다'라는 의미로 사용되었다.

동양에서의 관광의 어원은 중국의 오경 가운데 하나인 『주역』에서 찾아볼 수 있으며, "나라의 광화를 보는 것은, 왕의 손님이 되기에 족하다"라는 구절 가운데 '관국지광'(觀國之光)*에서 비롯된 것으로 보고 있으며, 이는 다른 나라의 실정을 시찰하여 견문을 넓힌다는 뜻으로 해석되고 있다. 우리나라에서 최초로 사용된 공식적인 기록은 고려 예종 11년(1115) 『국역 고려사절요』 제8권에 기록된 것으로, 이곳에 언급된 송나라 방문 사신의 "觀光上國 盡損宿習"(관광상국 진손숙습)라는 구절은 사회적·문화적 활동으로 상국을 방문하여 그 나라의 문물제도를 시찰하는 것을 뜻한다.

관광이란 일반적으로 다른 나라의 문물과 제도를 시찰하는 것, 다른 지방이나 나라의 아름다운 풍경·풍습·문화 등을 구경하고 체험하는 것, 보양과 유람 등의 목적으로 여행하는 것, 즐거움을 위해 여행하는 것 등을 뜻한다. 관광의 정의는 역사적인 변천과정을 거치면서 국내외 학자들을 통해 매우 다양하게

*관국지광(觀國之光)
'나라의 광화를 보다'라는 뜻으로 이 말의 준말이 관광이다. 광화(光華)는 환하고 아름답게 빛나는 빛을 의미한다.

〈그림 6.1〉 서울의 관광명
소 청계천

정의되면서 발전하여 왔다.

학자 보만(Bormann)은 "상용, 직무, 유람, 보양, 기분전환, 견문, 휴양 등의 목적을 위하여 거주지를 일시적으로 떠나는 여행의 총체적인 개념"이라고 정의했으며, 레이퍼(Leiper)는 "여행 중 수입을 목적으로 하는 경제활동을 제외하고 인간이 일상을 떠나 자유롭게 여행하며 1박 이상 일시적으로 체류하는 체제"라고 설명하였다. 그리고 국제관광전문가협회(AIEST)*에서는 관광을 "생업과의 지속적인 관련 없이 다시 돌아올 예정으로 타지를 여행하고, 체재함에 따라 일어나는 모든 관계 및 현상"이라고 정의하였고, 한국관광공사에서는 "일상생활권을 벗어나 순수여행 목적의 자유인과 여행목적 및 지역사회와의 상호작용, 여행과 관련된 산업과의 상호적으로 생겨나는 모든 관계"를 관광이라고 규정지었다.

21세기를 맞이하여 세계는 지금 문화관광에 대해 높은 관심을 나타내고 있다. 현대에 이르러 관광은 인간의 사회·문화 현상으로 이해되며, 또한 인간생활을 규정짓는 중요한 문화활동의 일부분으로 인식되고 있기 때문이다. 문화관광이 관광의 핵심

*국제관광전문가협회(AIEST)
스위스의 관광학자가 중심이 되어 1949년에 설립된 국제관광전문가협회는 Association International d'Expert Sjientifique du tourisme의 약자로, 현재 25개국 약 150명의 회원이 가입되어 있다.

요소로 부각된 이유는 다음과 같다.

첫째, 지식정보사회가 도래함으로써 지식기반 산업의 중요성과 필요성이 강조되었다. 과거 산업사회의 대량생산 산업구조가 물러가고 이제는 독창적이고 부가가치가 높은 산업구조 및 상품의 경쟁력이 높아지면서 풍부한 경험과 신속한 정보 및 창의력과 상상력 등이 21세기 산업발전의 핵심경쟁력으로 떠올랐으며, 따라서 이러한 산업의 원동력이라고 할 수 있는 각국의 문화자산에 대한 관심과 이해 및 수요가 확대되고 있다.

〈그림 6.2〉 곡성 심청축제

둘째, 세계 경제의 성장으로 인해 여행과 관광의 기회가 증가하는 가운데, 보다 많은 사람들이 예술과 문화 등이 포함된 자아실현 및 자기 계발을 목적으로 하는 문화관광을 선택하고 있다.

셋째, 사회의 발전과 함께 나타난 인간관계의 개성화, 개별화, 고립화의 경향은 소속감과 정체성을 감소시키고 있으며, 이로 인해 사람들은 과거에 대해 향수를 느끼고 있다.

사람들은 과거의 문화유산을 통해 자신의 정체성을 되찾고 삶에서 과거의 모습을 볼 수 있는 기회를 제공하며, 문화유산은 관광객들에게 수많은 해석의 가능성을 부여할 수 있는 무한대의 시간과 장소로 제공되고 있다.

2) 문화관광의 중요성

문화관광은 현대사회에서 우리 모두가 관심을 가지며 또한 실제로 참여하고 있는 여가문화활동의 하나로서 그 중요성이 점점 더 확대되고 있다. 많은 국가들 역시 문화관광을 유망한 21세기

산업으로 이해하고 있으므로, 보다 많은 관심과 투자를 아끼지 않고 있다.

문화관광은 우선 외래관광자가 소비하는 관광재화 획득이라는 산업적 측면에서 중요시되고 있으며, 더불어 국제화 및 세계화를 지향하는 국제 교류활동의 핵심 분야로서, 그리고 국제친선 및 세계평화에 기여하는 민간외교적 측면에서도 그 중요성이 강조되고 있다. 또한 이외에도 문화관광은 사회적·문화적 효과, 교육적 효과, 국민보건·복지적 효과 등의 분야에서도 그 중요성을 인정받고 있다.

문화관광의 산업적 효과를 경제적 효과와 사회문화적인 효과로 나누어 살펴보자.

관광객의 소비활동에 따라 생기는 여러 가지 영향을 관광의 경제적 효과라고 한다. 관광의 경제적 효과는 국제관광인 경우에는 여행수지에서 얻어진 외화의 총액으로 파악할 수 있다.

국가적으로 볼 때, 외국관광객들이 입국하여 지불하는 숙식비, 유흥비, 기념품구입비 및 관광교통비 등에 부과되는 각종 세금은 곧 중요한 국가재정 수입원이 된다. 지역의 입장에서 보아도 관광을 통하여 여행업, 운송업, 숙박업, 기념품업, 외식업, 접객업소, 기타 관광명소 등과 같은 관광객과 직접적인 관계가 있는 분야들이 활성화됨으로써 지역의 소득창출 및 고용증대에 결정적인 영향을 미치게 되므로, 관광은 매우 중요한 산업 분야라고 하지 않을 수 없다.

관광산업이 도입단계에 있는 나라에서는 민간업체의 참여도가 비교적 낮기 때문에 정부나 공공단체가 직접 관광개발에 참여, 투자함으로써 관광산업을 적극 육성시키고 있다. 그로 인해 관광산업이 발전하면 민간투자가 활발해지고 수익성이 향상됨으로써 관광산업의 투자 대비 수입이 함께 증가하게 되며, 국가적 차원에서 점차 안정된 재정수입원을 확보해 나가게 된다.

국민소득이 향상되고 여가시간이 증가하면 할수록 국민의 사회적 욕구는 팽창하기 마련이다. 일상생활에서 벗어나려는 욕구, 좀 더 많은 것을 추구하려는 욕구, 여가를 즐기려는 욕구, 자기계발 및 존재의식을 추구하려는 욕구 등 다양한 사회적 욕구에 대해 가장 효과적으로 대응할 수 있는 것 중 하나가 관광이다.

문화관광의 사회문화적 효과는 일반적으로 문화의 직접체험과 매개기능으로 크게 나누어볼 수 있으며, 구체적으로는 전통문화 보존효과, 교육적 효과, 문화적 효과, 여가 효과, 국제친선 효과, 정치적 효과, 환경적 효과 등으로 나누어 설명할 수 있다.

전통문화 보존효과는 관광객이 지속적으로 방문함으로써 지역사회가 그동안 인식하지 못하였거나 소외되거나 없어질 수 있었던 지역 풍속이나 문화 혹은 특산물을 지키고, 보존할 수 있게 하는 계기와 동기를 유발시키는 효과를 의미한다.

교육적 효과는 다른 지역으로 관광을 간다는 것 자체가 타문화를 구체적으로 체험하는 것이기 때문에, 관광객에게는 분명한 새로운 지식을 습득하고 공부를 할 수 있다는 뜻의 효과이다. 즉, 넓은 의미에서 보면 서로 다른 인종과 국적을 가진 사람들 간의 접촉이 가져다주는 것과 좁은 의미에서 보면 관광객들은 연수여행, 교육적 목적을 가지는 국제회의에 참여하거나 교육 프로그램에 참여하는 경우의 효과를 뜻한다.

문화적 효과는 관광객들은 관광지에서 새로운 문화에 대한 체험과 이해를 얻을 수 있고, 관광지역 주민들은 자신의 문화를 경험하기 위해 방문하는 외국관광객을 접하며 지역문화의 우월성에 대한 자부심을 갖게 되는 경우를 뜻한다. 또한 이들 상호 간에는 다른 문화에 대한 접촉과 경험을 통해 문화적 교환이 이루어지는 효과가 있다. 여가 효과는 관광을 통해 심신의 피로를 풀고, 활력을 충전하는 효과를 말한다. 기분전환을 위한 여행은, 건강에 유익할 뿐만 아니라 생활에 의욕을 불어넣어 줌으로써 삶의 질을 향상시킬 수 있다.

국제친선 효과는 서로 다른 국가의 사람들 사이의 접촉과 대화가 신뢰를 낳을 수 있는 좋은 기회라는 전제 하에 서로가 왕래하여 세계평화의 기초를 마련할 수 있다는 의미에서의 효과를 말한다.

정치적 효과는 관광을 통한 인간관계 형성이 정치적으로도 중요한 역할을 하게 되는 것을 뜻한다. 예를 들어 외국의 일반

관광객이나 정치 지도자는 체류 기간 동안 한국인과 맺은 인간관계를 통해 한국에 대한 이미지를 형성하게 된다.

환경적 효과는 관광산업의 발전이 환경에 대한 보존에 긍정적으로 작용한다는 의미이다. 즉 관광의 활성화를 위해 상·하수도, 전력, 통신, 도로망 확충 등의 물리적 환경 개선이 이루어지고, 관광시설과 공공시설이 건설됨으로써 관광객들은 물론 지역 주민들도 그 시설을 이용하는 편익을 누리게 되는 경우를 뜻한다. 또한 관광객이 관심을 갖는 지역의 문화자원 및 환경자산에 대해 지속적인 관심과 유지, 보존도 이에 속한다고 할 수 있다.

3) 문화관광의 유형

문화관광은 다양하게 분류될 수 있으나 가장 손쉽게 분류하는 방법은 문화관광의 주제에 따른 분류이다. 다음은 주제에 따른 문화관광의 유형이다.

첫째, 역사문화유적 문화관광이다. 이것은 유무형의 문화유산을 관람하면서 해당 민족의 정체성과 우수성을 체험하는 것이다. 이 경우 주로 왕릉, 궁궐, 박물관 등을 방문하게 된다.

둘째, 전통체험 문화관광이다. 한국인의 생활상을 재현하여 보여 줌으로써 정보로서의 효과뿐 아니라 교육적 효과 역시 의도하는 것이다. 민속촌 방문이나 템플스테이 등이 이에 속한다.

셋째, 민속예술 문화관광이다. 이것은 해당 민족의 민속 축제, 이벤트 그리고 공연 등을 관람함으로써, 그 민족의 민속 예술적 특징과 전통성을 확인하는 관광으로, 종묘제례악이나 하회별신굿 또는 무당굿 등을 관람하는 것이 그 예이다.

넷째, 전통음식 문화관광이다. 이것은 전통음식의 조리과정과 맛을 음미하는 등 민족 고유의 전통음식을 문화유산의 하나로서 체험하는 관광이다. 광주 김치축제나 낙인 음식축제 등이 그 대표적 예이다.

다섯째, 현대예술 문화관광이다. 이것은 과거와 함께 현대의 문화시설과 공연, 작품 등을 관광함으로써, 그 예술이 탄생한 국가의 문화의 현주소를 이해하는 것이다. 광주 비엔날레, 부산국제영화제나 기타 극장, 전시관, 미술관, 콘서트 등을 방문하는 것이 이에 해당된다.

1) 축제의 기원과 특징

우리 축제의 고형은 고대 부족국가들의 국가행사였던 부여의
1월 영고, 고구려의 10월 동맹, 예의 10월 무천과 마한의 5월과
10월의 제천의례 등에서 찾아볼 수 있다. 한국 축제의 대표적인
원형인 이들은 하늘에 제사를 지낸 후, 음주가무 같은 난장으로
이어지는 의례적 종합예술의 성격을 띠었다.

고대인들에게 축제란 액운을 쫓고 복을 부르는 행위로서, 그
들은 축제에 민족의 신앙적 사상과 문화적 공감대를 담아 냄으
로써 이를 통해 통일적인 국가적 이념을 구축할 수 있었다.

서구의 고대 축제들도 종교적 제의에서 출발하는데, 위대한
신 태양에 한 해의 농사를 도와준 것에 감사하고 다음 해의 풍년
을 기원하고자 개최하던 페루 잉카인들의 6월 태양제나 마야인

〈그림 6.3〉 우리의 현대적
축제, 봉화 은어축제

들의 신년의식 등이 서구 축제의 기원이라 할 수 있다.

축제를 뜻하는 서구의 단어 'festival'(페스티발)은 인간의 세속적 활동과 물질적 관심을 배제한다는 뜻의 라틴어 'feriae'(페리아에) 혹은 성일(聖日)이라는 의미의 라틴어 'festivalis'(페스티발리스)에서 유래하고 있으며, 그 기원처럼 현대 서구 축제의 대부분도 근본적으로는 역시 종교적인 의미를 내포하고 있다.

하지만 이러한 제의성과 종교성은 축제의 형식적 면을 바라본 것에 불과하다. 축제란 근본적으로 유희성·일탈성을 통해 인간의 자유와 평등을 추구하고 있는 공동체적 행사이기 때문이다. 인간을 '호모 루덴스, 즉 놀이하는 인간'이라고 규정한 호이징거는 축제를 놀이의 최고 형식으로 정의하면서 축제와 놀이의 공통적 특징을 시공간의 제한성, 엄격한 단호함과 진정한 자유의 동시성, 탈일상성으로 설명하였다.

현대사회에 들어오면서 축제는 제의적 성격보다는 유희적 성격에 더욱 집중하게 됨으로써 일상화되어 가는 경향을 보이고 있다. 전통적 축제와 현대적 축제의 특징을 비교하면 〈표 6.1〉과 같다.

결국 축제는 고대와 현대사회를 막론하고 인간이 바라는 이상적인 삶을 실현해 주며, 사회 구성원들을 결집시켜 준다.

〈표 6.1〉 전통적 축제와 현대적 축제의 특징

구 분	전통적 축제	현대적 축제
의례목적	신과의 교섭	참여자의 오락과 유희
의례효과	종교적, 교육적	오락적, 산업적
참여형태	집단적, 의무적	개별적, 선택적
참여동기	초월적 동기	기분전환, 흥미
참여자의 태도	몰아적 태도	비판적 거리두기
구성요소	공동 창작적 성격	관람적 성격

공동체적인 삶을 보여 주던 고대 부족국가의 제천의식에서부터 시작되는 축제는 오늘날에 이르러서도 한 집단의 정체성을 표현하는 수단으로 작용되고 있다. 이러한 이유로 공동체적 삶을 보여 주던 고대 부족국가의 제천의식은 현대의 복잡한 문명 속에서도 지역축제라는 이름으로 일상 속에서 활성화되고 다양화되며 발전하고 있다.

〈그림 6.4〉 청계천 등 축제

인간은 축제 속에서 유토피아를 찾고 이를 통해 자신의 자아를 추구하고자 한다. 한 집단의 정체성을 표현하고 공동체 구성원을 한 데 모을 수 있게 한다는 점에서 축제의 문화적 요소는 매우 중요하다.

2) 축제의 중요성

축제란 한 지역이나 국가의 고유문화를 세계에 알릴 수 있는 무한한 가능성을 지닌 무형의 문화자본이며, 지역 주민의 삶을 반영하는 문화적 역량을 지닌 문화콘텐츠이다.

축제는 우선 전통 문화예술의 계승과 발전 및 현대 문화예술의 도약을 가능하게 하며, 지역의 문화유산을 대외적으로 홍보하여 지역의 이미지 발굴이나 개선에 도움을 주고, 이를 통해 지역민의 문화욕구를 충족시켜 준다. 축제는 또한 경제적으로는 지역의 산업을 발전시키고 홍보하며, 관광객 유치를 통해 지역경제 활성화를 유도해낼 수 있는 문화콘텐츠로서도 기능한다. 더 나아가 축제는 정치적으로는 지방자치제도 실시와 함께 지역

의 문화자치를 실현함으로써 지역사회의 정체성 확립을 가능하게 한다. 더욱이 축제 과정에서 이루어지는 기업의 메세나 활동이나 시민들의 자원봉사 활동 등은 사회에서 실시될 수 있는 살아 있는 시민교육과 문화예술교육의 장으로써 충실한 기능을 하고 있다.

<그림 6.5> 함평 나비축제

예술적·오락적·생산적인 기능을 담당하며 매우 중요한 사회문화적 역할을 담당하였다. 하지만 오늘날 현대사회의 축제는 축제의 기존 기능에 전통문화 보존의 기능, 정체성 확립의 기능, 경제 산업적 기능, 관광의 기능 그리고 지역사회 소통의 기능 등이 부가됨으로써 더욱더 폭넓은 역할을 맡고 있다.

이에 정부와 지자체는 최근 들어 이 분야에 보다 높은 관심을 기울이고 있으며, 축제콘텐츠를 통하여 지역문화를 계승 발전시키고, 공동체의 모습을 대외적으로 홍보할 수 있는 축제를 문화산업의 일환으로 발전시키고자 노력하고 있다. 따라서 이로 인해 각 지자체 및 관련 기업체에서는 축제 관련 직종들이 생겨나고 있다.

우리나라에서 축제에 대한 관심이 증대된 것은 1994년 '한국 방문의 해'를 맞이하면서부터이다. 그해 한국관광공사는 전국 360여 개 지역축제 가운데 10개를 선정하여 한국 문화를 홍보하였고, 1996년부터는 문화체육관광부(당시 문화체육부)가 지역의 우수 향토 축제를 선정하여 '문화관광축제'*라는 이름으로 관광 측면에서 집중 육성·지원하고 있다.

*문화관광축제
문화체육관광부가 우수지역 축제를 세계적인 관광상품으로 집중 육성하기 위해 매년 선정하는 우수한 축제를 뜻한다.

현재 우리나라에는 약 813개(2010년 문화체육관광부 통계자료)의 축제가 개최되고 있으며, 각 지방자치단체들은 지금도 새로운 축제를 고안해 내고 있다. 이렇게 지자체들이 축제콘텐츠에 관심을 가지는 이유는 축제가 지역문화를 강화하여 특성화시킬 수 있기 때문이고, 지역 이미지의 보완과 향상이 가능하기 때문이며, 지역 특화상품 육성 및 관광산업으로 인한 지역경제 활성화의 중심 역할을 할 수 있기 때문이다.

하지만 현재 한국의 축제는 양적인 성장에도 불구하고 아직 기획과 집행 면에서 많은 문제점들을 안고 있는 것이 사실이다. 독창적이고 전문적인 축제기획 및 운영인력의 부족으로 인해 문화관광 축제의 잠재력을 세계적인 축제로 현재화시키지 못하고 있으며, 축제를 또한 너무 상업적으로만 접근하는 부작용과 함께 교통혼잡, 환경오염 및 파괴로 이어지는 부정적 측면에도 효과적으로 대처하지 못하고 있다.

축제와 문화콘텐츠를 연계하여 경쟁력이 있고 참신한 축제를 육성하기 위해서는 우선, 기획력이 충분히 발휘될 수 있는 문화 프로그램들을 개발하고, 지역의 전통문화 개발을 위한 노력을 통해 차별화되고 특성화된 프로그램을 마련하여야 한다. 그리고 정확한 타깃 시장을 선정하여 알맞은 마케팅 콘셉트를 만들어 내야 하고, 축제운영 전반에 대한 전문가들의 컨설팅을 필요로 하며, 상품의 단순한 직접거래를 넘어서서 지역의 상품을 소재로 한 문화적·경제적 상품의 개발이 필요하다. 또한 축제가 끝난 후에는 관광객 만족도를 분석하기 위한 축제 평가 시스템을 도입하여야 한다.

결국, 우리나라 축제를 세계적인 축제로 육성하여 경제적·문화적·사회적 효과를 누리기 위해서는 축제 개최에 앞서 뚜렷한 목적과 기획력이 필요하며, 축제의 전 과정을 담당하는 전문인력의 양성에 힘써야 한다.

3) 이벤트

이벤트의 정의는 서양에서는 특정 목적을 가진 판매촉진을 위한 마케팅 행사를 일컫고 있지만, 현재 한국에서 사용하는 이벤트란 일본에서 출발한 의미로서 '1964년 동경올림픽'과 '1970년 오사카 만국박람회'를 시작으로 보다 광범위하게 그 활동범위를 포함하고 있다.

한국이벤트연구회는 이벤트를 "공익, 기업이익 등 뚜렷한 목적을 가지고 엄밀하게 사전 계획되어 대상을 참여시키는 사건 또는 행사의 총칭"이라고 규정하고 있다.

결국 이벤트란 주최자가 치밀한 계획을 세워 대상을 난장에 참여시킴으로써 자신의 뚜렷한 목적을 실현하고자 하는 현장 커뮤니케이션 활동을 총칭하는 말로서, 넓은 의미로는 시간과 장소 및 대상을 제한하고 공통의 목적으로 유도하는 일체의 행사를 말하지만, 선거나 데모 등의 정치 관련 행사와 종교의식 등은 포함시키지 않는 것이 일반적이다.

이벤트는 크게 주최 측의 성격 및 주최 목적, 이벤트의 실시형태, 참가자의 관점 등을 기준으로 다음과 같이 분류할 수 있다.

(1) 주최 측의 성격 및 목적에 따른 분류

이벤트는 주최 측의 성격 및 목적에 따라 사적 이벤트(private event), 기업 이벤트(corporate event), 사회적 이벤트(social event), 공적 이벤트(public event), 국제적 이벤트(international event)로 나뉜다.

그중에서도 정부 및 공공기관이 중심이 되어 개최하는 공적 이벤트는 공공의 목적을 수행 또는 지원하기 위해 계획되는 것으로, 지역발전 및 활성화, 지역의 이미지 향상, 지역홍보, 지역주민의 공동체의식 조성, 산업기술의 진흥과 교육, 문화, 국제교류의 조성 등을 주요 목적으로 한다.

기업이 판촉과 홍보를 목적으로 시행하는 기업 이벤트는 기업이 의해 계획, 실시되며 커뮤니케이션 전략이나 판매촉진 전략 또는 통합 마케팅 전략의 하나로 전개되는 이벤트로서 기업의 이미지 향상 및 공공성, 기업이념 홍보와 고객고정화, 상품 및 서비스의 보급과 판매 강화, 기업조직의 활성화와, 사회 · 문화사업의 지원 및 사회봉사를 목적으로 한다.

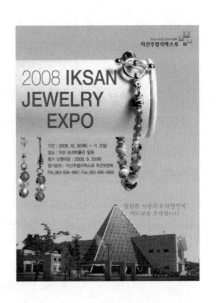

〈그림 6.6〉 지역 이벤트의 예, 2008 전북 익산 주얼리 엑스포

이밖에도 개인이나 소규모 단체, 비영리 단체가 개인이나 친목, 사교적인 목적으로 주최하는 사적 이벤트, 종교단체, 문화예술단체 및 각종 사회단체가 주최하는 사회적 이벤트, 주최나 참여조직이 국제적인 국제적 이벤트가 있다.

(2) 형태에 따른 분류

이벤트는 형태와 내용에 따라 〈표 6.2〉와 같이 분류할 수 있다.

(3) 참가자 입장에 따른 분류

이벤트는 개개의 이벤트가 갖고 있는 성격이나 주최 측의 목적 등이 다양하기 때문에 참가자 입장에 따른 분류가 가능하다.

〈표 6.2〉 이벤트의 형태에 따른 분류

구 분	세부형태	내 용
박람회 이벤트	Exhibition and Fair	국제박람회, 지방박람회
전시회 이벤트 (견본시, 전시회)	Trade Show Fair	국제견본시, 전문전시회
문화 이벤트, 스포츠 이벤트	Festival, Performance Sports	마츠리, 주년행사, 예술제, 음악제, 영화제, 미술제, 국제대회, 전국대 회, 지방대회, 각종 스포츠 대회
컨벤션	Convention, Meeting Symposium, Seminar	국제회의, 국내회의, 대회, 집회, 심포지엄, 강연회
지역 이벤트	Festival	지방자치제 등이 지역에서 주최하 는 지역진흥과 관광을 위한 이벤트

참가자 입장에서 볼 때 이벤트는 오락적 요소를 체험할 수 있는 장소이며 지식과 교양을 얻을 수 있는 장소이자, 일상생활에서 자극과 활력을 얻는 장소인 동시에 '비일상적 체험'을 위한 현실에서의 탈피 장소이기도 하다. 이런 목적을 기준으로 분류해 보면 이벤트는 연극, 영화제, 콘서트 등의 보고 즐기는 감상형 이벤트, 스포츠 이벤트 같이 행동하고 참가하는 체험형 이벤트, 회원 감사제나 신입사원 환영회 등과 같이 소속감을 높이는 연대형 이벤트, 미인 콘테스트나 작품공모전 등과 같이 자기성취를 만족시킬 수 있는 이벤트인 자아실현형 이벤트, 전시회나 심포지엄 등 정보를 수집할 수 있는 정보형 이벤트 등으로 분류될 수 있다.

(4) 이벤트의 효과

이벤트는 경제, 사회, 문화 등의 분야에서 직접성, 소통성, 판매 촉진성, 파급성, 홍보성, 관계 촉진성 등의 다양한 효과를 나타낸다. 이벤트의 효과는 다음과 같이 여섯 가지로 설명될 수 있다.

유 형	구성내용
퍼레이드	특정 주제를 토대로 다수의 인원이 차량 등을 동원하여 일정 코스를 순회하는 이벤트
퍼포먼스	즉흥적으로 행해지는 예술제, 영화제, 연극제, 음악제
데몬스트레이션	공예품 등 주제와 관련된 제조과정을 공개 재연
쇼	실내외의 무대에서 연기자들이 진행하는 라이브, 캐릭터쇼, 동물쇼 등
체험 이벤트	가요제, 각종 콘테스트 등 방문객이 직접 참가할 수 있는 이벤트
세일즈 프로모션	기업의 상품판매 증대를 목표로 하는 이벤트로 시식, 시음회, 신제품 발표회, 회원초대 프로그램 등
전 시	예술이나 문화와 관련된 전시회
흥행전시	특산물 전시장에서 일정기간 동안 진행하는 이벤트
회의 이벤트	각종 주제의 회의
매력 이벤트	특정 매력물을 주제로 선정한 이벤트

첫째, 다이렉트 효과이다. 이벤트의 주최 측이 소비자와 직접 대면을 통해 얻어 내는 직접 효과를 말한다. 예를 들어 입장료 수입, 행사장 내 상품판매액 등 직접적으로 얻어지는 경제적인 효과 외에 이벤트 개최에 의한 직접적 효과 및 이벤트를 주최한 관계자들이 경험으로 얻어지는 학습효과를 들 수 있다.

둘째, 커뮤니케이션 효과이다. 대중매체에 의한 홍보와 이벤트가 이끌어 내는 효과로서, 주최자의 인지도 향상, 이벤트 내용의 이해, 공감대 형성이 다양한 매체를 통해 소통된다. 또한 이벤트는 쌍방향 커뮤니케이션을 가능하게 하는 매체로서 무엇보다도 직접적인 교류와 개별적인 소통이 가능하다는 특징을 가지고 있기 때문이다.

셋째, 판촉효과이다. 직접 소통에 따른 공감대 형성으로 구매의욕이 촉진되며, 상품 및 기업에 대한 신뢰감과 호감도가 증가하여 매출로 이어진다.

넷째, 파급효과이다. 직접 파급효과와 간접 파급효과가 있는데, 직접 파급효과는 이벤트 참가자 혹은 정보를 얻는 사람들에게 전달되는 구전적인 효과를 말하며 산업발전 효과를 가져온다. 간접 파급효과는 이벤트 개최에 따른 경제적 파급효과 및 기술문화 보급, 사회의식 개발 효과를 뜻한다.

다섯째, 퍼블리시티 효과이다. 이벤트가 대중매체 등에 의해 보도되는 것으로 이벤트에 대한 대중매체의 논평, 해석 등에 의해 대중들의 신뢰도를 획득하는 효과를 가진다.

여섯째, 인센티브 효과이다. 기업과 지자체 등에서 발생되는 관계개선 및 관계촉진 효과를 뜻하는 것으로 사원 등 구성원의 결속을 통해 외부까지 그 영향이 미친다. 인센티브 효과는 이벤트가 갖고 있는 경제적·문화적 목적(마케팅, 문화행사, 공공행사, 기업행사)뿐만 아니라, 국가나 지역의 이미지 제고와 교류를 위한 범위까지 발전되어 그 효과가 지속적이다.

테마파크

1) 테마파크의 역사와 정의

*플레저 가든(pleasure garden)
유럽에서 생겨나기 시작. 실외 엔테테인먼트로 만들어진 테마파크 형태이며, 정원, 볼링, 게임, 음악, 무도장, 무대연 등이 가능했다.

근대적인 유원지로서의 테마파크(theme park)는 17세기 유럽의 플레저 가든(pleasure garden)*으로부터 유래되었다. 도시 교외에 녹지와 광장, 인공호수와 화원 등으로 이루어진 공원시설이 들어서고, 자연스럽게 이곳에서 음악회 등의 이벤트가 열림으로써 볼 만한 구경거리가 제공되었으며, 오락성 탑승 도구들이 설치됨으로써 근대적인 의미에서의 유원지, 즉 플레저 가든이 형성되었다. 오늘날 테마파크의 내용과 형식도 초기의 플레저 가든과 크게 다르지 않다고 할 수 있다.

이러한 유원지 형태의 공원은 미국에 도입되어 19세기 말부터 20세기 초까지 전성기를 맞이하였으나, 1930년대에 들어서자 자동차의 대량공급과 영화산업의 발달로 인해 오락수단이 다양화됨으로써 사양화로 접어들게 된다. 이때 유원지 산업의 부활을 선포하며 나타난 것이 1955년에 등장한 디즈니랜드(Disney Land)이다. 디즈니랜드는 탄생 이래 연령과 성별 그리고 국적을 떠나 많은 사람들로부터 커다란 사랑을 받았으며, 지금까지도 많은 사람들에게 꿈과 희망을 안겨 준다.

디즈니랜드는 기존의 유원지를 새로운 차원으로 발전시켰다는 점에서 역사적 의미를 지닌다. 왜냐하면 디즈니랜드는 기존의 유원지에 주제 개념을 도입함으로써, 처음으로 현대적인 의미에서의 테마파크 개념을 제공하였기 때문이다.

테마파크가 초기의 플레저 가든과 근본적으로 다른 점은 플레저 가든이 단순히 여가를 즐기는 형식인데 반해, 현대의 테마파크는 여가를 즐기면서도 동시에 유익한 정보나 지식을 습득할 수 있게 함으로써 휴식과 재창조의 기회를 함께 제공한다는 것이다.

국내 테마파크의 역사는 지난 1973년 어린이대공원이 개장하면서 시작되었다고 볼 수 있다. 3년 뒤 동물원과 놀이시설을 갖춘 용인자연농원이 등장하여 테마파크의 밑그림이 그려졌으며, 63빌딩 내의 수족관(1985)과 과천 서울랜드(1988) 및 롯데월드

(1989)의 개장, 그리고 용인자연농원의 에버랜드(1996)로의 변신을 통해 국내 테마파크는 본격적인 정착과 발전의 시대를 열게 되었다.

테마파크는 우선 일정한 주제를 가지고 놀이공원의 환경을 만들면서 쇼와 이벤트로 공간을 연출하는 레저시설이라고 정의될 수 있다. 기존 유원지 개념에 일정한 테마를 입힌 공원이라고 할 수도 있지만 유원지보다는 한 단계 더 발전한 시설이라고 하겠다.

또한 테마파크는 복잡한 현대사회 속에서 살아가고 있는 우리들에게 일상생활에서 벗어나 삶의 재충전과 자기성취를 구현할 수 있도록 개발되고 연출된 여가문화공간으로 정의된다. 특히 현대의 테마파크*는 휴식과 여가에만 관심을 갖는 것이 확장하고 있는 점이 특징적이라고 하겠다. 하지만 테마파크는 무엇보다도 인간들이 소망하는 새로운 꿈과 희망이 있는 이상향의 세계를 현실세계에 구현하고자 하는 꿈의 공간으로 정의될 수 있다.

현재 우리가 흔히 말하는 테마파크라는 개념은 월트디즈니가 디즈니랜드를 처음 만들면서 생겨났으며, 디즈니월드를 비롯한 다양한 테마파크와 여가시설이 들어선 플로리다 주의 올랜도는 이제 세계인이 꿈꾸는 휴양지로 성장하였다.

디즈니랜드가 유발하는 관광 및 고용을 통한 지역경제 활성화와 지역 이미지 제고 등의 다양한 경제적 · 문화적 요인에 주목한 세계 여러 나라는 근래 들어 테마파크 산업에 보다 큰 관심을 보이고 있다.

테마파크는 상상의 이미지와 교감할 수 있는 특별한 테마를 가지고 있는데, 테마파크는 이 테마를 스토리 차원과 메타 차원

*현대사회의 테마파크 등장배경
- 근로시간 단축 및 여가시간 증대
- 생활수준 향상
- 3차 산업, 서비스산업의 확대
- 고령화와 핵가족화
- 자연 관광자원에 대한 수요 증가 등

〈그림 6.7〉 국내 테마파크 에버랜드

에서 구현해 낸다. 스토리 차원은 독특한 캐릭터, 장식, 건축, 무대장치, 놀이기구들 등에서 실현되는 이야기이며, 메타 차원은 스토리 요소들에 대한 배치, 광고, 홍보, 마케팅 등을 통해 테마파크 소비자에게 새로운 모험과 체험을 이끌어낼 수 있도록 상상의 세계를 제공하는 것이다.

〈그림 6.8〉 미국 테마파크 너츠 베리 팜(Knott`s Berry Farm)

2) 테마파크와 현대사회

현대사회의 급격한 변화는 우리의 삶도 변화시키고 있다.

근로시간의 단축과 이로 인한 여가시간의 증대, 3차 산업의 비중 증대와 서비스산업의 확대, 전반적인 생활수준 향상으로 인한 국내 및 해외여행에 대한 수요증가, 고령화와 핵가족화로 인한 여가의 대중화, 도시 주거환경의 악화와 이로 인해 맑고 푸른 산과 바다 등 자연 관광자원에 대한 도시민들의 수요증가 등 현대사회의 우리 삶은 실로 급격하게 변화하고 있다. 이러한 사회적 변화는 다양하고 의미 있는 여가와 관광의 필요성을 증폭시키고 있으며, 점차 여가생활과 레저에 대한 수요도 증가하고 있다.

현대인은 이제 교육과 학습 중심의 가족단위 관광지를 선호하고 있으며, 복합적인 동시에 테마가 차별화된 관광지, 역사와 문화를 보고 배울 수 있는 문화공간, 자연과 인간이 교류할 수 있는 친환경적인 자연공간, 첨단 과학기술이 접목된 테마파크 등을 필요로 하고 있다. 현대인은 직접적으로 체험하고 참여할 수 있는 전시, 공연 등 이벤트 프로그램 구성과 가족의 편의를 도모하는 지원시설이 완비된 여가시설을 절대적으로 필요로 하고 있는 것이다.

그러나 정부나 공공단체에 의한 도시공원의 확충은 더욱더 어려워지고 있으며, 이로 인해 인위적 시설을 중심으로 조성된 도시 인근 여가공간이나 도시형 리조트에 대한 수요는 날로 증대하고 있다. 따라서 민간에 의해 개발된 테마파크 등이 현대도시인의 레저생활과 여가문화에 대한 욕구의 상당부분을 충족시켜야 할 입장이다.

특히 녹지공간과 여가공간이 부족한 도시생활에서 벗어나 삭막한 도시생활의 스트레스를 풀고 마음껏 다른 세계를 즐길 수 있는 테마파크와 같은 여가공간 및 여가산업은 도시민의 삶의 질 향상이라는 측면에서도 대단히 중요한 미래형 탈스트레스 산업으로 주목받고 있다.

이러한 테마파크는 도시민의 여가수요를 충족시키는 효과를 가지고 있을 뿐 아니라 더 나아가 그 나라의 문화가 담긴 문화공간으로서 외국인 관광객을 유치하는 매력적인 관광자원으로도 중요한 역할을 한다. 미국의 디즈니랜드, 하와이의 폴리네시안 컨트롤센터, 싱가포르의 센토 사 등 각국의 유명한 테마파크와 우리나라의 롯데월드나 민속촌 등은 많은 외국인 관광객이 방문하는 대표적인 관광코스로서 명성을 얻고 있다.

테마파크는 부가가치의 창출 가능성이 매우 큰 산업 부문이며 소비자를 직접 끌어모으는 집객산업이다. 또한 이러한 집객력이나 최종 소비자인 방문객들의 성향을 기반으로 유통이나 광고 및 미디어산업, 또는 각종 서비스산업으로의 확장이 가능하며, 운영상의 노하우를 통해 캐릭터산업이나 첨단게임산업 등으로 진출도 유리하다는 장점이 있다. 테마파크는 단순히 고객들에게 놀이기구나 장소의 제공이 아닌 고객의 즐거움과 만족이라는 보이지 않는 가치를 창조한다는 측면에서 서비스업의 가장 발전된 형태로 볼 수 있으며, 이러한 이유로 오늘날 기업들이 이미지를 제고하기 위한 차원에서 이 분야에 적극적으로 참여하기도 한다.

| 3) 테마파크의 특성과 유형

테마파크가 성립되기 위해서는 몇 가지 전제조건이 필요하다.* 테마파크는 우선 일정한 규모의 공간을 필요로 하며, 이 공간이 특정한 주제를 가져야 하고, 또한 시설과 운영 모두 이 주제와 부합되어야 한다. 테마파크는 따라서 특정한 주제가 다양한 시설과 운영을 통해 펼쳐진 공간이라고 할 수 있다. 그러나 이것만으로는 진정한 의미의 테마파크가 성립되었다고 할 수 없다. 테마파크의 주제공간은 여타 공간과 확연히 분리되는 배타성을 지녀야 하며, 또한 실제적 삶과 구별되는 비일상성을 구현하여야 한다.

그러므로 테마파크는 본질적으로 다음과 같은 특성을 지니고 있다.

테마성은 테마파크가 하나의 중심적 테마 또는 연속적인 몇 개의 테마들의 연합으로 구성되는 특성을 뜻한다.

비일상성은 테마파크가 하나의 독립된 완전한 상상의 세계로서 일상성을 완전히 차단한 비일상적 유희공간이라는 특성을 의

*테마파크의 성립조건
– 일정한 규모의 공간
– 특정한 주제
– 시설과 운영 모두 주제와 부합
– 테마성, 비일상성, 배타성, 통일성, 레저성, 독창성, 종합성

미한다. 이 특성은 특히 하우스텐보스, 스페이스월드, 닛코 에도 빌리지, 유니버설 스튜디오* 등에서 쉽게 확인할 수 있다. 통일 성은 주제 부각을 위해 건축양식, 조경, 위락시설 등 모든 상품 에 통일적인 이미지를 부여하는 특성으로, 디즈니랜드, 산리오 퓨로랜드, 동경 세사미 플레이스 등에서 잘 나타나고 있다.

배타성은 현실과 차단을 통해 체험하게 되는 가상, 허구의 공 간으로서의 특성을 의미하는 것으로, 특히 디즈니랜드, 디즈니 씨, 에버랜드, 롯데월드 등에서 관찰될 수 있다.

레저성은 테마파크가 창조적인 유희공간으로서 유희, 구경거 리, 음식, 쇼핑, 쇼 및 다양한 이벤트 프로그램 등 놀이에서 휴식 까지 소비할 수 있는 오락공간이라는 특성을 지니고 있음을 설 명하는 것이다.

독창성은 테마파크가 현대적 감각이나 현대인의 욕구에 부응 해야 하지만, 다른 한편으로는 지역적 특성이나 독특한 구성요소 를 가지고 있는 공간이어야 한다는 특성을 표현하는 것으로, 특 히 씨월드 캘리포니아, 너츠 베리 팜 등에서 그 예를 볼 수 있다.

종합성은 테마파크가 놀이에서 휴식까지 즐길 수 있는 종합적 공간 및 이미지로서의 특성을 지니고 있음을 설명하는 것이다.

테마파크가 일반적으로 이와 같은 특성을 공유하고 있다 하 더라도, 테마파크 모두가 유사한 것은 아니다. 테마파크는 주제, 목적, 기능 등에 따라 여러 가지로 분류될 수 있을 뿐 아니라, 한 요소 내에서도 다양한 분류가 가능하다. 예를 들어 하와이의 폴리네시안 컨트롤센터나 한국민속촌은 전통민속과 새를 주제 로 하고 있으며, 미국의 유니버설 스튜디오는 영화산업을 주제 로 하고 있다.

따라서 주제를 예로 들어볼 때, 테마파크는 도입된 주제의 유

*유니버설 스튜디오
미국 캘리포니아 주 로스앤젤 레스에 있는 영화 스튜디오 가 운데 가장 규모가 큰 것으로 새퍼낸도 계곡의 넓은 부지 위 에 마련된 영화촬영장이다. 유 명 영화의 세트 및 특수촬영 장면, 스턴트 쇼 등을 관람할 수 있는 일종의 놀이공원으로 트램투어, 스튜디오 센터, 엔터 테인먼트 센터 등 세 가지 코 스로 구분되어 있다.

형에 따라 다음과 같이 크게 여덟 가지 정도로 분류할 수 있다.

첫째, 사회역사 테마파크는 역사와 문화 그리고 풍속과 풍물 등을 주제로 하며, 자국의 고유한 역사와 문화뿐 아니라 세계 각국의 특정 문화나 지리적 풍물, 역사적 사건 등을 소주제로 설정하기도 한다.

둘째, 생물 테마파크는 식물, 동물, 해양 등 생물체의 세계나 자연의 구성요소를 주제로 구성한다.

셋째, 산업 테마파크는 지역 산업시설이나 목장 등을 개방, 전시하고 체험하는 형태를 취한 것으로, 체재와 반복경험이 가능한 특징이 있다.

넷째, 예술 테마파크는 음악, 미술, 조각, 영화, 문학의 분야를 주제로 사용하며, 각 예술 분야별로 전시, 공연, 참여의 장을 마련한다.

다섯째, 놀이 테마파크는 스포츠 활동, 건강 등의 아이템을 도입하여 시설을 구성한다.

여섯째, 환상 테마파크는 캐릭터, 동화, 만화, 서커스, 과학 등 비일상적 주제를 사용하여 공간을 구성한다.

일곱째, 하이테크 테마파크는 현대과학기술의 정보와 모습을 전시하거나 우주체험 시뮬레이션 등을 도입해 테마파크를 구성한다.

여덟째, 자연 테마파크는 자연경관, 온천, 공원, 폭포, 하천 등 자연의 요소를 활용해 주제를 설정한다.

그러나 이러한 유형 구분에도 불구하고 모든 테마파크는 다소의 주제 중복이 가능하며, 특히 모든 유형에 오락적·교육적 목적이 공통적으로 적용되고 있다고 볼 수 있다.

관광단지 조성으로 일자리 창출 및 지역경제 활성화

경기도와 삼성에버랜드는 용인 에버랜드 일대가 테마파크를 중심으로 한 체류형 복합 엔터테인먼트 관광단지로 지정, 조성될 수 있도록 상호 협약을 체결했다.

11일 오후 2시, 용인 에버랜드에서 진행된 협약식에서 김문수 경기도지사와 삼성에버랜드 박병주 전무는 용인 에버랜드 관광단지 조성 관련 상호협력에 대한 양해각서에 서명했다.

협약 주요내용을 살펴보면, 삼성에버랜드는 관광단지 조성으로 일자리 창출 및 지역경제 활성화에 기여하고, 경기도는 동 사업이 원활히 추진될 수 있도록 적극적인 행정지원을 협조하겠다는 내용을 포함하고 있다.

그동안 삼성에버랜드는 급증하고 있는 관광수요와 다양한 관광욕구를 충족시키기 위해, 특히 밀려오는 중국 관광객의 수요를 수용하기 위해서 복합 엔터테인먼트 리조트 형태의 시설 확충을 절실히 요구하고 있었으며, 경기도는 도내 관광산업의 활성화는 물론 21세기 신성장 동력사업인 관광산업의 발전을 위해 그동안 세 차례에 거쳐 에버랜드의 관광단지 지정을 위해 중앙정부에 협의를 요청했으나 반영되지 않았고, 최근 늘어나는 중국 관광객을 보다 많이 유치하고 일자리 창출을 위해 중앙정부와의 협의를 통해 관광단지로 지정할 수 있게 됐다고 전했다.

AD 에버랜드 관광단지는 2014년 기준 1,100만 명의 관광객 유치를 목표로 면적 1만 3,234천m^2, 사업비 1만 5,650억 원(기 투자액 5,650억 원 포함)의 대규모 민간자본이 투입되어 조성되며, 신규 발생되는 일자리 수는 관광단지 조성시 1만 6,600명(한국은행 산업별 취업유발계수 참조), 향후 운영 시 2,500명으로 총 1만 9,100여 명의 고용창출 효과가 있는 것으로 예상된다.

또한 이미 운영 중인 세계 10위 테마파크를 중심으로 가족형 숙박시설, 휴양스포츠 시설, 문화교육 시설, 모터파크 시설, 복합 상업시설 등이 조성되어 자원형·테마형 복합 레저관광 형태로 발전할 것으로 예상된다.

개발사업이 완료될 2014년 즈음에 에버랜드 관광단지는 아시아를 넘어 세계적인 관광거점으로의 상징성과 대한민국을 대표하는 테마파크로서 수도권뿐만 아니라 많은 외국인들, 특히 보다 많은 중국 관광객들이 찾아오는 관광명소로서 재탄생할 것으로 보이며, 이번 협약 체결은 대한민국 거점 관광지 및 테마파크로서 21세기 동아시아의 관광산업을 선도할 에버랜드 관광단지 조성사업 추진에 탄력을 주는 엔진의 역할을 수행할 것으로 전망하고 있다.

– 한국재경신문, 2009. 12. 11

축제는 산업자원이기 이전에 하나의 문화자원이자 교육자원이다. 어떤 지역이 아무리 훌륭한 문화유산을 가지고 있어도 교육과 인재 양성을 통해 이러한 문화유산을 부가가치가 높은 문화콘텐츠로 재창조해 내지 못한다면, 이 문화유산은 경쟁력 있는 산업으로 발전할 수 없다. 지역의 역사와 역사적 인물, 특색 있는 전설이나 설화 등 그 지역의 문화 자산을 축제로 활용하는 전략은 축제를 통한 문화자치, 문화교육, 문화산업의 발전으로 이어져야 할 것이다.

우리나라에서도 지방자치단체들이 지역문화콘텐츠를 활용하여 지역의 이미지를 확대, 보급함으로써 지역 이미지 개선과 지역경제 활성화를 위한 테마파크 설립에 많은 관심을 기울이고 있다. 이것은 미래형 관광레저도시 조성사업 등이 새로운 시장으로 각광받기 때문이며, 지역을 콘텐츠화함으로써 경제적 가치 획득과 함께 지역 정체성 확립을 통한 지역 브랜드도 추구할 수 있기 때문이다.

하지만 국내에서는 최근까지도 테마파크 산업에 대한 올바른 이해가 이루어지지 못하고 있다. 이제 과거의 놀이공원을 바라보던 편협한 시각에서 벗어나, 지역경제를 활성화시키고 우리나라의 관광산업을 한 단계 도약시킬 수 있는 핵심사업으로 테마파크를 바라보아야 할 것이다.

문화관광은 복잡한 현대사회 속에서 살아가고 있는 우리들에게 일상생활에서 벗어나 삶의 재충전과 자기 성취를 구현할 수 있도록 비일상적인 꿈의 세계로 우리에게 다가온다. 미래의 시대는 여가와 관광의 시대라고 말한다. 관광산업 중에서도 온 가족이 함께 즐기고 배울 수 있는 관광공간으로서 축제의 장과 테마파크는 앞으로도 계속 각광받는 유망산업으로 부상하는 21세기 동력산업이 될 것이다.

참고문헌 및 자료

박지선(2006). "축제, 나누기와 곱하기". 『축제와 문화콘텐츠』, 37–70쪽.
왕치현(2006). "연극과 문화콘텐츠". 『인문학과 문화콘텐츠』, 186–202쪽.
OK웹투어여행사 〈http://www.okwebtour.com〉
강원일보 〈http://www.kwnews.co.kr〉
곡성문화관광 〈http://www.simcheong.com〉
국제관광전문가협회(AIEST) 〈http://www.aiest.org〉
뉴시스통신사 〈http://www.newsis.com〉
민박넷닷컴 〈http://www.minbaknet.com〉
아이뉴스 24 〈http://news.naver.com〉
워크홀릭 〈http://www.walkholic.com〉
월간 B&F 〈http://www.bizplace.co.kr〉
티스토리 〈http://www.tistory.com〉
한국문화관광연구원 〈www.kcti.re.kr〉
한국재경신문 〈http://news.jknews.co.kr〉
한솔관광버스 〈http://www.hansolbus.com〉

더 읽어 볼 거리

김영순 · 김현 외(2006). 『인문학과 문화콘텐츠』. 다할미디어.
김영순 · 최민성 외(2006). 『축제와 문화콘텐츠』. 다할미디어.
김창수(2007). 『테마파크의 이해』. 대왕사.
김춘식 · 남치호(2002), 『세계축제경영』. 김영사.

7장

여가문화산업

신규리

Leisure Culture Industry

••

　21세기 한국 국민들이 가장 소망하고 추구하는 가치관은 웰니스, 웰빙, 복지, 여가, 삶의 질 향상과 같은 단어로 간명하게 표현할 수 있을 것이다. 이러한 가치관의 형성은 신체적 건강과 복지에 대한 의식의 향상에서부터 여가시간의 증대, 일과 여가에 대한 가치관의 변화, 그리고 각종 질병에 대한 의료기술의 발달 등에 이르기까지 현대사회의 다양한 변화 속에서 자연스럽게 발생한 시대적 흐름이다. 이처럼 현대사회에서 일뿐만 아니라 여가에 대한 중요성이 부각됨에 따라, 여가문화에 대한 국민들의 다각적인 관심과 다양한 여가콘텐츠를 중심으로 한 각종 여가문화산업의 성장이 두드러지는 시기가 도래하였다.

　이에 이 장에서는 한국의 여가문화에 대한 이해와 여가문화 형성요인을 파악하고 여가문화산업의 제반 영역 및 특징을 알아본다. 더불어 여가공간, 여가용품, 여가서비스산업의 동향 파악을 통해 여가문화산업의 미래 전망을 논의한다.

1) 여가문화 이해하기

지난 2005년 문화체육관광부의 '문화강국(C-Korea) 2010' 전략에 따르면, 정부는 다양한 21세기 경제성장의 동력으로 지목되는 창의성(Creativity), 콘텐츠(Contents), 문화(Culture)의 3C를 중심으로 문화, 관광, 레저 스포츠 산업의 상호연계하에 '문화로 부강하고 행복한 대한민국'을 만들어 낸다는 의지를 표명하였다(노용구 외, 2008). 문화로 부강하고, 행복한 대한민국! 이제는 더 이상 GNP, GDP와 같은 경제적인 양적 잣대로만 국가 간 경쟁력을 이야기하지 않는다. 일례로 세계 각국 국민들의 행복지수를 조사한 결과, OECD 회원국이 아닌 개발도상국 국민의 행복지수가 상위에 랭크되고 있어, 더 이상 한 나라의 국가경쟁력은 표면적으로 드러나는 경제지수 하나로만 가늠할 수 없음을 일깨워 준다.

이처럼 현대사회에서 일뿐만 아니라 여가*에 대한 중요성이 인식되고, 여가가 모든 사람들이 평등하게 누려야 할 권리로 부각됨에 따라, 여가문화에 대한 국민들의 다각적인 관심과 다양한 여가 콘텐츠를 중심으로 한 각종 여가문화산업의 성장이 두드러지는 시기가 되었다. 그렇다면 이러한 여가문화산업의 면모를 파악하기 위한 첫 걸음으로 과연 '여가문화'는 어떻게 정의되며, 여가문화의 특징과 한국의 여가문화 형성요인은 무엇인지를 파악하고, 더 나아가 이들 여가문화콘텐츠를 토대로 이루어지는 '여가문화산업'의 영역은 어떻게 분류되며, 우리들이 접하는 현

*여가
고대 그리스어인 스콜레(schole)와 라틴어인 리세레(licere)에 어원을 두고 있는 여가는 강요에 의한 것이 아닌 개인의 자발적인 자유선택 의지에 의해 자유감을 인지하는 경험임을 암시함.

상 속에서 실제적으로 보이는 사례에는 무엇이 있는지를 살펴보도록 하자.

그간 한국의 여가문화에 대한 학계의 끊임없는 담론에도 불구하고, 사실상 아직까지는 여가문화에 대한 이렇다 할 정의가 확립되지 못한 채 급변하는 사회변동을 통해 펼쳐지는 변화된 여가행태, 한국 여가문화의 문제점 진단과 이를 통한 미래 여가문화의 전망 등이 주요 논의대상이 되고 있다. 먼저 '여가와 문화*와의 동거'라는 부제로 한국 여가문화를 바라보는 시각과 특징을 이야기한 신규리(2008)의 글을 중심으로 '여가문화'의 의미를 살펴보자.

한국의 '여가문화'를 설명하는 데 있어 그간 학계에서 언급되어온 개념을 살펴보면 먼저 박재환과 김문겸(1997)은 그들의 저서『근대사회의 여가문화』에서 근대 자본주의화의 과정을 통해 노동과 여가가 결합된 농촌공동체적 여가문화에 대전환을 가져오게 되었다고 주장한다. 즉, 그들에 따르면 근대사회로의 이행기에 출현된 각종 사회적 갈등, 특히 생활양식의 재편에 따른 이데올로기적 대립은 고스란히 여가의 제반 영역에까지 영향을 미쳤다는 것이다. 결국 전통적 농경사회를 바탕으로 이룩되었던 공동체적 여가문화는 19세기를 넘어오면서 비로소 개인주의를 토대로 하는 도시 중심의 새로운 여가문화로 탄생하게 되었다고 보았다. 또한 『여가학』에서 노용구(2001)는 여가문화는 엘리트 문화와 대중문화로 구분될 수 있으며, 그중에서도 도시인들의 여가시간의 확보와 수입의 증가현상을 들며 대중여가문화에 대한 부분을 특정적으로 언급하고 있다. 즉, 현대사회의 여가문화는 대중매체, 자본주의 경제체제의 발달과 과학문명으로 인한 여가의 전문화, 계층화, 개별화의 특성을 지닌다는 것이다. 이와

*문화
문화란 어원적으로 라틴어의 'cultura'에서 파생한 'culture'를 번역한 말로서, 본래 경작(耕作)이나 재배(栽培)의 의미를 지니고 있었으나, 이후 로마의 키케로(Cicero)가 기존의 물질적 영역에서 정신적인 영역으로까지 확장함으로써 교양, 예술 등의 뜻을 가지는 오늘날의 문화의 개념을 갖게 되었다.

여가문화를 수용하는 우리의 자세

문화는 '얼마만큼 존재하느냐'의 문제가 아닌 '어떻게 존재하느냐'의 문제로 해석되어야 할 것이다. 이는 문화가 인간의 삶의 질의 문제를 다루기 때문이다. 따라서 우리는 보편성과 다양성의 맥락 속에서 여가문화를 상대적으로 이해하도록 노력해야 할 것이다. 이와 같은 여가문화의 상대성에 대한 인식은 단순히 한국과 타국 간 다른 문화권 간의 관계에서뿐만 아니라 한국의 세대 간, 계층 간, 그룹 간의 상이한 여가문화, 즉 특정한 여가문화의 공동체를 올바로 이해할 수 있는 중요한 문화인식을 형성케 해준다.

또한 우리의 여가문화를 객관적으로 이해하기 위해서는 자기 문화가 가장 우수하다고 믿고 다른 문화를 평가절하하는 문화인식 태도인 '자문화 중심주의'나 강대국 문화의 우수성을 내세워 자신의 문화를 평가절하하는 '문화사대주의적 태도'에서 벗어나야 할 것이다. 이는 자문화 중심적 사고로 인해 나타날 수 있는 문화적인 마찰을 최소화하고, 극단적인 문화사대주의로 인한 본연의 문화에 대한 주체성 상실의 가능성을 줄여줄 수 있기 때문이다.
- 노용구 외(2008). 『여가학총론』. 9장. 여가와 문화. 레인보우북스.

더불어 영국의 여가사회학자인 로젝(1985)이 『자본주의와 여가 이론』에서 언급한 바 있는 여가의 상업화, 여가의 사사화, 개별화 및 여가의 온순화, 국제화 등을 주요 키워드로 하여 한국의 여가문화를 설명한 바 있다.

박수정(2006)은 『한국 여가문화콘텐츠의 재발견』에서 "여가는 있으나 여가문화는 없다"는 말로 한국인의 여가문화 실정을 압축하여 이야기하였다. 즉, 소극적이고 부정적인 여가문화의 범람으로 자신이 설 방향을 제대로 설정하지 못하고, 밀려오는 외국 여가문화를 여과하지 않은 채 그대로 수용하고 있다는 것이다. 이에 테마형, 마니아형, 재미형, 온라인 여가문화를 중심으로 한 대안적 여가문화콘텐츠 개발을 제안하고 있다.

이철원(2007)은 "주5일 근무제와 도시민의 여가담론"에서 주5일 근무제 이후 한국인의 여가참여의 특징적 성향을 통하여 한국 여가문화의 특성을 설명하였다. 그에 따르면 시간보다는 여유 있는 여가비용의 유무, 디지털 환경의 변화, 국민들의 적극적인 여가개념으로의 인식변화, 여가의 사사화 경향이 한국 여가 참여문화의 주요 기준으로 작용한다고 보고 있다. 마지막으로 신규리(2008)는 이상의 언급과 같이 그간 학계에서 논의되어 왔던 한국 여가문화의 특징들, 그리고 여가 · 문화에 대한 어원과 정의를 토대로 정신적인 관념, 규범적인 행위, 물질적인 문화 등 개인의 자유로운 시간을 향유하는 데 소요되는 모든 것을 '여가문화'라 칭하였다.

2) 여가문화의 영향요인

"특정 사회에 속하는 하나의 구성원으로서 공통적인 동질감을 느끼는 관념적, 행동적, 그리고 물질적인 여가에 관련된 모든 것의 총칭"이라는 '여가문화'에 대한 정의는, 즉 모든 문화는 각 시대상황에 따라 끊임없는 변동성을 갖으며, 제반 사회문화 영역의 모든 변화요소와 그 궤를 함께 한다고 전제할 수 있다. 따라서 현 한국의 여가문화 그리고 여가문화산업을 파악하기 위해서는 기본적으로 여가문화의 형성에 영향을 미치는 사회문화적 변화요인을 파악하는 작업이 우선되어야 할 것이다.

한국문화관광연구원(2008)에서는 2008년 국민여가활동조사를 통해 인구구조의 다변화, 네트워크화된 개인주의 시대의 도래, 생계형에서 가치형으로의 소비패턴 변화, 국민 개개인의 행복을 국가 경영의 중심에 두는 생활공감 정책의 발굴과 같은 사회경제적 환경의 변화요인들을 들어 한국의 현 여가문화를 이해하고자 하였다(문화체육관광부 · 한국문화관광연구원, 2008). 또한 삼성경제연구소 고정민 연구원의 여가 트렌드 분석에 따르면 주5일 근무, 고령화 사회, 저출산 사회, 신세대 등장, 소득의 증가와 저성장, 인터넷 및 모바일의 발달, 웰빙문화의 확산, 글로벌의 진전, 경험 중시 소비패턴의 변화가 향후 여가 트렌드를 좌우한다 하였다.

이상의 여가문화 형성에 영향을 미치는 환경변화들을 요약해 보면, 2003년 7월 5일 공공 및 금융보험업을 중심으로 시작된 주 40시간 근무제의 도입으로 인한 여가활동 시간의 증가 및 여가의 중요성 인식변화, 그리고 디지털 기술의 발전에 따른 인터넷 및 모바일의 발달, 이동전화 보급 및 새로운 융합상품 서비스의 등장으로 인한 새로운 여가활동의 등장 등이 주요하게 언급됨을 알 수 있다. 또한 경제발전과 국민소득 증대에 따라 여가활동의 여건이 점진적으로 개선됨에 따라 복지·웰빙 지향적인 여가문화의 증가와 직접체험 중심의 여가소비 패턴이 생성되고 있다고 볼 수 있으며 세부적인 내용은 다음과 같다.

(1) 주5일 근무제 도입

산업사회에서 후기 산업사회로 넘어가면서 여가시간이 증대되어 여가문화가 비약적으로 발전한 서구의 환경과는 달리, 한국의 경우에는 여가시간이 부족하여 별도의 의미 있는 시간으로 자리매김하지 못한 채 노동에 종속되어 있는 시간으로서의 의미가 더 강했기 때문에 강도 높은 노동활동으로 인한 여가시간의 부족은 한국인의 여가생활을 위한 문화의 발전에 많은 제약을 주어 왔다(문화체육관광부·한국문화관광연구원, 2007). 그러나 한 조사에 따르면, 주5일 근무를 실시한 이후 개인의 여가시간이 증가했다는 인식이 76%로 나타나, 직장인들이 일에서 벗어나 보다 자유로운 삶을 추구하는 라이프스타일을 보이게 되었음을 유추할 수 있다. 여가시간 부족의 문제가 국민들의 지속적인 여가활동 참가를 방해하는 가장 유력한 제약 요인 중 하나로 보고되고 있는 상황에서 주5일 근무제나 탄력근무제 도입과 같은 업무시간의 변화는 여가시간 확보의 차원에서 향후 국민들의 여가 소비패턴의 변화 등에 상당한 영향을 줄 것으로 예측된다.

(2) 저출산과 고령화의 급속한 진행

최근 저출산으로 아동과 젊은 층의 인구가 점진적으로 감소하여 다가오는 2050년에는 인구의 9%, 즉 380만 명 정도가 될 것으로 추정된다. 이는 1970년 인구의 1,371명(42.5%), 2005년 925만 명(19.1%)이었던 것과 비교해 볼 때, 상당한 감소추세를 보임을 알 수 있다. 자기표현을 중시하고 인류공영과 인간관계를 중요시하는 감성 중시의 신세대들은 기존의 세대와는 다른 문화소비 양식을 갖는다. 반면, 현재 고령화 사회(65세 인구비중이 7%인 경우)에 접어든 한국의 경우, 불과 9년 후인 2019년에는 65세 인구비중이 14%인 '고령사회'로 진입될 전망이다. 저출산과 고령화 추세로 인하여 결혼이나 가족에 대한 가치관과 가족의 구성방식에 변화가 발생하면서, 결혼을 미루거나 결혼을 하지 않는 미혼 독신가구, 노인 단독가구 등 가족구조가 다양해지고, 특히 최근 들어 1인 가구가 급증하면서 새로운 라이프스타일이 창조되고 있다(한국문화관광연구원, 2008).

또한 고령화 사회로의 진입을 통해 보다 세분화된 생애주기에 따른 여가소비 패턴의 변화가 생성될 수 있다. 예를 들어 65세 이상의 노인이라 할지라도 모두 같은 노인이 아니라는 것이다. 즉, 같은 노년기에 속할지라도, 각 연령대별로 차별화된 여가인

식 및 여가소비 패턴이 이루어지게 되어 이에 따른 맞춤식 여가
문화 소비가 펼쳐질 것이다.

(3) 인터넷 및 모바일의 발달

한국은 ITU의 '디지털 기회지수'* 순위에서 1위를 차지할 만
큼 인프라의 보급과 정보통신의 발전 정도가 높다. 실제로 디지
털 인프라 구축 정도는 디지털 기회지수 상위국에 비해 비교적
낮은 편이나, 실질적인 활용정도에서는 타국가의 두 배 정도 높
은 것으로 나타났다.

또한 지난 2006년 미국 시사 주간지 '타임'이 선정한 올해의
인물은 정보화 시대를 지배하는 '당신'(You)이었다. 단순히 인터
넷 정보의 수신자가 아니라 보다 적극적인 참여자로 활동하면서
'디지털 민주주의'라는 새로운 사회현상을 만들어 내는 데 적극적
으로 기여했기 때문이다. 타임지는 또한 세계가 어떻게 돌아가는
지, 사람들이 어떻게 살아가는지를 알아보려면 TV를 1,000시간
시청하는 것보다도 영상파일 공유 사이트인 '유튜브'에 들어가
보라고 권했다. 실제로 싸이월드나, 네이버 블로그, 판도라 TV
등은 인터넷 강국 '대한민국'에서도 전혀 낯설지 않은 현상이며,
타임지는 이러한 현상들을 "단순히 세상을 바꾸는 것에 멈추지
않고 세상이 변화하는 방식마저 바꾸어 놓고 있다"고 전망한다.
이처럼 '디지털 여가'는 이제 우리 시대 또 하나의 새로운 문화트
렌드로 자리 잡고 있다. 이러한 현상이 가능했던 것은 지난 1991년
탄생한 www와 이들이 만들어 낸 인터넷 환경 web 1.0 이후,
web 2.0이 탄생하면서 이제 한국 사회에서도 UCC(이용자가 만드는
콘텐츠) 등 창조적 여가활용의 양적·질적 확대, 새로운 인터넷
미디어의 등장 등이 이루어졌기 때문이다.

***디지털 기회지수**(DOI)
인터넷 보급률 같은 인프라 보
급과 소득 대비 통신요금 비율
등 기회제공, 인터넷 이용률 같
은 활용 정도의 세 가지 측면을
종합적으로 분석하여 정보통신
발전 정도를 평가하는 지표

이와 같이 게임, 인터넷 서핑, 채팅, 미니홈피 및 블로그 관리 등과 같은 인터넷·모바일 사용의 확산현상으로 인하여 여가활동 자체의 변화뿐만 아니라, 여가활동의 공간과 방법에 있어서도 색다른 변화가 일게 되었다. 즉, 여가활동이 이루어지는 물리적 차원의 공간으로 인식되어 오던 기존의 여가공간에 대한 개념뿐만 아니라 이제는 '사이버 공간' 역시 광범위한 차원에서의 여가공간으로 거듭나고 있는 것이다.

(4) 글로벌화의 진전

교통수단의 발달, 소득 증가, IT 발달을 기반으로 사이버 공간의 교류를 통하여 국가 간 시장이 통합되고, 경제통합 및 자유무역지구의 형성 등으로 인해 국제 간 문화에 대한 관심이 증가하여 타국과의 문화교류 또한 증가하고 있다. 더불어 국민소득의 증가로 가계의 오락비 지출 및 여행인구가 증대되어 국민들의 세계화가 점진적으로 이루어지고 있는 실정이다. 이러한 글로벌화의 진전은 여가소비의 주체인 국민들로 하여금 자국의 여가문화를 바라보는 거시적 시각과 실질적 행동에 다분히 영향을 미치게 된다.

(5) 웰빙문화의 확산

루키즘의 확산과 건강한 삶 영위에 대한 국민적 관심의 결합은 헬스, 성형, 외모 가꾸기와 관련된 일련의 소비 형태를 증가시켰고, 이러한 소비 형태는 다시 건강과 미용이라는 두 가지의 목적을 함께 추구할 수 있는 여가활동의 참여비율을 높이게 되었다(김영순 외, 2008). 이들은 단지 멋지게 보이기 위함이 목표가 아닌 자신의 개성과 장점을 잘 살릴 수 있는 외모, 건강과 미용을 위한 운동, 철저한 자기관리를 통해 활력 넘치는 삶을 추구하려는 경향을 보인다. 이처럼 한국은 2000년대 이후 대중매체의 적극적 개입과 각종 환경재해에 대한 공포 등으로 건강 붐 및 웰빙적 삶에 대한 문화가 서서히 조성되었고, 이후 상업화와 연관되어 여가, 스포츠, 식품, 주거 등의 개인적 웰빙 추구와 관련된 전 분야에서 웰빙 시장이 형성되어 가고 있다.

(6) 감성 중시 소비패턴의 변화

21세기의 소비자들은 이성적이 아닌 감성적인 이유를 바탕으로 물질 이상의 다른 의미를 찾고자 하는 욕구를 보이게 됨에 따라 '상상력을 자극하는 이야기(story)가 담긴 제품'을 구매하거나 서비스를 이용하려는 특성을 보인다(한국문화관광연구원, 2008). 이처럼 경험을 중시하는 소비패턴으로의 변화는 여행 및 관광, 건강, 웰빙에 대한 관심 증대, 자연환경의 보존에 대한 관심 증대, 개별화된 여가 및 종합 엔터테인먼트, 그리고 개인 맞춤형 기능에 대한 욕구를 증가시켰다. 이러한 현상들은 악기 직접 연주, 사진촬영, 지역축제 참가, 직접 스포츠 관람과 같은 '체험형 여가활동'에 대한 참여비율이 빠른 속도로 증가추세에 있다는 2006년과 2007년의 국민여가활동조사 결과에서도 찾아볼 수 있다(김영순 외, 2008). 다시 말해 현대사회에서 보이는 체험형 서비스산업 구조로의 변화 바람은 여가문화의 영역에까지 영향을 끼쳐 체험형 여가활동의 증가라는 필연적인 결과를 일으키고 있다.

3) 여가문화산업과 제반 영역

(1) 21세기 산업의 패러다임

'패러다임'이란 어느 한 시대를 살고 있는 사람들이 공통적으로 가지고 있는 지배적인 생각으로서, 시간의 흐름에 따라 항시 변화하는 특성을 지닌다.* 여기에서 흥미로운 점은 바로 이러한 패러다임의 변동성이 산업 영역에도 영향을 미친다는 점이다. 각 시대의 흐름에 따른 패러다임의 전환은 산업 영역에서도 예외가 아니다. '산업 패러다임'이란 사람들이 생활 속에서 중요하게 생각하는 가치로서, 소비자들의 의사결정 기준이 되므로 기업에서도 특별히 주목한다.

지난 20세기에는 산업화 과정을 거치면서 개발된 각종 기계 문명의 발달을 토대로 사용 가능한 시간이 확장되고, 통신체계의 발달로 다양한 정보의 정복이 가능해졌으며, 탈거리의 발명으로 지리적인 공간의 한계 또한 극복하게 되었다. 즉 이러한 시간, 정보, 공간에 대한 정복이 20세기 산업의 특징이다. 이후 인간의 평균수명 연장, 기후변화로 인한 환경문제의 대두와 같은 새로운 사회현상을 통하여, 21세기 산업 패러다임은 새로운 양상을 띠게 된다.

부족분을 채워 주는 것만으로 충분했던 과거와는 달리, 모든 것이 넘쳐나는 풍요의 시대인 21세기에는 각종 제품들이 충만하여 어지간해서는 눈에 띄기도 어려운, 즉 소비자들에게 놀라운 '감동'을 안겨 주지 못하면 살아남기 어려운 세상이 되었다. 이와 같은 21세기의 현장은 소비자들의 급변하는 욕구를 발 빠르게 읽어 냄으로써 그들이 갈망하는 것을 그때그때 채워줄 수 있는 '스마트한 패러다임', 소비자들로 하여금 질병과 사고의 위험

*삼성경제연구소(SERI)의 2009년 '7월 조찬 세미나 동영상 자료'를 기반으로 작성.

에서 벗어나게 해주고, 동시에 행복을 전달하는 서비스가 필수
적으로 연계되어야 하는 '안정의 패러다임', 마지막으로 대다수
의 업종에서 에너지 절약과 탄소배출량이 회사의 주요 의사결정
기준이 되는 '그린 패러다임'으로 서서히 변화해 가고 있다(삼성
경제연구소, 2009). 새로운 성장을 찾는 미래 산업의 키워드 중 하나인 '여가문화산업' 역시 이와 같은 스마트, 안전, 그린이 지배
하는 패러다임으로의 변화와 무관하다 할 수 없을 것이다. 여가,
스포츠, 축제, 음악 등 무수히 다양한 여가콘텐츠를 중심으로 펼
쳐지는 여가문화산업 역시 현 산업구조의 흐름과 그 생리가 다
르지 않기 때문이다.

(2) 여가문화산업

여가의 중요성에 대한 지각, 주5일 근무제의 도입과 같은 사
회문화현상의 변화로 확보된 여가시간의 증가는 자연스럽게 여
가문화산업의 발달, 그리고 여가문화 상품에 대한 욕구를 증가
시킨다. 이제 여가산업 영역은 상당한 상업적 가치를 가지고 '황
금알'을 낳는 또 하나의 거대한 시장으로 거듭나고 있다. 지금
이 순간에도 소비자들의 급변하는 욕구를 충족시켜 줄 다양한
여가문화산업의 제반 영역들이 새롭게 조성, 발전되고 있다.

그러나 이처럼 개인의 가처분 소득 증대, 여가에 대한 가치관
변화, 여가시간의 증대 등 여가환경의 변화에 따라 여가산업이
성장 추세에 있는 것은 사실이지만, 최근까지 국내의 여가문화
시장 분류와 규모를 정확히 산정하는 통합된 기준은 찾아보기
어려웠다. 다만 지난 2008년 한국의 여가 영역 부문을 정책적
차원에서 지원하고 있는 한국문화관광연구원에서 기존의 문화,
관광, 스포츠산업 분야와 구분되는 '독립적인 여가산업 영역'의

기준을 설정함으로써, 보다 체계적으로 여가 시장의 규모 및 동향을 분석하는 기틀을 마련하였다.

한국문화관광연구원(2008)은 대상, 내용, 목적, 범위의 기준을 설정하여 한국 여가산업을 정의*하였다. 먼저 '여가산업의 대상'은 여가의 목적을 가진 경제적 여가활동으로, '여가산업의 내용'은 여가활동에 대응하는 재화와 서비스를 운영하는 사업으로 설정하였다. 또한 '여가산업의 목적'은 다양한 여가활동을 지속할 수 있도록 각종 편의를 제공해 줌으로써 여가활동을 촉진시키는 것이다. 여가산업의 범위는 '여가활동의 소비과정에 대한 기준'(여가산업은 여가활동을 하는 일련의 과정에서 최종 소비단계에 해당하는 산업으로, 예를 들면 이용목적 자체가 관광을 주요 목적으로 하는 관광버스 운영업의 경우에는 여가산업으로 간주되지만, 만약 일반적인 교통수단으로 이용되는 버스 운영업의 경우에는 여가산업과는 무관한 것으로 본다)과 '재화와 서비스를 공급하는 과정에 대한 기준'(여가산업은 최종 생산물로서의 재화와 서비스 형태로 제공되어야 한다는 기준으로, 예를 들면 수영장 운영기관은 여가산업에 포함되지만, 안전의자, 보조대와 같은 수영장 내의 물품을 제공하는 산업체는 여가산업 영역에 포함되지 않는다)으로 구분된다.

종합해 보면, 한국문화관광연구원(2008)에서는 한국의 여가산업을 여가활동을 위한 최종 생산물의 본질에 부합되는 여가용품산업, 여가공간산업, 여가서비스산업으로 구분하였다.** 따라서 특정 사회에 속하는 하나의 구성원으로서 공통적으로 느끼는 관념적, 행동적, 그리고 물질적인 여가에 관련된 모든 것을 '여가문화'라고 칭할 때, 한국문화관광연구원에서 설정한 여가산업의 정의와 그에 따른 분류를 '여가문화산업'에서도 차용하여 적용하는 데에는 무리가 없을 것으로 보인다.

*'여가산업의 정의기준
- 대상(경제적 여가활동)
- 내용(여가활동과 관련된 재화와 서비스)
- 목적(여가활동 촉진)
- 범위(최종 생산물, 최종 소비단계)

**여가산업의 제반 영역
여가활동을 위한 최종 생산물의 본질에 부합되는 산업
- 용품산업 : 취미여가용품업, 오락여가용품업 등
- 여가공간산업 : 여가숙박업, 스포츠경기 관람 여가시설업, 문화 관람 여가시설업, 여행 및 체험여가시설업 등
- 여가서비스산업 : 여가콘텐츠제공업, 여가용품임대업, 여가방송 서비스업 등

(3) 여가문화산업 규모

한국표준산업분류를 참고하여 한국 여가문화산업의 3대 주요 영역인 여가용품산업, 여가공간산업, 여가서비스산업의 규모를 살펴보자. 사실상 한국표준산업분류에서는 여가산업 영역만을 구체적으로 제시하고 있지는 못하지만, 이상에 언급된 여가문화산업 3대 세부영역을 중심으로 규모를 추정하여 과추정으로 인한 오차의 가능성을 최소화하였다. 여가백서(2008)에서 제시된 여가산업의 규모를 살펴보면 여가공간산업이 36조, 여가용품산업이 21조, 여가서비스산업이 12조로 이 중 여가공간산업의 비중이 가장 높다. 그러나 또 다른 주목할 만한 점은 여가용품 시장이 지난 2005년 대비 무려 26.3%가량이나 증가하여 가장 큰 성장률을 보이고 있다는 사실이다. 이러한 결과는 최근 대중매체, 여가소비 인식의 증대 등으로 여가를 위한 소비지출이 성장하게 됨에 따라, 고가의 여가용품에 대한 욕구가 점차 증가되었기 때문으로 분석된다.

여가산업 규모에서 30.7%를 차지하고 있는 여가용품산업의 규모는 '스포츠 및 아웃도어 여가용품업'(운동 및 경기용품 소매업, 자전거 제조업, RV 제조업 등), '취미여가용품업'(MP3 플레이어 제조업, 사진기 및 사진용품 소매업, 음반 및 비디오물 소매업 등), '오락여가용품업'(오락게임용구 및 장난감 소매업 등)으로 산정되었으며, 이 중 스포츠 및 아웃도어 여가용품업의 성장이 가장 크다.

여가공간산업은 '여가숙박업'(관광호텔업, 휴양콘도 운영업 등), '갬블링 여가시설업'(도박장 운영업, 경마 및 경주장 운영업 등), '스포츠경기 관람 여가시설업'(실내외 경기장 운영업 등), '문화 관람 여가시설업'(영화관 운영업, 공연시설 운영업 등), '운동 및 건강 여가시설업'(골프장, 스키장, 체육공원 운영업 등), '여행 및 체험 여가시설업'(박물관 운영업, 테마카프 운영업 등), **오락여가시설업**'(노래방 운영업, 당구장 운영업 등), '**기타 유흥여가시설업**'(일반 유흥주점업, 무도장 운영업 등)으로 그 규모를 산정하였으며 여가산업 규모에서 51.2%로 가장 높은 비중을 차지하고 있다. 이 중 특이할 만한 점은 갬블링 여가시설 등의 사행성 여가활동의 규모가 감소되고, 스포츠경기 관람 여가시설업 및 여행 및 체험여가시설업 등이 증가 추세에 있다는 점이다.

아직까지는 여가산업 규모에서 18.1%로 가장 적은 비중을 차지하고 있는 여가서비스산업은 '**여가콘텐츠 제공업**'(게임소프트웨어 제작업), '**여가용품 임대업**'(음반 및 비디오물 임대업, 여가용품 임대업 등), '**여가정보제공 서비스업**'(일반 및 국제 여행사업, 국내 여행사업 등), '**여가방송 서비스업**'(라디오 방송업, 위성방송업 등), '**기타 여가서비스업**'(미용업, 마사지업, 점술업) 영역을 아우른다. 이 중 국민들의 여행에 대한 욕구 증대에 따라 여행 관련 정보업체가 성장하면서 여가정보 제공업과 여가방송 서비스업이 증가 추세에 있다.

4) 여가문화산업의 특징

여가사회학자인 로젝(1985)은 현대 여가문화의 특징을 상업화(commercialization), 사사화(privatization), 온순화(pacification)라는 키워드로 설명한 바 있다. 여기에서는 이상에 언급된 여가문화의 특징들을 토대로 한국 여가문화산업의 특징을 살펴본다.

(1) 여가문화산업의 상업화

'여가문화의 상업화'란 전파, 인쇄, 영상매체 및 교통수단의 발전이 이루어지고, 소비수준이 점진적으로 향상됨에 따라 1970년

모험 즐기는 美 노인 늘어: 여행·여가산업에 노년층 자금 대거 유입

최근 미국에서는 충분한 경제력을 갖춘 채 황혼을 즐기려는 노인들이 젊은이들이 하기에도 위험한 갖가지 모험들에 도전하고 있다. 이에 따라 젊은 층을 주요 공략대상으로 삼았던 여행 및 여가산업에도 변화가 일고 있다고 뉴욕타임스(NYT)가 8일 보도했다.

조지워싱턴대학이 새로 발표한 연구결과에 따르면 560억 달러 규모의 교육, 모험 및 문화 관련 시장으로 노년층의 자금(old-money)이 대거 유입되는 것으로 나타났다.

이와 관련, 노령화 및 경제를 연구하는 심리학자인 켄 디치월드 박사는 "이 같은 현상은 예상보다 더 큰 젊음의 활력을 지닌 채 장수하는 수천만 명의 노인들을 기반으로 하고 있다"고 분석했다.

노년층의 부상은 여행 및 여가 관련 업계 통계에서도 속속 확인된다. 노년층 대상 여행상품을 취급하는 보스턴 소재 그랜드 서클은 2001년 노인 고객들 중 모험 여행에 참가하는 비율은 16%였으나, 올해는 사전예약 비율이 50%라고 밝혔다.

여행객의 평균 나이도 62세에서 68세로 뛰어올랐다. 교육과 여행을 결합한 교육여행 프로그램을 운영하는 비영리법인인 엑스플로리타스는 모험 여행을 선택하는 75세 이상 노인의 비율이 2004년에 비해 27% 포인트 증가했다고 밝혔다. 특히 85세 이상 노년층에서는 70% 이상 뛰어올라 가장 높은 증가세를 보였다. 버몬트 소재 자전거 여행 회사인 VBT도 70세 이상 자전거 여행객의 수가 지난 10년 새 두 배가 됐다고 말했다.

– 노년시대신문(2010), 203호, 249쪽

대 중후반 이후부터 점차 가속화되었다. 이러한 여가문화의 상업화 사례는 국내외로 여가구매력이 있는 소비자들을 대상으로 한 몰링(malling) 형태의 복합 여가공간 건설이 앞 다투어 이루어지고 있는 점을 들 수 있다. 또한 노용구(2001)에 따르면 여가산업은 엄격한 시장 규칙, 사회적 필요의 충족보다는 이윤축적의 추구를 목적으로 하여 일반 대중의 여가활동을 조직화하고, 여가상품과 용역을 필요로 하는 소비자들을 창출하면서 한 덩어리로 묶인 하나의 산업 네트워크를 구성한다고 하였다. 이러한 네트워크 속에서 한국의 여가문화는 일차적으로 산업구조의 지배 하에 놓이게 된다.

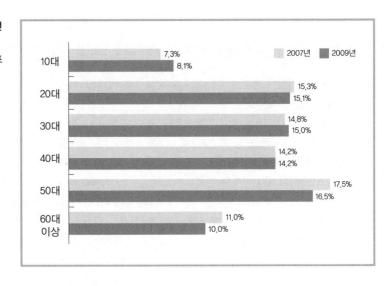

(2) 여가문화산업의 사사화

'여가의 사사화'란 자본주의 체제하에서 오랜 전통 속에 내려
오던 공동체적 여가문화가 쇠퇴하고, 점차 경쟁·성취 중심적인
개인주의가 심화되면서 사람들의 여가문화 소비에도 사사화·
개별화 현상이 발생하게 된다. 지난 2008년도 10대 히트 상품에
는 인터넷 여가문화 관련 상품인 닌텐도 위(Wii)가 포함되었는
데, 이는 초고속 인터넷망이 구축된 한국 사회의 제반 여건과
차세대 성장동력 중 하나로 게임산업이 채택·육성되고 있는 한
국의 현 상황이 투영되었다고도 볼 수 있을 것이다. 이러한 여
가문화산업 상황에 노출된 개인들은 다양한 여가 레퍼토리 중에
서도 자연스레 사이버 여가에 귀속될 가능성이 다분 높아지며,
이러한 활동을 통해 과거에 비해 보다 개별화된 여가행동을 발
현시키게 된다.

(3) 여가문화산업의 온순화

'여가의 온순화'란 인간에게 잠재된 원초적인 본능적 감정을 보다 통제되고 순화된 방식의 여가활동으로 충족시키는 경향을 말한다. 이처럼 보다 제도화되고 전문화된 현대의 여가활동을 통해 감정을 순화하고 대리만족을 추구하는 여가문화산업의 소비사례를 우리는 어렵지 않게 찾아볼 수 있다.

5) 여가문화산업의 중요성

(1) 여가경쟁력 = 국가경쟁력

웰빙적 삶! 행복추구! 삶의 질! 여가의 황금기!

언제부터인가 언제 어디서건 어렵지 않게 접할 수 있게 된 단어이다. 정부 차원에서뿐만 아니라 이제는 각 기업에서도 '일과 삶의 균형'(Work and Life Balance: WLB)*의 기본 취지에 걸맞게끔 국민들 혹은 사원들의 일 그리고 일 이외의 가정, 여가, 자기계발의 영역에서 균형 잡힌 라이프스타일을 창출해낼 수 있도록 다양한 지원이 제공되고 있는 실정이다. 이처럼 국가적 차원에서까지 국민들의 여가권을 확립하고, 여가향유를 위한 기반을 마련하고자 노력하는 이유는 바로 각 개인의 올바른 여가향유가 곧 개인이 인지하는 행복과 복지에 직결될 뿐만 아니라, 이러한 여가경쟁력의 발현은 국가경쟁력과도 직결된다는 믿음을 가지고 있기 때문이다.

지난 2007년 발표된 'IPS 국가경쟁력** 연구보고서'에 따르면, 한국의 국가경쟁력 순위는 여가경쟁력 순위와 동일한 23위를 차지했는데, 여가경쟁력 수치는 마이클 포터(Michael Porter)의 다이아몬드 모델에 따라 여가생산 조건, 여가수요의 질, 여가 연관산

*일─삶의 균형(WLB)
일과 가족, 여가, 개인의 성장 및 자기 계발 등과 같은 일 이외의 영역에 시간과 심리적·신체적 에너지를 적절히 분배함으로써 개인의 삶을 스스로 통제, 조절할 수 있으며 삶에 대해 만족스러워하는 상태를 의미한다.

**IPS의 국가경쟁력
한 국가가 다른 국가들과 경제적 측면에서 경쟁하여 이길 수 있는 능력

66개국 중 순위	스웨덴	영 국	프랑스	노르웨이	뉴질랜드	핀란드	대 만	한 국
여가경쟁력 순위	4	6	9	11	13	17	22	23
여가경쟁력 지수	66.7	64.2	64.0	62.9	61.8	60.9	53.4	52.6
여가생산조건 순위	3	13	6	2	11	19	39	40
여가수요의 질 순위	6	13	9	21	14	16	22	8
여가 연관 인프라 순위	13	4	3	21	14	24	20	19
정치사회적 기반 순위	3	14	19	6	12	5	47	46

〈표 7.1〉 여가경쟁력 순위
- 강중국 7개국과 한국의
여가경쟁력 지수

업 및 인프라, 정치사회적 기반의 네 가지 요인으로 산출되었다.

먼저 '여가생산조건'은 금전과 시간, '여가수요의 질'은 소비자의 교육수준과 세련도로 측정된다. 또한 '여가 연관 산업 및 인프라'는 국내 관광인프라, 정보통신, 교통 및 해외 서비스로, '정치사회적 기반'은 공교육, 사회환경, 정부정책으로 구성된다.

전 세계 총 66개국의 국가경쟁력 평가를 기반으로 '국가의 절대규모'와 '경쟁력 강도'를 교차시켜 동질성을 띄는 국가군을 분류한 결과, 한국은 중중국(中中國) 10개국에 속하지만, 실질적인 여가경쟁력 분석은 한 단계 위인 강중국(强中國) 7개국(스웨덴, 영국, 프랑스, 노르웨이, 뉴질랜드, 핀란드, 대만)과 함께 분석되었다. 그 결과 한국은 '여가수요의 질적 측면'에서는 강중국과 비슷한 수준이었지만, 돈, 시간적 여유와 같은 '여가생산 조건'과 '정치사회적 기반'은 평균 점수에 미치지 못한 것으로 나타났다.

한편 여기에서 주목할 만한 점은 앞서 언급한 바대로, 국가경쟁력 순위는 여가경쟁력 순위와 동일한 23위를 차지했다는 점이다. 물론 이러한 결과는 여가경쟁력을 산출해 내는 기준지표에 따라 상이한 결과가 도출될 수도 있겠지만, 여러 가지 시사점을 가져다준다. 즉, 국민의 복지향상 및 여가향유에 대한 아낌없는

여가경쟁력 = 국가경쟁력

현대사회는 한 나라의 국가경쟁력 수준을 국민들의 놀이의식, 여가의식으로 평가할 정도가 되었다. 다시 말해 이제는 더 이상 단순히 GNP, GDP와 같은 경제적인 양적 잣대로만 국가 간 경쟁력을 이야기하지 않는다. 일례로 세계 각국 국민들의 행복지수를 조사한 결과, OECD 회원국이 아닌 개발도상국 국민의 행복지수가 상위에 랭크되고 있다. 이 사례에서 이제는 더 이상 국가경쟁력을 표면적으로 드러나는 딱딱한 경제지수로만 가늠할 수 없게 되었다는 것을 일깨워 준다(참고로 OECD 29개 회원국 가운데서 대한민국의 삶의 질 순위는 뒤에서 5위였다).

이처럼 현대사회에서 일 못지않게 여가만족, 생활만족, 삶의 질과 같은 개인적이고 주관적인 차원의 중요성이 부각됨에 따라 관련 제반 문제를 국가적 차원에서 조성, 해결해 주어야 한다는 움직임이 형성되고 있다. 여가가 철저히 개인적 차원의 문제인데 국가가 개입하는 이유는 건전한 시민생활을 영위하게 하고, 창의적인 시민 마인드를 형성하기 위함이다. 바야흐로 세계는 지식과 정보가 자본을 만들고 이들의 힘이 지배하는 이른바 지식기반 사회를 만들고 있다. 지식기반 사회에서 가장 중요한 관건은 창의력이다. 이렇다 할 국가적 기반자원이 풍부하지 않은 한국은 현재 이러한 부족분을 채워 줄 주요 성장동력으로서 국민들의 창의적 마인드를 요구한다. 이 마인드를 기반으로 문화산업의 부흥을 도모할 수 있다. 이때 창의성은 바로 올바른 여가를 경험하고 영위함에 따라 형성될 수 있다. 일반적으로 자아표현, 정체성 실현, 그리고 창의성의 발현은 올바른 놀이, 여가의 경험 및 향유의 과정을 통해 습득·축적될 수 있다. 창의성이 축적됨으로써 국가경쟁력이 제고될 수 있다는 점에서 정부는 현재 문화육성사업 이외에도 범국가적 차원에서 여가에 대한 방향 정립, 지속적인 정책적 논의, 그리고 여가문화산업의 발전에 지대한 관심을 기울이고 있다.

– 김영순·신규리(2007). 참여정부 '문화비전'에 나타난 여가정책에 관한 연구. 여가학연구.

지원은 곧 한 나라의 국가경쟁력을 향상시키는 것과 비례한다는 점이다.

여가문화산업의 동향과 미래 전망

1) 여가문화산업의 동향

(1) 여가공간산업의 동향

영화와 식사, 쇼핑까지 한 번에 즐길 수 있는 멀티플렉스 영화관은 1998년 CJ CGV 강변11을 첫 시작으로 현재 전국적으로 급격한 증가 추세에 있다. 멀티플렉스는 한 건물 안에 다수의 상영관과 식당, 카페, 쇼핑 등 다양한 부대시설을 동시에 즐길 수 있는 복합 문화공간을 뜻한다. 기존의 일반 영화관에 비해, 멀티플렉스 영화관은 다양한 영화를 다양한 시간대에 상영해서 선택의 폭과, 영화관 대기시간의 폭을 줄였으며, 영화 상영을 기다리는 대기시간을 효율적으로 사용할 수 있도록 식당, 전자오락실, 쇼핑센터 등을 함께 제공한다. 영화관이 멀티플렉스로 바뀌면서 보다 다양한 여가활동을 즐길 수 있는 복합 여가공간으로 업그레이드된 것이다.

이러한 다양한 여가시설의 결합 추세는 목욕 및 사우나 산업에도 찾을 수 있다. 몸을 청결하게 가꾸기 위한 '공중목욕탕'에서 '찜질방'으로 진화되면서, 친구와 가족들이 함께 즐길 수 있는 복합 여가시설이 되었다. 찜질방에서는 목욕, 사우나, 찜질 시설은 기본이고 식당, 노래방, PC방, 영화방, 스포츠 관리실, 마사지 관리, 피부관리, 헤어 서비스까지 다양한 여가문화 시설을 동시에 즐길 수 있어 가족과 연인, 친구들이 함께 찾는 놀이공간으로 활용되고 있다.

최근에는 스키와 눈썰매, 스파, 수영장, 찜질방, 숙박시설까지 결합한 대형 복합 레저타운들이 생겨나 큰 인기를 끌고 있다. 이러한 멀티플렉스 영화관, 찜질방, 복합 여가시설들이 각광을 받는 이유는 다양한 여가시설을 한 곳에서 즐길 수 있도록 집중, 복합화함으로써 각각의 여가를 즐기기 위해 따로 찾아 다녀야 하는 대기시간, 이동시간을 줄이고, 이용 편리성 및 접근성을 높이며, 다양한 여가 선택권을 부여받을 수 있기 때문이다. 이처럼 한 장소에서 다양한 복합 여가문화를 즐기는 형태의 여가소비 패턴은 2010년 이후에도 더욱 확산·증대될 것으로 예측된다.

(2) 여가용품산업의 동향

『2008 여가백서』에 따르면 지난 2005년 18.6가지였던 평균 여가활동 참여횟수가 지난 2008년에는 23.1가지로 상승하여 매년 점진적인 증가추세에 있다. 이는 주 40시간 근무제의 확대시행으로 인해 여가, 웰빙, 복지의 중요성에 대한 국민의 인식이 확대되고 자신에 맞는 다양한 여가활동의 향유에 대한 선망이 일어나고 있기 때문이다. 2008년의 국민들의 여가활동 상위 10순위를 살펴보면, TV시청 및 라디오 청취, 외식, 낮잠, 목욕 및 찜질방, 잡담, 신문 및 잡지 보기, 쇼핑, 노래방, 영화, 산책이 포함되어 있다. 특히 여가활동 유형별 참여비율을 살펴보면, 취미·오락활동(33.7%), 스포츠 참여활동(14.4%), 휴식활동(14.4%), 관광활동(12.9%) 등이 상위에 랭크되어 있는데, 이상의 활동들을 통하여 관련 여가용품산업의 동향을 살펴볼 수 있다. 먼저 한국인이 가장 많이 즐기는 취미·오락활동의 경우에는 미용(피부 관리, 마사지, 성형, 네일아트, 헤어관리 등)과 게임, 복권구매 등이 증가추세에 있는데, 특히 PC방의 성장, 인터넷의 대중화 등으로 인해 전 연령대를 망라하는 대표적인 여가활동 중 하나가 되고 있는 추세이다. 실례로 휴대용 게임기나 모바일 게임, 그리고 '닌텐도 Wii' 등은 휴대의 편의성이라는 장점을 무기로 여가활동으로서 발전하여 많은 이들의 관심과 참여가 증가되고 있다.

또한 건강증진과 관련된 신체활동으로 등산, 산책, 헬스, 조깅, 수영과 같은 신체활동이 매개된 여가스포츠활동 또한 증가 추세에 있다. 이중 등산은 지난 2007년부터 1위를 차지하고 있는데, 이를 통해 국민들에게 등산은 건강증진과 동시에 자연친화적인 여가활동으로 자리매김 되고 있음을 유추해볼 수 있다. 여가활동으로서의 등산을 즐기기 위하여 각종 등산용품, 특수장비, 등산전문웨어 산업이 발전가도를 달리고 있다. 또한 범국민적으로 친환경·녹색성장 운동이 진행됨에 따라 자전거 타기 운동이 적극 장려되면서 국내의 자전거 제조업 또한 매출 규모가 증가하고 있는 추세이기도 하다. 특히 출퇴근을 위한 용도 이외에 서울 한강지구의 자전거 전용도로나 제주도의 '올레길'과 같은 레저용 자전거 도로 확충계획 혹은 건설이 이어지면서 자전거 여가활동 또한 증가하고 있다.

한편, 관광활동은 한국인의 향후 희망 여가활동 중 하나로서, 2008년 국민여가활동 조사 결과 지역축제 참가나 해외여행, 테마파크 등의 방문이 두드러진 상승세를 보이고 있다. 최근 이러한 장거리 관광활동의 수요를 돕는 RV(레저용 차량) 제조업 또한 상당한 매출증가를 보여준다. 특히 최근 들어 여가시간을 적극적으로 디자인하고, 여가활동 속에서 삶의 의미를 찾아가려는 여가 중시의 라이프스타일이 등장하면서, 캠핑, 등산, 래프팅과 같은 아웃도어 여가활동용품 영역의 증대가 돋보이기도 한다.

광주 '빛고을 노인건강타운'

① 현 황
- 광주광역시는 노인의 건강, 문화, 교육, 후생복지를 망라한 종합 여가문화 복지시설로서 빛고을 노인건강타운을 2009년 6월 10일 개관
- 노인인구 증가에 따른 고령사회를 대비하여 노인들의 건강관리와 여가선용을 위해 조성한 것으로서 광주광역시가 전액 출연하여 현재 재단법인 빛고을 노인건강타운에서 운영 중
- 빛고을 노인건강타운은 전국 최대는 물론 전 세계적 규모와 시설을 자랑하고 있으며, 복지관, 체육관, 문화관, 후생관, 야외 생활체육시설 등을 갖추고 노인들이 행복하고 편안한 노후를 즐길 수 있도록 문화, 건강, 복지, 여가, 스포츠 등이 한 장소에서 이루어지는 원스톱 복합 서비스를 지향
- 빛고을 노인건강타운은 노인을 기존의 복지 시혜 대상으로서 접근하는 것이 아니라 60세 이상 노인이면 누구나 무료로 이용이 가능할 수 있도록 하여 노인들이 자유롭게 여가생활을 즐기고 신체활동을 할 수 있도록 하는 새로운 개념의 시설

② 조성단계
건강타운 조성은 전체 3단계로 이루어져 있으며, 현재 1단계가 완성되어 운영 중
- 1단계 : 여가문화체육시설(복지관, 문화관, 다목적 체육관, 생활체육공원) 완성
- 2단계 : 골프시설 진행 중
- 3단계 : 복지시설(퇴행성 질환 전문병원, 치매병원, 고령친화제품체험관, 파크골프장) 2011년 완공예정

③ 운영현황
- 만 60세 이상의 광주 시민이면 누구나 등록 및 이용이 가능하며, 타운 내 모든 유·무료 시설을 이용할 수 있도록 회원증을 발급하고 있음
- 현재(2009. 9. 30) 163개의 다양한 구성내용의 프로그램들이 운영 중에 있으며, 그중 136개 프로그램은 무료로 이용
  - 건강 프로그램 : 물리치료, 운동측정, 건강 자연요법 등
  - 활동 프로그램 : 댄스스포츠, 요가, 국선도, 단학기공, 수영 등
  - 풍류 프로그램 : 민요, 판소리, 하모니카, 국악댄스, 기타 연주 등
  - 전통 프로그램 : 웰빙 체조, 우리 춤, 풍물놀이, 장기·바둑 등
  - 교양 프로그램 : 영어, 일어, 중국어, 한글, 한문, 서양화, 서예, 동양화, 인문학, 독서실 등
  - 체육 프로그램 : 수영, 아쿠아댄스, 헬스, 배드민턴, 게이트볼, 탁구 등
  - 후생복지 프로그램 : 목욕탕, 이·미용 서비스, 경로식당 등

- 한국문화관광연구원(2009). 『생애주기별 여가활동 모형개발』. 한국문화관광연구원.

(3) 여가서비스산업의 동향

국내외 여행의 여가정보를 제공하는 여가정보제공 서비스업이나 TV, 라디오, 위성방송 서비스업, 여가용품임대업, 게임소프트웨어 제작업과 같은 여가서비스산업은 여가산업에서 약 18%의 규모를 차지한다. 앞서 언급한 바와 같이 여행에 대한 국민들의 수요가 증가함에 따라, 각종 장·단기 여행 관련 정보나 여행 서비스가 제공되는가 하면, 보다 세분화·전문화된 프로그램을 시시각각 제공하는 케이블 및 위성방송 시장이 확대되고 있다. 실제로 매년 TV·라디오 시청은 한국인이 선호하는 상위 여가활동에 빠지지 않고 등장하고 있으며, 최근 각종 신규 예능 프로그램의 탄생 및 여가소비자들의 다양한 흥미와 욕구를 충족시켜 주는 전문화된 프로그램이 제공되고 있다.

한편 불법 다운로드의 성행으로 '음반 및 비디오물'과 같은 여가용품 임대 시장 규모가 점차 축소되고 있는 가운데, 일부 지방에서는 비디오나 DVD 대여점이 게임방, 편의점 등과 함께 종합적인 복합공간으로 새롭게 태어나고 있다. 또한 가입자들의 시청료를 주된 수익원으로 하는 '케이블 방송'은 다양한 맞춤식 영화와 전문화된 스포츠 채널들을 편성·제공함으로써 유료 가입자들을 증가시키고 있다.

2) 여가문화산업의 미래 전망

(1) UCC*와 참여형 여가생활 증대

평범한 개개인이 자신의 정보를 새롭게 재조직화하여 정보를 제작, 유통, 홍보하는 여가문화가 보다 확산될 것으로 보인다. 이제 소모적인 단순한 '소비'가 아니라 창조적인 기능을 수

*UCC
'User Created Contents'로서 말 그대로 사용자가 제작한 콘텐츠를 뜻하는데, 글, 오디오, 영상, 이미지 등이 모두 이에 포함되며, 재미, 정보제공 혹은 상업적인 목적으로 제작된다.

행하는 적극적인 여가활동이 가능해진다. 이용자들은 더 이상 인터넷에서 기관이나 사업자들이 만들어 놓은 정보를 검색하고 활용하는 데 그치지 않고 보다 적극적으로 자신들이 직접 콘텐츠를 만들어 공유하면서 그 안에서 새로운 관계까지 형성하게 된다(한국문화관광연구원, 2006).

(2) 자기 계발형 여가상품 증대

여가 중시에 대한 인식이 확산되고 있는 요즈음, 이제 여가는 단순한 나태의 반대말이 아니다. 한국문화관광연구원(2006)의 조사에 따르면, 국민들이 생각하는 여가의 이미지는 삶의 질, 스트레스 해소, 일상탈출, 활동, 교양, 회복, 자기 계발, 놀이, 일의 반대, 심신의 여유, 행복, 휴식 등 다양하게 나타났는데, 최근 들어 이 중에서도 자기 계발형의 여가활동이 주목되고 있다. 주어진 일을 보다 잘하기 위한 수단으로 비추어졌던 근대적 여가의 개념은 이제 평생학습과 관련하여 전 생애에 걸친 자기 계발의 차원으로 거듭나고 있다. 개인 차원에서뿐만 아니라 직장 내에서도 이제 어학, 교양, 건강과 같은 자기 계발형 여가상품과 이러한 생산 · 유통하는 관련 기관들이 보다 전문화되고 세분화될 전망이다.

(3) 드라이브 문화의 정착

이제 더 이상 자동차는 단순한 이동수단이 아니다. 보다 고품격화된 우리의 여가활동을 가능케 해주는 여가활동의 도구로 거듭나게 된 것이다. 실제로도 몇몇 지자체의 홈페이지에는 아름다운 드라이브 코스와 맛집을 소개하는 공간이 따로 마련되어 있을 정도이다. 또한 정부 차원에서도 '도시 근교의 하루 코스

관광지 개발' 작업이 지속적으로 이루어지고 있어, 여가활동으로서의 드라이브 문화가 조속한 시간 내에 정착될 것으로 기대된다.

(4) 생활권 내 복합 여가문화공간 수요 증가

도심 생활권 내 '휴식공간'이 필수적인 여가공간으로 급부상하게 될 것이다. 빌딩 숲으로 둘러싸인 도심 내에 조성된 '한평공원'이나 '옥상공원', '쌈지공원' 등이 조성되고, '걷고 싶은 거리'나 생활권 내 근린공원 및 생활체육공간 등이 신규 여가공간으로 확대 조성될 것으로 예상된다.

또한 여가의 위상이 높아지고 그 중요성이 날로 강조되면서 여가활동을 위한 물리적 공간 확보와 공간의 고품격화가 이루어질 것이다. 특히 하나의 공간 속에서 소비자들의 다양한 요구 수용이 가능한 복합 여가공간이 강세일 것이다. 복합 여가공간이란 문화, 교육, 여가, 놀이, 휴식이 한 자리에서 이루어질 수 있는 다기능적인 여가문화 전용공간을 말한다. 이는 '일과 여가를 동시에 즐기자'는 새로운 소비 스타일에 기인한 것이다.

(5) 고령친화형 여가산업의 수요 증대

한국은 지난 2000년 65세 이상의 인구가 7%를 넘어서는 '고령화 사회'*에 진입하였다. 노인 인구층의 증대는 부적절한 여가활용으로 인한 각종 사회문제를 낳기도 하지만, 반대로 새로운 블루오션을 창출해 내기도 한다. 상당한 소비여력을 지닌 고령 인구층의 증가에 따라 태동된 '고령친화 여가산업'(실버여가산업)이 바로 그것이다. '고령친화 여가산업'은 기존의 여가산업에 고령자의 특성요소를 고려한 여가시설, 여가제품, 여가인력, 프로그

*고령화 사회
UN이 정한 고령화 사회의 정의에 따르면, 전체인구 중 65세 이상 고령화 비율을 기준으로 7% 이상이면 고령화 사회(aging society), 14% 이상이면 고령사회(aged society), 20% 이상이면 초고령사회(super-aged society)로 분류된다.

실버타운	특 징
삼성 노블 카운티	– 주거, 첨단 의료 서비스, 요양, 문화, 스포츠 등 안락한 노후생활을 위한 시설을 갖춘 선진국형 실버타운 – 생활문화센터(가사 서비스, 의료 서비스, 도서관, 금융센터, 여행사 등)와 스포츠 센터(실내수영장, 휘트니스 센터, 골프 연습장)
김제 노인 복지타운	– 전원형 실버타운 – 2008년 7월부터 민간사업자에게 위탁운영 – 60세 이상 노인만을 위한 전문 복지타운 – 이·미용실, 체력단련실, 당구장, 탁구장, 배드민턴장 등 스포츠 레저시설 – 요일별 레저·문화 프로그램 운영
강원 홍천 은빛농장	– 자연과 더불어 다양한 오락, 문화시설 향유 – 배드민턴장, 게이트볼장, 당구장, 탁구장, 노래연습장, 찜질방, 온천욕 서비스 제공 – 예술촌과 연계하여 도예, 목공예, 회화 가능

〈표 7.3〉 한국의 실버타운 사례

출처: 경향신문사. 위클리경향 792호, 2008.

램을 말하며 TV, 음악, 영화음악 등의 문화산업과 여행, 레저 등 관광레저산업, 운동, 스포츠 시설 운영 등 스포츠 산업 등이 포함된다(한국문화관광연구원, 2008). '고령친화 여가산업'은 전체 노인층의 증가뿐 아니라, 자녀에게 기대지 않고도 자립할 수 있을 만한 경제력 있는 노인층이 증가됨에 따라 급속도로 성장해 가고 있다. 또한 최근 들어 '성공적인 노화'(successful aging)의 일환으로 다양한 여가, 취미, 자기 계발 활동에 심취하여 보다 활기차고 풍요로운 노후를 즐기려는 생활양식을 지닌 노인층이 증가하면서 노년기는 인생의 종결점이 아닌 '제3의 인생'으로 거듭나고 있다.

충분한 소비여력을 지닌 고령 인구층의 증가로 테마형 여행, 공연 관람, 미술감상, 음악회 등 색다른 경험을 제공할 체험산업이 활성화되고, 실버타운과 같이 노인 전용 엔터테인먼트와 쇼핑, 그리고 레저, 교육의 복합 서비스산업이 성장할 것으로 전망된다(한국문화관광연구원, 2008).

부족분을 채워 주는 것만으로 충분했던 과거와는 달리, 이제 모든 것이 넘쳐나는 풍요의 시대인 21세기에 우리는 살고 있다. 21세기의 현장은 소비자들의 급변하는 욕구를 발 빠르게 읽어냄으로써 그들이 갈망하는 것을 그때그때 채워줄 수 있는 '스마트한 패러다임'으로 서서히 변화해 가고 있다.

이 장에서는 여가, 스포츠, 축제, 음악 등 무수히 다양한 여가 콘텐츠를 중심으로 새로운 성장을 찾는 미래 산업의 키워드인 '여가문화산업'에 대해 이야기하였다. 주5일 근무제 도입, 저출산과 고령화의 급속한 진행, 인터넷 및 모바일의 발달, 글로벌화의 진전, 웰빙문화의 확산, 감성 중시 소비패턴의 변화라는 키워드를 중심으로 한국 여가문화의 특징과 현상을 파악하고 여가문화 공간, 여가문화 용품, 여가서비스산업으로 여가문화산업을 세분화하여 동향 및 미래전망을 살펴보았다.

'문화로 부강하고, 행복한 대한민국'을 만들어가기 위하여 여가문화산업의 발전은 필수불가결한 요소이다. 한국 여가문화산업이 건전한 발전을 꾀할 수 있도록 우리 모두 지속적인 관심을 기울여야 할 때이다.

참고문헌 및 자료

경향신문사(2008), 『위클리경향』 제792호. 경향신문사.

김영순 · 김현 외(2006). 『인문학과 문화콘텐츠』. 다할미디어.

김영순 · 신규리(2007). "참여정부 '문화비전'에 나타난 여가정책에 관한 연구". 『여가학연구』 제5권 제1호, 31-46쪽.

김영순 외(2008). 『문화의 맛과 멋을 만나다』. 한올출판사.

노년시대신문(2010. 1. 9), "모험 즐기는 美노인 늘어". 203호, 249쪽.

노용구(2001). 『여가학』. 대경북스.

노용구 외(2008). 『여가학총론』. 레인보우북스.

박재환 · 김문겸(1997). 『근대사회와 여가문화』. 서울대학교 출판부.

삼성경제연구소(2009). "2009년 7월 조찬 세미나 동영상 자료".

이철원(2007). "주5일 근무제와 도시민의 여가담론". 이철원 외(2007). 『레크리에이션의 패러독스』. 대한미디어.

크리스 로젝 지음, 김문겸 옮김(2000). 『자본주의와 여가이론』. 일신사.

한국문화관광연구원(2006). 『여가백서 2006』. 한국문화관광연구원.

_____(2007). 『2007 여가백서』. 한국문화관광연구원.

_____(2008). 『2008 여가백서』. 한국문화관광연구원.

_____(2009). 『생애주기별 여가활동 모형개발』. 한국문화관광연구원.

찾아보기

ㅋ

ㅌ

저자 소개

김영순 kimysoon@inha.ac.kr

독일 베를린 자유대에서 문화이론 기호학 교육학 등을 수학하고, 문화학박사학위를 취득했다. 이후 베를린공대 문화기호학연구소 연구원, 조선대 연구교수, 교육인적자원부 학술교수를 거쳐 현재 인하대 사범대학에 재직 중이다. 저서로『신체언어 커뮤니케이션의 기호학』,『광고 텍스트 읽기의 즐거움』, 공저로『대중문화 낯설게 읽기』,『미디어교육과 사귐』,『몸과 몸짓 문화의 리얼리티』, 역서로『몸짓과 언어본성』,『화용론 이해』,『다문화교육의 이해』등이 있으며, 기호이론 및 문화교육과 관련된 다수의 논문이 있다.

구문모 mgo@halla.ac.kr

미국 아이오아주립대에서 산업조직론으로 경제학박사를 취득했고, 산업연구원 문화서비스실장, 한국문화경제학회 회장을 거쳐 현재 한라대학교 미디어콘텐츠학과 교수로 재직하고 있다. 국무조정실, 문화체육관광부, 게임물등급심의위원회 등에서 자문활동을 하였다. 저서로는『문화경제학만나기』,『문화산업의 발전방안』,『미디어콘텐츠의 비즈니스 원리』,『영화마케팅의 기본 원리와 실제』등과 문화기업가정신과 관련한 다수의 논문이 있다.

조성면 criticho33@inha.ac.kr

인하대 한국어문학과에서 한국문학과 문화를 공부했으며 탐정소설 연구로 박사학위를 받았다. 문학평론가이며, 인하대 강의교수로 재직하고 있다. 장르문학과 문화비평에 관한 평론과 논문을 주로 발표했다. 저서로『경계를 넘고 간극을 메우며: 장르문학과 문화비평』,『한국문학 대중문학 문화콘텐츠』,『한비광, 김전일과 프로도를 만나다: 장르문학과 문화비평』,『대중문학과 정전에 대한 반역』,『한국 근대 대중소설 비평론』,『그래픽 스토리텔링과 비주얼 내러티브』(번역서) 등이 있으며, 그 외 다수의 공저와 논문, 그리고 평론을 발표하였다.

이미정 pro03@hanmail.net

인하대학교 대학원 문화경영학과에서 문화정책, 문화교육 등을 전공하고, 문학박사학위를 취득했다. 이후 인하대 문화경영심리연구소 박사후연구원을 거쳐, 현재 인하대 교육연구소 연구원으로 재직 중이다. 공저로『문화의 맛과 멋을 만나다』등이 있고, 인천 문성정보미디어고등학교 교과서인『문화산업일반』을 집필하였다. 그 이외에 문화교육, 다문화, 문화정책 관련 다수의 논문이 있다.

오장근 domplatz@hanmail.net

독일 뮌스터대학에서 광고텍스트학, 언어학, 사회학 등을 수학하고, 철학박사학위를 받았다. 이후 고려대 민족문화연구원 연구교수, 2006 주안미디어문화축제 사무국장, 인하대 대우교수를 거쳐 현재 성산효대학원대학교 효문화학과 교수로 재임 중이다. 현재 여수시 자문교수이자 한국종합경제연구원 연구위원으로 활동 중이다. 공저로『디지 로그 스토리텔링』,『텍스트와 문화콘텐츠』,『방송광고와 광고비평』,『문화경영의 33가지 핵심코드』,『광고 텍스트 읽기의 즐거움』등이 있으며, 문화콘텐츠와 대중문화 리터러시에 관련한 다수의 논문이 있다.

왕치현 chwang@inha.ac.kr

독일 하이델베르크대학교에서 독문학, 교육학, 철학 등을 수학하고 독문학 박사학위를 취득하였다. 이후 서울대, 경원대 강사를 거쳐 현재 인하대학교 독일문화전공 및 대학원 문화경영학과 교수로 재직 중이며, 한국브레히트학회장, 문화예술교육심의위원, 주안미디어축제집행위원장 등 다양한 사회활동을 하고 있다.『브레히트의 연극세계』,『문화경영의 33가지 핵심코드』등의 저서와『릴케 희곡선』,『슈타인씨댁에서의 대화』등의 역서 그리고 독일드라마 및 문화경영학과 관련된 다수의 논문이 있다.

신규리 cecil004@unitel.co.kr

이화여자대학교 체육대학 사회체육학과에서 여가레크리에이션 전공으로 체육학 박사학위를 받은 뒤 이화여대, 인하대, 홍익대, 배재대 등에서 여가관련 강의를 하였으며, 행정안전부 산하 여가상담사로 활동했다. 현재 인하대 교육연구소에서 연구교수로 재직 중이며, 한국여가레크리에이션학회, 한국여가학회, 한국스포츠관광학회 이사로 활동하고 있다. 저서 및 역서로는『현대 여가학의 이슈들』,『문화의 맛과 멋을 만나다』,『여가학총론』,『치료레크리에이션 핸드북 I』이 있다.